读懂中国经济，必须读懂城投

了解城投，从这本书开始……

中国城投高质量发展系列丛书

城投转型一本通

南京方达管理咨询有限公司◎著

Research on the Transformation of Urban Investment Enterprises

中国经济出版社
CHINA ECONOMIC PUBLISHING HOUSE
北 京

图书在版编目（CIP）数据

城投转型一本通 / 南京方达管理咨询有限公司著
. -- 北京：中国经济出版社，2024.3
ISBN 978 – 7 – 5136 – 7667 – 0

Ⅰ. ①城… Ⅱ. ①南… Ⅲ. ①城市建设 – 投资公司 –
企业管理 – 中国 Ⅳ. ① F299.23

中国国家版本馆 CIP 数据核字（2024）第 040143 号

策划编辑　崔姜薇
责任编辑　王骏雄
责任印制　马小宾
封面设计　久品轩

出版发行　中国经济出版社
印 刷 者　北京富泰印刷有限责任公司
经 销 者　各地新华书店
开　　本　710mm × 1000mm　1/16
印　　张　22
字　　数　371 千字
版　　次　2024 年 3 月第 1 版
印　　次　2024 年 3 月第 1 次
定　　价　78.00 元
广告经营许可证　京西工商广字第 8179 号

中国经济出版社 **网址** www.economyph.com **社址** 北京市东城区安定门外大街 58 号 **邮编** 100011
本版图书如存在印装质量问题，请与本社销售中心联系调换（联系电话：010–57512564）

编委会

主　编　王　蓬（南京方达管理咨询有限公司总经理）

李启春（南京方达管理咨询有限公司副总经理）

屈　钰（南京方达管理咨询有限公司副总经理）

李　超（南京方达管理咨询有限公司副总经理）

撰　稿（排名不分先后）

王　蓬　李启春　屈　钰　李　超　金　康

褚　胜　丁汉伶　高　虹　胡成亚　季希明

蒋小宁　李　俊　李绍平　李　月　施明月

孙露露　沈祖凯　王飞虎　吴　楠　徐伟伟

杨芝星　张鸣鸣

推荐序 1 ▶ Preface I

改革开放以来，我国经济社会发展取得巨大成就，城乡面貌发生翻天覆地的变化，城市现代化建设和城镇化快速推进是这一历史进程的重要动力。相关统计数据显示，2001 年至 2017 年，我国城市基础设施投资整体年均复合增速达 17.3%，城镇化率由 1978 年的 17.9% 提高到 2001 年的 37.66%，2022 年达到 65.22%。这是世界历史上规模最大、速度最快的城镇化进程。当前，我国已形成以京津、上海、广深和成渝等经济社会充满发展活力、载体功能显著提升的中心城市为核心的现代化城市圈发展格局。

在我国城市现代化和城镇化快速推进浪潮中，城市政府投融资平台——也就是大家俗称的城投公司，作为具有中国特色的特定目的公司，承担起融通城市资源、筹措建设资金、组织城市基础设施项目建设、服务城市发展的历史使命。城投公司起始于 20 世纪 90 年代初的上海，21 世纪初加快发展，2008 年以后全面兴起。应该说，城投公司是改革开放以来，特别是近 20 多年来，中国城市现代化建设和城镇化发展进程中的骨干力量。城投公司以城市建设主力军的角色，为城市发展做出了巨大贡献。

作为老城投人，我不仅亲历了城投公司从萌芽诞生到发展壮大的整个过程，感受到自 2010 年国发 19 号文、2014 年国发 43 号文、2018 年中发 27 号文等文件下发后，城投行业转型发展遇到的困惑，以及进行的探索和努力，也看到了部分城投公司适应政策变化、结合当地实际、积极开拓创新，走出了转型发展的新路子。

目前，我国城市发展逻辑正在发生新的变化，土地财政难以持续，基础设施投资建设出现拐点，产业升级、绿色低碳转型成为城市实现高质量发展的主线。以服务城市发展为责任使命的城投公司正处于转型发展的关键时期，要适应新阶段、新形势、新任务，抓住国家为稳定增长和防范风险出台的一系列财政、金融、产业等政策，以数智化、绿色化、产业化发展为方向，主动作为，顺势发展，开拓创新。这是全行业都要共同解答并必须答好的课题。

方达咨询作为一家专门服务于城投行业的智库机构，其核心团队长期从事城投行业政策和发展研究咨询，专业功底扎实，取得了大量的调研和咨询成果，也积累了丰富的案例。近期，欣闻方达咨询团队将城投行业的研究成果整理成册，编写这本《城投转型一本通》。本书以城投公司为研究对象，详细阐述了城投公司的产生背景和发展脉络，深度分析了城投公司在中国城市发展和城镇化过程中发挥的作用以及带来的问题。同时，作者将理论和实践结合，系统、全面、清晰地阐述了城投公司转型发展的思路、方向和实施路径，并解析了合肥建投、扬州城控、盐城东方、安东集团等代表性城投公司的转型案例，为广大城投公司探索市场化转型发展提供了有益的参考。

城投行业的转型是现在和未来一个时期我国城市发展领域的重要命题，关乎我国城市的高质量发展进程，有大量的问题需要深入研究和解答。适逢《城投转型一本通》出版之际，现向相关政府部门、理论界、经济界和城投行业等各界人士推荐此书。希望大家借助于本书提出的观点和思路，进一步认识和理解城投行业发展走势，有效推动城投行业真正走好转型发展之路。

谨以此文代序！

崔国清

中国城市发展研究会副理事长

城市碳中和专业委员会会长

2023 年 12 月 20 日

推荐序 2 ▶ Preface Ⅱ

研究中国经济运行的逻辑有多重视角，有三驾马车的视角，也有结构转型的视角。但从政治经济学的角度出发，从地方政府与经济发展的关系的维度出发，才能得出更加令人信服的结论。对于中国这样一个从农业社会转型到工业信息化社会、从计划经济逐步转型到市场经济体制，以及社会主义市场经济建设时间相对较短的经济体而言，地方政府在经济发展中的角色至关重要。可以说，深刻把握了地方政府的角色和行为这把密钥，就可以了开启我国经济现象的部分大门。

地方政府面临三对基本关系：其一是政府与市场的关系，其二是中央与地方的关系，其三是地方政府与城投平台的关系。这三对基本关系几乎决定了地方政府的行为。在前两对关系中，更多的是由中央政府占据主导，因此地方政府行为除通过规范的财政体制实施外，主要还是通过处理第三对关系来发挥主观能动性。在中央政府的考核激励下，过去几十年地方政府推动经济高速发展的过程中，城投平台发挥了重要作用。

每个时代有每个时代的主题和任务，城投平台在经济高速增长的野蛮生长时代恰逢其时，而长期积累的债务风险、金融风险，在高质量发展时代的背景下便不合时宜，需逐步转型以适应新时代的发展需要。因此，我们要理性客观地看待城投平台的历史作用和转型方向。首先，我们不可否认城投平台在历史发展中作出了巨大贡献。甚至有专家提出城投是城市经营模式的抓手，是中国经济增长的法宝等说法。城投平台以土地为依托，开发土地并推动土地财政、土地金融，帮助地方政府快速实现资本积累，从而改善城市基础设施、推动城镇化和工业化进程。其次，城投在快速发展过程中也积累了大量风险，要控制城投无序扩张的风险。事物总有两面性，伴随城投发展的同时，隐性债务滚雪球式暴增，债务付息压力不断增加；金融风险增加，部分城商行、农商行的主要资产就是城投债；城投作为地方政府拉动经济增长的抓手，也产生了大量无效投资和过剩产能。这些都是经济运行中的潜在风险。最后，要充分认识到部分城投公司的债务形成了政府隐性债务，而这种债务的形成一定程度上与债务和投资驱动经济的发展方式密不可分，与我国实施“控制赤字率不超过 3%”的理念有关。推动中国经济从债务驱动转向创新驱动、从投资驱动转向消费驱动是未来的方向，但它需要一个过程，不可能一蹴而就，因此在经济发展方式转型的过程中，就出现了城投平台这个背负投资和债务的载体。

当前，全球百年未有之大变局在加速演进，内外部的风险挑战不可小觑，防范化解重大风险仍是中国式现代化进程中的重要任务，是高质量发展过程中的重要任务。防范化解地方债务风险的核心之一就是推动城投平台转型，城投平台转型的成功标志不只是业务转型，还包括地方政府与城投平台关系的重塑。地方政府在与城投平台的关系中只应具有两重身份：一是以股东及出资人身份参与公司治理，二是市场秩序和公共产品的提供者。若舍此，城投平台转型则难以成功，也因此存在着城投平台转型是伪命题的不同看法。

鉴于此，政府、社会和社会上诸多团队都在研究城投转型的方向和要点。我欣喜地看到方达咨询团队撰写的《城投转型一本通》问世。这本书没有高深的理论，有的是基于实务项目经历的提炼、总结、思考和案例分析，相较一般的学术读物而言，本书的可读性和操作性都更强。本书的第三章，关于城投的基础性思考提出了很多有价值的认识，其后的业务板块、案例分析和附录的政策梳理，也值得相关从业人员和希望了解城投的人士学习。近年来，我和我的团队也一直在推进财政和城投研究，以期增进各界对城投的理解。希望我们能一道努力，为推动城投转型和中国经济高质量发展贡献新的力量。

罗志恒

粤开证券首席经济学家、研究院院长

2023 年 12 月 10 日

前　言 ▶ Foreword

城投公司自诞生以来，便与中国经济社会发展的大浪潮密不可分。起初，当我们享受着城镇化进程带来的诸多红利时，城投公司还不为大家所熟知。近年来，随着国家加强债务风险管理，城投公司才开始从幕后被推到台前，成为大家争相议论的焦点。一时间，关于城投，众说纷纭，莫衷一是。

有人说，城投就是地方政府的“第二财政”；

有人说，城投是个怪物，资产规模动辄上千亿；

有人说，城投是大量债务的“始作俑者”，最大的“灰犀牛”；

也有人说，城投外表看着光鲜，其实空有其表。

……

其实，从城投公司的产生背景来看，其初始形态确实是政府融资平台，后来，逐步衍生了投资、建设等职能，才赋予了城投公司真正内涵。近年来，随着城投公司转型的蔚然成风，城市发展集团、综合运营商、投资运营公司等主体也开始在行业内不断涌现。为便于统一认知，按照行业约定俗成的惯例，本书暂且统一称其为城投公司（简称“城投”）。此外，这里的城投也包括了交投、水投、产投、园投等行业性平台公司。

见仁见智，一千个读者眼中就会有一千个哈姆雷特。为了让大家全面、详细地了解城投这一特殊群体，同时也为了与读者分享我们对城投的理解和转型的建议，我们耗时半年著成此书。本书涵盖了城投公司的概况、转型背景，以及城投公司转型发展必须经历的整合重组、业务发展、管理提升、债务融资、资本运作和数字赋能等内容。

本书没有过于晦涩的理论，作为城投行业入门读物，不管您是刚接触城投的新人，是想了解城投的行业外从业者，还是想服务城投的金融、产业等机构，本书都可作为参考。

本书凝结了团队小伙伴们共同的心血。大家在项目工作之余，广泛查阅资料、实地走访调研，积累了城投行业的第一手资料，为完成本书奠定了坚实的基础。当然，由于专业能力有限，我们在图书编撰过程中难免疏忽，内容不免有错漏之处，希望广大读者在研读过程中积极指正。我们不胜感激。

当前，国际形势风云变幻，面对百年未有之大变局，我们需要全面贯彻新发展理念、加快构建新发展格局，在危机中育新机、于变局中开新局。作为地方特殊的国有企业，城投公司兼具经济效益和社会效益，曾是我国快速推进城镇化、服务民生的关键抓手。在城市高质量发展和债务风险防控的要求下，城投公司将步入转型发展的新阶段。为此，本书花了大量篇幅阐述城投公司转型的思路、理念、方法和路径，并辅以案例，以期助力广大城投公司尽快转变思路、调整方式，不断增强核心功能，提升自身的综合竞争力。

四十余年的改革开放之路，三十年的城投风雨之程。城投公司就像我国经济一样，经受住了大风大浪的考验，韧劲十足。展望未来，在中国式现代化建设新征程中，期待着广大城投公司在推动自身转型发展的同时，继续与我国城市的发展同呼吸、共命运。

最后，向所有关心和支持我们的行业协会领导、城投行业朋友和生态合作伙伴，致以最崇高的谢意！

祝愿城投行业越来越好！祝愿伟大祖国繁荣昌盛！

王　蓬

2023 年 10 月

目 录 ▶ Contents

1

第一章

城投公司概述

城投公司，作为中国特色的产物，自20世纪90年代诞生以来，已经走过了30多个年头。30多年来，正是因为城投公司的存在，我国的城镇化进程不断加快，城市面貌日新月异。在城投公司产生、发展、繁荣和转型的过程中，行业内对其认知也在不断发生着变化。

一直以来，业内都将分税制改革作为城投公司产生和发展的根本原因。实际上，城投公司从产生到发展壮大的因素有很多，分税制只是一个重要的导火索。城投公司的发展壮大，根源在于当时的“政治锦标赛”。八二宪法中规定的地方政府拥有土地资产相对支配权是城投公司得以运作的先决条件，否则，巧妇难为无米之炊。当然，旧《预算法》体系、项目法人制和上海城投的成功实践等诸多因素也都加速了城投公司的诞生和壮大。

城投公司经历的30多个年头，一直以地方政府行政化运作为主要特征，即便是从2014年起纷纷走上转型发展道路之后，这种特征依然存在。虽说2014年以后城投公司的生存环境和运作方式与此前截然不同，但其基础性职能并未丧失。此前，城投公司为城镇化建设作出了重要贡献；此后，城投公司亦将助力城市运营服务和产业转型升级。从长远来看，在中国特色的政治经济制度下，城投公司依然会长期存在，并持续在多个领域彰显价值。

本章对城投公司的概念进行了较为清晰的界定，系统分析了促使城投公司产生的几大因素和城投公司的不同发展阶段，详细阐述了城投公司的职能定位、分类和基本特征，在对城投公司作出的历史贡献给予肯定的基础上，对其未来走向也做出一定判断。

01 城投公司的概念界定

一、行业关于城投公司的概念表述

一般而言，城投公司是城市建设投资公司的简称。我国首家城投公司诞生于 1992 年，也就是大众熟知的城投鼻祖——上海城市建设投资开发总公司。虽然城投公司在我国已经历了 30 多年的发展历程，但根据《国民经济行业分类》，还没有关于城投公司的行业分类。从实际运作来看，考虑到城投公司的核心功能是替地方政府为城市的发展进行融资、投资和建设，故而大都将其与“政府融资平台”混用。此外，还出现了“地方政府融资平台”“政府投融资平台”“政府平台”“平台公司”“城投平台”等近似称谓。

虽然城投公司没有官方定义，但针对“政府融资平台”这一提法，官方有着明确界定，可以以此为参考依据，定义城投公司的概念。官方首次提及政府融资平台，可追溯到 2009 年。在当时的金融危机背景下，为了扩大内需、促进国民经济平稳增长，中央相继发布《关于进一步加强信贷结构调整促进国民经济平稳较快发展的指导意见》（银发〔2009〕92 号）、《关于加快落实中央扩大内需投资项目地方配套资金等有关问题的通知》（财建〔2009〕631 号），提出支持组建政府融资平台。此后，为了规范政府融资平台的发展，官方陆续发文予以界定。

2010 年国务院印发的《国务院关于加强地方政府融资平台公司管理有关问题的通知》（国发〔2010〕19 号）明确：地方政府融资平台公司是指由地方政府及其部门和机构等通过财政拨款或注入土地、股权等资产设立，承担政府投资项目融资功能，并拥有独立法人资格的经济实体。这是官方文件首次对政府融资平台进行定义，明确了政府融资平台的国有属性。

2010 年财政部、发展改革委、人民银行、银监会联合发布的《关于贯彻国务院关于加强地方政府融资平台公司管理有关问题的通知相关事项的通知》（财预〔2010〕412 号）和银监会发布的《关于加强融资平台贷款风险管理的指导意见》（银监发〔2010〕110 号）明确：政府融资平台是由地方政府及其部门和机构、所属事业单位等通过财政拨款或注入土地、股权等资产设立，具有政府公益性项目投融资功能，并拥有独立企业法人资格的经济实体，包括各类综合性投资公司，如建设投资公司、建设开发公司、投资开发公司、投资控股公司、投资发展公司、投资集团公司、国有资产运营公司、国有资本经营管理中心等，以及行业性投资公司，如交通投资公司等。这里着重强调了政府融资平台的“公益性项目投融资功能”。

2011 年银监会发布的《关于切实做好 2011 年地方政府融资平台贷款风险监管工作的通知》（银监发〔2011〕34 号）明确：地方政府融资平台是指由地方政府出资设立并承担连带还款责任的机关、事业、企业三类法人，不含由中央政府直接投资设立的部门和机构。

根据国务院及相关部委对政府融资平台的概念性表述，并结合行业的一般理解，我们可从以下几个方面判断国企是否属于传统意义上的城投公司：

（1）由地方政府及其部门、机构发起或组建。具体来说，其股东为地方政府或财政、国资、住建、管委会等部门和机构，并由其实际控制。

（2）注资方式主要为财政拨款、划拨土地、注入政府性资产资源等。这里的政府性资产资源不仅包括国有股权、经营性房产、特许经营权等经营性资产资源，也包括城投公司发展初期各地注入的公立医院、公立学校、市政道路、机关事业单位办公大楼等公益性资产资源和储备土地。不过，在当前政策环境下，公益性资产资源和储备土地已被明文禁止注入到城投公司。

（3）成立的目的主要是为地方政府融资并投向政府项目，特别是公益性项目（如市政道路建设），故其主要的业务就是项目投融资。

（4）人员尤其是主要领导来自政府各个局委办。

二、本书对城投公司的概念界定

早期组建的城投公司，其主要任务是代替地方政府进行融资、服务城市基础设施建设。地方政府作为“担保人”的角色，为城投公司在举债时提供担保函、承诺函、安慰函等各种形式的担保。这种方式滋生了大量的政府性债务，极易引发财政金融风险。为此，国家重拳出击，于 2014 年印发《国务院关于加强地方政府性债务管理的意见》（国发〔2014〕43 号），并颁布实施了《中华人民共和国预算法（2014 年修正）》（即新《预算法》），地方政府被赋予适度举债权限，政府融资平台的政府融资功能被剥离。43 号文之后，从法理角度，政府融资平台是要逐步退出历史舞台的，所以广泛使用“城投公司”这一称谓显得合情合理。不过，基于政策形势和运作情况的变化，传统政府融资平台的概念表述已然不再适合作为 43 号文之后城投公司的概念。城投公司的概念需要被重新界定，本书尝试从狭义和广义两个角度来加以明确，以供读者参考。

从狭义角度：一般是由地方政府及其部门、机构通过财政拨款、经营性资产资源注入等方式组建和设立的法人主体，建立市场化运营机制，按照企业化方式运作，依托企业自身信用进行市场化融资，承担基础设施建设、盘活国有资产、提供公共产品或服务、助推产业升级等功能的地方投融资类国有企业。

从广义角度：既包括传统意义上政府融资职能属性明显的平台公司，也包括逐步转型或剥离政府融资职能的地方投融资类国有企业。

根据上述概念的阐释，本书提及的城投公司是一个广义的概念。因而，只要是由地方政府出资成立或地方政府作为实控人，受地方政府意志影响，承担着投融资职能（无论投向基础设施建设、公共服务还是产业类项目），都是本书研究的范畴。具体而言，除了传统的城投、城开、城建、建投、交投、水投等，后面陆续出现的城发、城控、国投、国控、投控、国资、金控、旅投、园投、产投等也都属于本书的研究对象。

近年来，随着各地国有企业整合重组加快，城投公司的资产规模急剧壮大，业务板块也不断丰富。城投公司俨然成为一个地方国有资产的集大成者。城投公司的职能也从传统的投融资、国有资产运营向产业投资引导、国有资本运作等方向进阶。丰富了新内涵的城投公司，国资运作平台的形态愈发明显。

02 城投公司的产生背景

城投公司产生于我国“以经济建设为中心”的改革开放大背景下。一方面是经济社会发展的需要，另一方面是行政管理体制、财税体制、政府投融资体制等多方因素的制约，在财权事权不匹配的状况下，以土地运作为基础的城投模式，在各地政府的摸索下，开始登上历史舞台。

一、地方政府唯 GDP 的政绩观是根本驱动因素

20 世纪 70 年代末，国内整体处于发展停滞阶段，百废待兴；国际环境风起云涌，科技革命蓬勃兴起。内外双重压力下，中共十一届三中全会作出了“把党和国家工作重心转移到经济建设上来，实行改革开放”的历史性决策。此后，“以经济建设为中心”“发展才是硬道理”等口号深入人心，经济增长成为从政府到大众普遍关注的焦点。

经济大潮来袭，对领导干部的考核开始向经济发展的速度与规模侧重。1988 年 6 月和 1995 年 8 月，中组部分别下发《关于试行地方党政领导干部年度工作考核制度的通知》和《关于加强和完善县（市）党委、政府领导班子工作实绩考核的通知》，将实绩考核纳入年度考核，工业总产值、税收、基础设施投资等包含在内。至此，对地方政府领导班子整体和领导干部个人进行的政绩考核开始进入“指标化”考核阶段。

同时需要说明的是，改革开放初期，我国对于城市的设立设置了相关的经济门槛。1993 年，国务院批转民政部《关于调整设市标准报告的通知》（国发〔1993〕38 号），出台了撤县改市的标准文件——《设立县级市的标准》和《设立地级市的标准》，对设市的经济指标作出了明确的定量规定。在城市量化指标的指引下，地方政府要想设市或提升城市行政等级，自然而然地将 GDP 增长作

为其首要任务。

干部考核意味着要通过 GDP 增长出政绩，他们就像一个“指挥棒”，指挥着地方官员的执政行为，并催生了地方官员的“GDP 崇拜”。“政治锦标赛”的地方发展模式由此诞生。周黎安在《转型中的地方政府》一书中提出，“政治锦标赛”指的是把官员的晋升与地方的经济发展相挂钩，GDP 增长和财政收入等可以量化的经济指标是最为重要的竞赛标准。“政治锦标赛”过程中，一旦成绩名列前茅，辖区主政长官则成为政治明星，职务晋升也水到渠成。

我国法律规定，党政领导职务每个任期为 5 年，这促使地方官员在有限的任期内都想尽快出政绩。有些地区经济发展成绩非常出彩的主政长官，甚至在任期未满的情况下被提拔和重用。这种“政治锦标赛”俨然演变成了“GDP 竞赛”。在“政治锦标赛”价值导向下，各地也产生了“一切为了 GDP，GDP 就是一切”的“唯 GDP”政绩观。在“唯 GDP”政绩观的刺激下，地方官员竭尽所能直接或间接推动投资，不惜代价地招商引资、上项目、建新城，推动 GDP 的高速增长，环保问题、债务问题、腐败问题也相伴而生。但不管怎样，至少在当时的干部考核和任免体制下，想方设法举债和快速开展基础设施建设，是非常容易出政绩，进而捞取政治资本的。

自此，一场轰轰烈烈的造城运动即将开始。

二、分税制改革后的地方财权事权不匹配是导火索

1980 年，我国开始实行财政包干制，中央与地方建立起以“承包”为特征的财政关系，也就是通常所说的“分灶吃饭”。中央对各省级财政单位的财政收入和支出进行包干，收支权限划分清晰。中央包给地方收支的总额，对地方的增收和减支不进行干预。地方增收的部分可按比例留下自用；地方因收入下降导致收不抵支时，可相应减少开支或者申请补助。

20 世纪 80 年代，“分灶吃饭”的财政体制改革激发了地方在发展经济方面的活力，盘活了国家经济，推动了 GDP 的快速增长。自此，中国经济进入持续性的高速增长阶段。统计显示，1980 年至 1990 年，我国 GDP 平均增长率高达 9.5%。然而，这一财政体制的弊端也逐渐显现出来。正因为给予了地方较大的财政支配权，因此地方的预算外资金无穷扩张，相当于地方自己设立的小金库持续壮大。相关数据显示，1992 年全国预算外资金规模为 3855 亿元，占当年

预算内财政收入的 97.7%，规模相当可观。

但经济的高速增长并没有带动和促进国家财力的同步增长，我国税收收入的增长速度明显落后于税源的增长速度。一方面，从 1979 年到 1993 年，我国的财政收入占 GDP 的比重逐年下降（见图 1–1）；另一方面，中央财政收入占全国财政收入的比重也很低，难以支撑中央财政支出（见图 1–2），中央财政的收支必须依靠地方财政收入的上缴才能平衡。财政收入占 GDP 比重和中央财政收入占比的持续下降，致使中央政府的执政能力和中央财政的调控能力也随之下降。

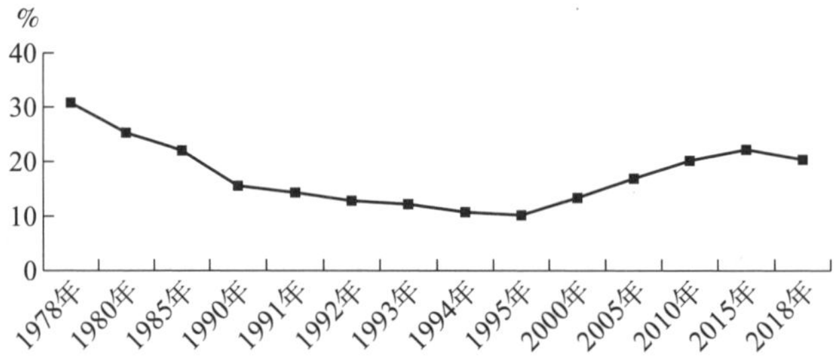

图 1–1 历年财政收入占 GDP 比重

资料来源：根据统计局数据整理。

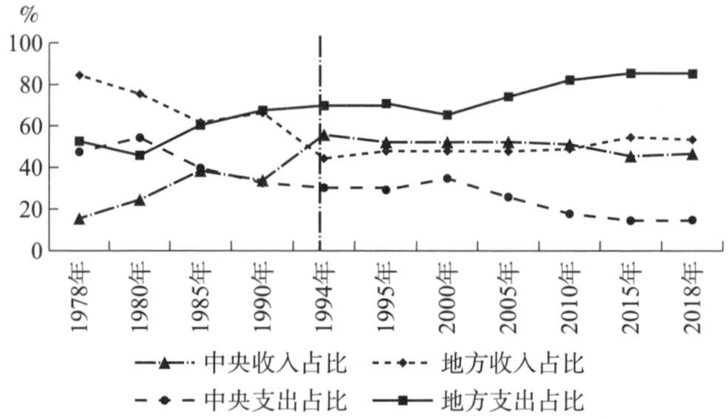

图 1–2 历年中央和地方财政收支占比变化

资料来源：根据财政部数据整理。

为扭转中央财政相对薄弱的被动局面，1993 年 7 月 23 日的全国财政会议上，时任国务院副总理朱镕基首次正式提出分税制的想法。1993 年 11 月 14 日召开党的十四届三中全会，通过了分税制财政管理体制的决定。按照分税制改革方案，税收分为三类：中央税（如关税）、地方税（如营业税）、共享税（如增值税）；同时分设国税、地税两套机构，防止中央税收受地方干扰。中央对税收进行重新分配，征收的增值税中，75% 归中央，而地方只能获得 25%。1994 年，分税制正式在全国实施。分税制改革增强了中央政府的执政能力和中央财政的调控能力，不过留存给地方政府的税收比例也逐步减少。

分税制改革后，财权逐步上交到中央，但事权改革却没有及时跟上。很多事务的决策权在中央，而支出责任却下放给地方政府。“中央请客地方买单”的现象广泛存在，造成地方政府的财权和事权不匹配，尤其 2000 年以后，地方政府的支出责任越来越重。面对大量的城市基础设施建设和城市公共服务能力提升任务，各地政府迫切需要一个载体来解决巨额资金需求。

三、旧《预算法》等政策体系限制了地方举债发展

20 世纪 80 年代，在财政包干的体制下，地方投资热情高涨，容易引发物价上涨和通货膨胀的风险。为此，国务院于 1985 年发布了《关于暂不发行地方政府债券的通知》，明确要求各地方政府不能发行地方政府债券。虽然通知限制了地方政府发行债券，但并没有打消地方政府筹措资金的热情。80 年代中后期到 90 年代初，一些新的手段被地方政府创新使用。

为切实遏制地方政府的无序融资行为，1994 年 3 月 22 日，第八届全国人民代表大会第二次会议通过了《中华人民共和国预算法（1994）》（即旧《预算法》），并决定于 1995 年 1 月 1 日起施行。其中，第二十八条明确规定，“除法律和国务院另有规定外，地方政府不得发行地方政府债券”。1995 年 6 月 30 日第八届全国人民代表大会常务委员会第十四次会议通过的《担保法》第八条规定，“国家机关不得为保证人，但经国务院批准为使用外国政府或者国际经济组织贷款进行转贷的除外”。根据这条规定，地方政府及部门作为国家机关，不能够为债务人的举债行为提供担保。1996 年 6 月 28 日中国人民银行颁布的《贷款通则》第十七条规定，“借款人应当是工商行政管理机关（或主管机关）核准登记的企（事）业法人、其他经济组织、个体工商户或具有中华人民共和国国籍的具有完全民事行为能力的自然人”，地方政府被排除在借款人之外。

分税制改革之后，陆续出台的旧《预算法》《贷款通则》《担保法》等法律法规文件，又给地方政府举债融资上了一道紧箍咒。一方面，将地方政府的财

权上收；另一方面，不让地方政府举债融资。这对当时急需资金的地方政府而言，可谓是“巧妇难为无米之炊”。旧《预算法》等政策体系与地方政府强烈的发展需求构成了鲜明的矛盾，地方政府迫切需要发展模式上的创新。

四、地方土地资源垄断为城投的运作创造了先决条件

新中国成立初期，土地作为基础的生产资料，公有、私有现象皆存在。为适应改革开放的需要，我国于 1980 年着手宪法修改工作，并于 1982 年颁布了新宪法（史称“八二宪法”）。“八二宪法”规定，城市的土地属于国家所有，农村等区域的土地属于集体所有。“八二宪法”首次就土地所有权进行规定，为我国城乡土地的二元格局和城市土地的国有化奠定基础，是我国土地所有权制度的法律基础。

20 世纪 80 年代末，随着国家发展的步子越迈越大，土地使用权有偿转让的呼声也越来越高。1987 年，作为经济特区的深圳效仿香港经验，首次以 50 年的长租期拍卖土地资产，并用土地进行抵押贷款。1990 年印发的《中华人民共和国城镇国有土地使用权出让和转让暂行条例》，对于土地使用权的出让进行了明确和细致的规定，特别提到土地使用权的出让由市、县人民政府负责。在总结各地经验后，1998 年通过的宪法修正案在“八二宪法”基础上将有关土地权限的表述调整为“任何组织或个人不得侵占、买卖或者以其他形式非法转让土地，土地的使用权可以依照法律的规定转让”。同年 12 月，《土地管理法》相应修改，重点增加了“国有土地和集体所有的土地的使用权可以依法转让”这一条款。这标志着土地使用权与所有权正式分离，为未来集体土地征收和国有土地转让提供法律依据，为激活土地价值创造条件。至此，地方对土地资源垄断的制度体系基本形成。

1994 年正式施行的分税制改革，上收了地方的财权，但中央也给地方留了一个活口，即同意将国有土地转让的决定权和收益权都留给地方。起初，虽然这部分收益较少，但这给地方政府后续进行土地运作提供了权力保障。

土地价值的真正实现开始于 1998 年。首先，国家于 1998 年停止分配福利房，实行住房分配货币化，住房改革拉开了房地产业迅猛发展的大幕；其次，《土地管理法》于同年修订，规定集体建设用地需征为国有后才可入市，土地增值收益归国家，同时也确立了“有偿取得为主，划拨方式取得为辅”的土地

制度。后者正式确立了地方政府对土地资源从征收到出让的全过程垄断。房改和集体土地征收规定一下子打开了地方政府进行土地运作的思路，直接促成了地方政府后续利用土地财政开展基础设施建设和经济社会发展工作。彼时，已经有上海城投、重庆城投、芜湖建投等多地城投在地方政府的推动下进行土地运作。

地方政府作为国家行政权力机关，拥有对辖区国有土地的支配权，同时依托行政手段进行集体土地征收，将其转变为国有土地后出让，地方政府集经营者和管理者于一身，实现了对土地一级市场的完全垄断。同时，地方政府主导土地市场价格的形成机制，在将集体土地征收到国有土地出让的过程中，出让收入相较于征收补偿有着巨大的“利润”空间，既带来了可观的土地收益，也保证了地方政府能以最低的价格、最便捷的方式、最快的速度获得工业化、城市化所需的土地。地方政府不仅靠土地政策解决了城市建设的用地问题，还依靠土地财政支撑起了地方经济的发展。各级地方政府“以地生财”的模式开启，并在之后的几年愈演愈烈。

土地，从自然特性上来说可以永恒存在、永续利用；从经济特性来看，又因其在位置和用途上的供给差异具有稀缺性和垄断性。因此，土地最受金融机构青睐，成为其优质抵押物。在利用城投公司运作土地资源的过程中，地方政府的普遍做法是：将土地作为抵押物注入到城投公司，城投公司向金融机构获得贷款，用于支持地方基础设施建设，政府对此提供担保，并以未来预期的土地出让收入、房地产开发收入、财政收入等作为偿债的资金来源，打通了从筹资到还款的路径。对于集体土地，地方政府则通过近乎垄断式的行政手段将其转变为国有土地，并继续按照以上方式进行运作。

地方政府通过对土地资源的垄断性统筹，有效的实现了土地“资源、资产、资金、资本”的“四资”循环。在这个体系中，城投公司是关键的媒介。因此，也正是地方政府对于土地资源的垄断，催生了城投公司的大量出现和快速发展，实现了地方发展的原始资本积累，加快了我国的城镇化进程。

五、项目法人制要求给城投的设立提供了政策依据

改革开放以来，为了开展政府投资项目建设，各地一般设立临时机构或指挥部进行管理。随着社会主义市场经济体制的确立，传统的项目组织实施方式

已然不适应市场经济体制的需要。况且，这种方式存在着质量、安全、效率等多方面问题，也容易滋生腐败。为此，改由专业性的机构对政府投资项目进行管理，建立投资责任约束机制，显得尤为必要。

1992 年，党的十四大明确提出我国经济体制改革的目标是建立社会主义市场经济体制，“要使市场在社会主义国家宏观调控下对资源配置起基础性作用”。中国改革开放的步伐由此进一步加快。随后，1993 年 11 月召开的党的十四届三中全会上通过了《中共中央关于建立社会主义市场经济体制若干问题的决定》，对深化投资体制改革提出了诸多要求，提出“逐步建立法人投资和银行信贷的风险责任”“竞争性项目投资由企业自主决策，自担风险，所需贷款由商业银行自主决定，自负盈亏”，奠定了法人主体参与政府投资项目的基础。

1996 年 1 月 20 日，国家计委正式发布《关于实行建设项目法人责任制的暂行规定》（计建设〔1996〕673 号），明确提出“国有单位经营性基本建设大中型项目在建设阶段必须组建项目法人”“实行项目法人责任制，由项目法人对项目的策划、资金筹措、建设实施、生产经营、债务偿还和资产的保值增值，实行全过程负责”，并对项目法人的设立、职责、任职条件、考核和奖惩等都做了明确规定。同年 8 月 23 日，国务院发布了《关于固定资产投资项目试行资本金制度的通知》（国发〔1996〕35 号），规定“从 1996 年开始，对各种经营性投资项目，包括国有单位的基本建设、技术改造、房地产开发项目和集体投资项目试行资本金制度，投资的项目必须首先落实资本金才能进行建设”，“除项目法人从银行或资金市场筹措的债务性资金外，还必须拥有一定比例的资本金”。

项目法人责任制和项目资本金制度的确定，给地方政府开展政府投资项目的融资、投资、建设和管理等带来强烈的信号。一旦地方政府想谋求基础设施建设和地方发展，就得加大政府项目投资，城投公司自然而然地成为地方政府的项目法人主体。可见，项目法人责任制给城投公司的出现提供了政策依据。

六、上海市的成功探索带来了现实的案例借鉴

追溯到 20 世纪 80 年代，彼时的上海市，虽然是全国改革开放的排头兵和创新发展的先行者，也存在着城市功能老化、基础设施落后、城市配套不完善、

工业设备陈旧等问题。上海市政府迫切希望加快基础设施建设，加强工业设备改造。然而，当时的上海市本级财力有限，资金的缺乏严重阻碍了上海的城市发展。

1985 年 12 月 25—26 日，上海市召开了“开放与发展”第一次研讨会，时任上海市市长江泽民提出，“要偿付上海历年来拖欠的基础设施建设的老账，光靠国家拨款和现在地方财力是远远不能解决问题的，出路在于进一步扩大利用外资”。此后，上海市委市政府经过多次研究论证，提出“计划单列、自借自还”的借款方式，希望通过扩大利用外资来弥补基础设施建设和工业技术改造等过程中急缺的资金。次年 5 月，上海市向国务院、中央财经领导小组递交了《关于上海市扩大利用外资规模的请示》。8 月 5 日，国务院印发《国务院关于上海市扩大利用外资规模的批复》（国函〔1986〕94 号），批复同意上海市扩大利用外资规模，以加快城市基础设施建设，加快工业技术改造，增加出口创汇能力，发展第三产业和旅游业。根据国函〔1986〕94 号文件精神，上海市政府确定了第一批 32 亿美元的利用外资项目，统称为“九四专项”。1987 年 12 月 30 日，上海市政府在此前“九四专项办公室”基础上正式成立上海久事公司，作为“九四专项”总账房。“久事”谐音“九四”，寓意“永久事业”。

在第一批利用外资贷款的 32 亿美元项目里，包含了基础设施建设、工业技术改造、三产和旅游项目。其中，筹措 14 亿美元投资了南浦大桥、地铁一号线、合流污水一期工程、虹桥机场候机楼改造和 20 万门程控电话等五大市政基础设施项目，为上海解决了基本民生问题；筹措 13 亿美元投资了 268 个工业技改项目，包括电真空公司、飞利浦半导体公司、上海冰箱压缩机、金阳腈纶项目等，推动了上海的工业发展；筹措 5 亿美元投资了 35 个三产旅游项目，包括华亭宾馆、虹桥宾馆、银河宾馆、龙柏饭店、建国宾馆、新锦江大酒店等，有效改变了上海的旅游环境。“九四专项”为上海城市建设找到了解决资金短缺的钥匙，久事公司也成为国内投融资平台公司的先行者。

久事公司经过几年运作后，因积累了繁重的债务问题，1992 年上海城市建设投资开发总公司（简称“上海城投”）得以创立并正式登上历史舞台。上海城投可谓是真正意义上全国第一家专业从事城市基础设施投资建设的综合性投融资平台公司，行业内公认的“城投鼻祖”。相较于久负盛名的久事公司，上海城投在运作理念上要先进得多。上海城投的公司章程中就提到，“在城建资金的筹措上，除了城建规费、财政资金、银行借款、市场债券股票之外，土地收入成为一个重要来源”。1992 年起，上海大范围开展土地批租，并通过土地批租收入源源不断获得城市建设资金，大大加快了城市建设步伐，特别是上海的旧区改造。

从久事公司成立到上海城投问世，上海市在城建投融资体制上不断创新和突破。在推动上海市城市建设过程中，逐步将过去传统的行政办法转变为经济手段，用市场化方式开展政府项目投资。更为值得称道的是，在地方财力有限的背景下，上海市成功探索出依托于政府信用背书的资金筹措方式。从起初只具备单纯融资功能的久事公司，到融资、投资、建设和运营等功能“一体化”运作的上海城投，上海市对城投公司的探索和实践给全国各地提供了现实的案例借鉴。

03 城投公司的发展历程

城投公司的发展史与我国经济社会发展有着密切的联系。结合改革开放以来我国经济形势变化、宏观政策走向及城投行业的发展状况，大体上可将城投公司的发展历程归纳为以下六个阶段。

一、萌芽诞生阶段（20 世纪 80 年代初—90 年代初）

20 世纪 80 年代，在改革开放的大背景下，我国的财税体制、政府投融资体制都在不断地调整。与经济快速发展相对的是，当时的基础设施配套建设十分落后。改革开放初期，城市建设的资金来源主要依托中央和地方的财政资金，量入为出。随着城建任务的加重，资金缺口的扩大，国家也曾尝试通过增加税费收入来弥补建设资金的不足，不过效果依然捉襟见肘。为此，国务院先后印发了《国务院关于改革建筑业和基本建设管理体制若干问题的暂行规定》《国务院关于印发投资管理体制近期改革方案的通知》（国发〔1988〕45 号）等文件，开始引入市场机制推动城市基础设施建设。按照国发〔1988〕45 号文的要求，中央相继成立能源、交通、原材料、机电轻纺、农业、林业六家国家专业投资公司。这六家专业投资公司专门负责各自行业项目的贷款、投资和建设，可以说是中央层面最早的城投公司雏形。与此同时，广东省以修建铁路名义创造性使用“贷款修路、收费还贷”模式，已经能够初步看到城投公司项目融资的影子。

前文在介绍有关城投公司的产生背景时提到，20 世纪 80 年代的上海市也面临着基础设施十分落后的困境，严重影响了上海市的经济社会发展。为此，上海市开启了利用外资的先河，并成立了“久事公司”作为承贷主体。久事公司成立后，根据上海市委市政府的要求，积极向国际货币基金组织、世界银行、亚洲开发银行等筹措外资，安排、审核、管理32亿美元和308个“九四专项”项目的外资使用计划。随着“九四专项”项目作用的日渐发挥，上海的投资环境得到了极其有效的改善。更重要的是，这标志着上海探索出了一条行之有效的利用政府财政信用进行投融资的途径，拓宽了银行信贷资金对基础设施建设的投入渠道，放大了政府资金规模，为上海城市建设找到了解决资金短缺的金钥匙。由政府出资成立、承担政府融资职能的两大核心特征在久事公司身上体现得十分明显。久事公司的出现标志着城投公司正式萌芽，为真正意义上的城投公司诞生奠定了基础。

久事公司虽然为上海市在城市建设投融资方面积累了丰富的经验，但它毕竟是以项目为导向设立、以承担项目贷款为职能的融资平台，不承担建设、投资职能，不负有还款责任，这使得久事公司在运作过程中积累了沉重的债务负担。为防范债务风险，同时持续筹集城市基础设施建设所需的资金，以更好地服务上海市的建设和发展，1992年7月，肩负探索城市基础设施建设投融资新使命的主体——上海城市建设投资开发总公司应运而生。上海城投成立后，一改往日久事公司的运作思路，坚持以企业化的方式来解决发展资金的瓶颈，充分发挥财政资金的杠杆效应和土地出让金的溢出效应，推动上海市基础设施建设的加快。全国第一家专门从事城市基础设施投资建设的地方政府投融资平台——上海城投的成立，意味着真正意义上的城投公司开始进入大众视野，开始引领中国城镇化的浪潮。

二、探索发展阶段（20世纪90年代初—2008年）

上海城投的出现可以说为上海市的快速发展找到了一把新钥匙，同样也为其他城市的发展打了样。在这之后，重庆、武汉、长沙、合肥、苏州等多个城市相继成立了专门从事城市基础设施建设的平台公司。他们充分利用地方政府的支持、土地资源的运作、金融机构的参与，为地方筹集了大量的发展资金。这些城市陆续成立的以投融资职能为主的平台公司，成为我国第一代城投公司。

其中，重庆市的城投运作和几轮调整成为当时城投发展的典型代表。1993年，重庆市城市建设投资公司成立，成立时注册资本1000万元，重庆市的城市建设发展进入城投模式。此后，虽然市政府多次对重庆城投的职能进行了调整，但核心的资金筹措职能一直没变。从1994年到2000年6月，重庆城投公司通过多渠道筹集资金 60 亿元人民币，为重庆市提高城市功能、改善投资环境、增强城市的吸引力和辐射力做出了积极的贡献。2002 年以前，重庆市的基础设施建设任务主要以重庆城投为主。从 2002 年起，自上海市调任重庆市的黄奇帆市长，开始对投融资体制和市属国企进行大刀阔斧的改革，逐步组建了城投、地产、高发司、开投、高投、水投、水务、能投八大平台公司，这就是城投行业著名的“重庆八大投”。围绕着八大城投平台，重庆市通过国债注入、土地储备收益权注入、规费注入、存量资产注入、税收返还等“五大注资”方式为其增信，不断增强其投融资能力。此后，“重庆八大投”成为资本市场的香饽饽，获得了多家金融机构的大力支持，为重庆市的发展拓宽了更加广阔的资金渠道。有数据显示，2001 年至 2006 年，重庆市的 GDP 年均增长 11%，基础设施投资的增长速度更是达到了 200%。如此功绩，“重庆八大投”功不可没。

然而，正当我国经济蓬勃兴旺并逐步步入市场经济时代之时，一场席卷东亚、东南亚的金融风暴悄然袭来。货币贬值、股市下跌、企业倒闭、工人失业等，1997 年的亚洲金融危机给亚洲多国带来重创。在金融危机的影响下，我国的经济形势也面临着前所未有的严峻挑战。1998 年初，时任总理朱镕基在九届全国人大第一次会议记者招待会上提出当年经济增长的目标为 8%。而年中统计数据显示，上半年的经济增长率仅为 7%，与全年 8% 的增长目标有明显差距。同时，经济运行的质量和效益持续下降，企业亏损、失业人口激增等问题伴随而来。在此背景下，中央政府审时度势，及时、果断地扭转了宏观政策基调，将适度从紧的财政货币政策调整为稳健的货币政策、积极的财政政策，并推出一系列组合拳刺激经济增长。在积极的财政政策指引下，政府支出压力倍增，尤其是地方政府。为了拓宽地方的财政资金来源，加力基础设施建设，拉动经济增长，多地开始探索成立城投公司筹集资金和谋求发展。

在这期间，亟须改革转型的国家开发银行积极参与到地方基础设施建设中来，极大地推动了各地城投公司的广泛普及。在国家开发银行的建议下，芜湖市政府于 1998 年 2 月成立了芜湖市建设投资有限公司（简称“芜湖建投”），作为承接银行贷款的主体。芜湖建投成立后，首先是由芜湖市政府向芜湖建投注入了大量优质资产，如储备土地和高速公路等；其次，芜湖建投将财务质量差的项目跟财务质量好的项目捆绑在一起，打包向国家开发银行申请贷款，打包还本付息。将各类项目打包，并由现金流好的项目弥补现金流差的项目，同时财政局设立“偿债准备金”，这就是当时被多地争相模仿和金融机构青睐的“打捆贷款”模式，也是国家开发银行和芜湖市政府共同探索出来的经典“芜湖模式”。芜湖市这种创新的投融资模式一经落地，便吸引了全国各地的目光，上海、天津、苏州等一线城市也进行效仿并得到了国家开发银行的贷款。此后，国家开发银行成为各地的“座上宾”，一批新城投也在多个地市、县区和开发区成立。如果说以项目“打捆贷款”是“芜湖模式”的1.0版本，那么2002年新推出的“土地出让收入抵押贷款”模式则是“芜湖模式”的2.0版本，这个模式彻底激活了地方的土地资源，前面提到的“重庆八大投”同样也是得益于“土地出让收入抵押贷款”模式的出现。在国家开发银行的相关行史中写到，“芜湖模式被广泛应用于全国各地”，推动了我国的城市化进程。可见，正是因为国家开发银行探索的开发性金融支持，使得城投公司由单点式向全国多点式，甚至部分地区成片式出现。

经济快速发展的需要，城镇化进程的加快，土地资源的释放，以及国家开发银行等金融机构的支持……城投公司逐渐有了自己发展的范式，并从探索尝试走向稳步发展之路。这种发展态势一直持续到2008年全球金融危机爆发之前。据统计，2008年末各地城投公司数量达3000多家，成为一支推动我国城镇化进程和社会经济发展的非常重要的强大力量。但是，这一阶段的城投公司才算是刚刚起步，多数被当作地方政府的“钱袋子”，行政色彩浓厚。所以，当时的城投公司不考虑还款、不考虑市场化运作，同时也缺乏专业人才、激励机制等。可以看出，当时的城投公司多数以政府融资平台的角色呈现，存在着诸多问题。

三、急剧壮大阶段（2008—2010年）

2006年春季伊始，因次级住房抵押贷款人大量违约而引发信贷市场上的信用危机，以及以次级贷款为基础发行的证券大面积缩水而引发资本市场上的次级债务危机，在美国逐步显现，并于2007年下半年席卷至全美境内，甚至波及欧盟、日本等世界主要经济体。起初，次级房屋信贷危机爆发后，仅仅是带来流动性危机，而后逐渐演变成与房地产无关的普通信贷危机，进而影响到那些与抵押贷款没有直接关系的大型金融机构。到2008年9月，这场次贷危机开始失控，并致使多个大型金融机构遭受巨额损失甚至倒闭，引发全球金融海啸。

全球金融危机全面爆发后，中国经济同样面临硬着陆的风险。为了应对这种危局，2008 年 11 月 5 日，时任总理温家宝主持召开国务院常务会议，部署进一步扩大内需、促进经济平稳较快增长相关工作，并祭出了十项措施，简称“国十条”。其主要内容为：一是加快建设保障性安居工程；二是加快农村基础设施建设；三是加快铁路、公路和机场等重大基础设施建设；四是加快医疗卫生、文化教育事业发展；五是加强生态环境建设；六是加快自主创新和结构调整；七是加快地震灾区灾后重建各项工作；八是提高城乡居民收入；九是在全国所有地区、所有行业全面实施增值税转型改革，鼓励企业技术改造，减轻企业负担 1200 亿元；十是加大金融对经济增长的支持力度。初步匡算，实施上述工程建设，到 2010 年底约需投资 4 万亿元，这就是“四万亿计划”的由来。可以看出，我国应对 2008 年全球金融危机与应对 1997 年亚洲金融危机的手法如出一辙，都是依托财政资金来刺激经济增长。美林公司亚洲首席经济学家蒂莫西·邦德形象地称赞道，中国的救市计划堪比罗斯福总统的“新政”。

在 4 万亿投资中，除了来自中央的投资资金 1.18 万亿，剩余 2.82 万亿资金需要地方通过各个渠道筹集。地方在落实扩大内需、促进经济平稳较快增长的具体做法上，依然是想到城投公司，依然是投向基础设施项目。2009 年 3 月，人民银行和银监会联合印发了《关于进一步加强信贷结构调整，促进国民经济平稳较快发展的指导意见》（银发〔2009〕92 号），提出“鼓励地方政府通过增加地方财政贴息、完善信贷奖补机制、设立合规的政府投融资平台等多种方式，吸引和激励银行业金融机构加大对中央投资项目的信贷支持力度”，“支持有条件的地方政府组建投融资平台，发行企业债、中期票据等融资工具，拓宽中央政府投资项目的配套资金融资渠道”。2009 年 10 月，财政部发布的《关于加快落实中央扩大内需投资项目地方配套资金等有关问题的通知》（财建〔2009〕631 号），提出地方政府配套资金可“利用政府融资平台通过市场机制筹措”。银发〔2009〕92 号文和财建〔2009〕631 号文首次提出“政府融资平台”，表明中央对政府融资平台融资行为的支持和肯定，也极大地提高了地方政府利用城投公司举债的积极性。

在形势所迫和政策许可下，城投公司雨后春笋般涌现。根据银监会的统计，截至2009年6月底，地方融资平台公司8821家，与2008年底相比翻了一倍多。央行的一份内部统计显示，2010 年地方融资平台公司已经超过 1 万家。这当中，区县级城投作为城投公司的新生力量纷纷登上历史舞台，县域基础设施建设即将迎来高光时刻。在城投公司数量快速增长的同时，融资规模也迅速膨胀。相关数据显示，城投公司 2008 年初贷款总额 1 万多亿元，2009 年中期上升到 5 万多亿元，2009 年末增加至 7.38 万亿元。此外，以债券为代表的直接融资也成为城投公司重要的融资渠道。根据 Wind 狭义城投公司的口径数据，城投公司的债券融资规模从 2008 年的 759 亿元快速上升到 2009 年的 2362 亿元，增长了两倍多。

四、规范调整阶段（2010—2017 年）

城投爆发式增长的那几年，切切实实拉动了我国经济的增长，尤其在 2008 年全球金融危机爆发后。2008 年，我国的 GDP 增长速度从第一阶段的 11.5% 一路跌到第四季度的 7.1%，2009 年第一季度跌至谷底 6.4%。在积极的财政政策和城投的投资拉动下，从 2009 年第二季度开始逐步回暖，并在第四季度恢复至金融危机之前的水平。然而，在政府注入各类资产和提供信用背书，并向金融机构大肆融资的传统城投运作模式下，我国债务规模也快速攀升。中国审计署披露，截至 2009 年底，审计调查的 18 个省、16 个市和 36 个县本级政府性债务余额合计 2.79 万亿元，其中融资平台的债务余额为 1.45 万亿元。审计部门还发现，2009 年的地方债务增长迅速，各地融资平台公司的政府性债务占本级债务余额的一半以上。时任审计长刘家义提到，“部分地方政府偿债压力较大，存在一定的债务风险”。

快速增长的地方政府债务问题，尤其是政府融资平台公司的债务问题，引起了中央的高度重视。在此背景下，国务院及各部委出台了一系列政策开始对城投公司进行规范和约束。2010 年 6 月，国务院出台《国务院关于加强地方政府融资平台公司管理有关问题的通知》（国发〔2010〕19 号），对政府融资平台公司的概念、存在问题、债务处理、清理规范、金融机构、地方政府担保行为等做了非常明确的阐述，重点对承担不同职能的融资平台公司按要求进行清理规范。国发〔2010〕19 号文也首次明确了学校、医院、公园等公益性资产不得作为资本注入融资平台公司。国发〔2010〕19 号文是国务院层面针对政府融资平台公司的第一个专门性文件，对加强地方政府融资平台公司管理工作进行了全面部署。该文件的出台，标志着政府融资平台公司转型发展的大幕正式拉开。

随后，财政部、发改委、人民银行、银监会联合发布《关于贯彻国务院关于加强地方政府融资平台公司管理有关问题的通知相关事项的通知》（财预

〔2010〕412 号），细化了国发〔2010〕19 号文的相关概念和要求。2011 年，发改委发布《关于进一步规范地方政府投融资平台公司发行债券行为有关问题的通知》（发改办财金〔2010〕2881 号），明确规定融资平台公司的主营收入中需至少有 70% 来自自身经营，政府补贴部分不得超过 30%，这一规定对抑制地方政府债务的增长有着极为重要的意义。2012 年 12 月，财政部、发改委、人民银行、银监会等四部门联合发布《关于制止地方政府违法违规融资行为的通知》（财预〔2012〕463 号），进一步规范平台公司融资行为，坚决制止地方政府违规担保承诺行为，对 BT、土地储备等违规行为进行限制。与此同时，银监会从 2010 年起紧急印发银监办发〔2010〕244 号文、银监发〔2011〕34 号文、银监办发〔2011〕191 号文等多个文件，从银行信贷角度进行规范，并实行融资平台"名单制"管理。可以说，国发〔2010〕19 号文及后续相关政策文件开启了城投公司第一波转型。

表 1-1 城投公司共经历的五波转型

阶段	时间	主要转型动因	关键政策
第一波	2014 年之前	提升融资能力和规范发展需要	国发〔2010〕19 号文
第二波	2014 年开始	剥离政府融资职能，城投公司面临未来出路的选择	国发〔2014〕43 号文、新《预算法》
第三波	2017 年开始	违规举债问责，传统的资产注入和运作方式被禁止	财预〔2017〕50 号文、〔2017〕87 号文
第四波	2018 年开始	中央严查隐性债务，"遏增化存"逼迫城投转型	中发〔2018〕27 号文
第五波	2021 年开始	具有隐性债务的城投，融资受到限制	银保监发〔2021〕15 号文

受旧《预算法》等政策法规约束，地方政府不允许举债融资。为此，依托城投公司筹集资金成为各地通用的做法，这才招致地方政府性债务不断增长。如何系统性构建地方政府债务管理机制，成为当时新的课题。2013 年 11 月召开的党的十八届三中全会，通过了《中共中央关于全面深化改革若干重大问题的决定》，提出"建立规范合理的中央和地方政府债务管理及风险预警机制"。2014 年 5 月，国务院批转发展改革委《关于 2014 年深化经济体制改革重点任务意见的通知》（国发〔2014〕18 号），要求规范政府举债融资制度，开明渠、堵暗道，建立以政府债券为主体的地方政府举债融资机制，并首次提出了"剥

离融资平台公司政府融资职能”。接着，8 月 31 日高票通过的《预算法》修正案（即新《预算法》），从法律上允许地方政府“通过发行地方政府债券举借债务的方式筹措”资金。9 月 21 日，国务院正式印发《关于加强地方政府性债务管理的意见》（国发〔2014〕43 号），地方政府性债务管理顶层文件横空出世。至此，融资平台公司的政府融资职能被正式剥离，发行政府债券、推行 PPP 等成为地方政府合规的投融资手段。未来的出路在何方？政府融资平台公司被推向了第二波转型之路。

国发〔2014〕43 号文的突然下发，给各地带来了不少影响，不少项目因此搁置，经济发展也受到影响。为缓解颓势，保障在建项目有序推进，2015 年 5 月，国务院办公厅转发财政部、人民银行和银监会《关于妥善解决地方政府融资平台公司在建项目后续融资问题意见的通知》（国办发〔2015〕40 号），文件要求地方各级政府和银行业金融机构要妥善处理政府融资平台在建项目后续融资问题，区分存量和增量，实施分类管理，依法合规进行融资，切实满足促进经济发展和防范财政金融风险的需要。与此同时，央行于 2014 年创设了 PSL（抵押补充贷款）这一创新的政策工具，积极支持棚改的货币化安置，进一步促进了各地设立城投公司承接政策性银行贷款。国办发〔2015〕40 号文的出台和政策性金融的支持，虽一度缓和了政府融资平台公司的发展困境，但其规范转型已是大势所趋。在这之后，针对城投公司承担土地储备工作并进行融资的违规行为，2016 年 2 月，财政部、国土资源部、人民银行、银监会等四部委共同出台了《关于规范土地储备和资金管理等相关问题的通知》（财综〔2016〕4 号），切断城投公司与土地储备的关系，进一步推动城投公司的合规运作和转型发展。

从国发〔2010〕19 号文把清理规范政府融资平台公司的序幕拉开，到后续发布的国发〔2014〕43 号文、财综〔2016〕4 号文等文件，可以看出城投公司在规范调整中曲折前行。这当中，全国出现了多个转型的杰出代表，比如第一批城投公司中的上海城投、重庆城投、合肥建投等，以及基于地方特色探索转型的江东控股（原马鞍山城投）、建安控股（原亳州城投）等，这些城投公司在政策收紧的过程中主动谋划、积极作为，不断提升自身的市场化融资能力和造血能力，成为了城投公司转型的先行者。

五、高压整改阶段（2017—2020 年）

2010 年以来，尽管从国务院到相关部委出台了一系列规范地方政府举债融资行为和要求融资平台公司转型发展的文件，但在地方落实过程中大打折扣，地方政府举债发展的冲动不减。2017 年 1 月初，财政部分别致函内蒙古、河南、重庆、四川等几个地方政府及商务部、银监会 2 个部委，以依法问责部分县市违法违规举债、担保的行为，并依法处理个别企业和金融机构违法违规行为，"要求严肃问责，并按照《中华人民共和国预算法》的有关规定，对负有直接责任的主管人员和其他直接责任人员予以处理"。这是中央在察觉到债务问题的严重性后，开始真正向违法违规行为动手。在此之前，2016 年下半年财政部下发了《关于开展部分地区地方政府债务管理存在薄弱环节问题专项核查工作的通知》(财办预〔2016〕94 号)，并组织相关地区办事处对违法违规举债担保问题进行了专项核查，对地方政府债务严监管的行动早已开始。

自财政部在 2017 年 1 月初致函开始，从党中央、国务院到各相关部委都加大了防范金融风险的力度，一个席卷政府融资平台公司的高压整改时代悄然来临。一方面，财政部等部委出台了以财预〔2017〕50 号文为代表的多项监管政策，持续规范地方政府举债融资行为；另一方面，问责处理了 20 多起违法违规举债融资事件。

2017 年 5 月 3 日，财政部、发改委、司法部、人民银行、银监会、证监会六部委联合发布了《关于进一步规范地方政府举债融资行为的通知》(财预〔2017〕50 号)，要求切实加强融资平台公司融资管理，规范地方政府注资行为、融资平台公司举债融资行为以及金融机构提供融资行为，包括土地注资、担保承诺、境外发债等方面，厘清政府和企业的责任边界。司法部参与地方政府举债融资行为监管的联合发文，当属首次。紧接着，财政部发布《关于坚决制止地方以政府购买服务名义违法违规融资的通知》(财预〔2017〕87 号)，对地方政府和政府融资平台以政府购买服务名义违法违规举债的行为进行封堵，明确了政府购买服务的负面清单和相关要求。两个文件出台后，地方政府违法违规举债融资行为适度收敛，政府融资平台公司的改革转型工作也加快推进，步入第三波转型阶段。这期间，出于要作为 PPP 社会资本的需要，不少城投公司声明退出融资平台，不再承担政府债务，与地方政府厘清关系；出于拓展融资渠道的需求，不少城投公司从银监会名单中退出；出于改革转型的考虑，城发、国控等新式城投开始涌现。

虽然国家加大了对地方举债融资行为的监管力度，也明确了地方政府可以发行政府债券，但违法违规举债融资行为依然存在，且变得更加隐秘，各种伪 PPP、伪政府购买服务、伪政府投资基金等变相融资方式大肆出现。地方政府隐性债务开始滋生，威胁到我国的金融安全。2017 年 7 月 14 日召开的全国金融工作会议强调，各级地方党委和政府要树立正确政绩观，严控地方政府债务增量，终身问责，倒查责任。2017 年 7 月 24 日召开的中共中央政治局会议，提出“要积极稳妥化解累积的地方政府债务风险，有效规范地方政府举债融资”，还特别强调要“坚决遏制隐性债务增量”，这也是官方首次提出“隐性债务”这一名词。2017 年 10 月 18 日，习近平总书记在十九大报告中，将“防范化解重大风险”列为三大攻坚战之首，并提出重点关注政府债务风险和金融领域风险。2017 年 12 月，审计署公布《财政部关于坚决制止地方政府违法违规举债遏制隐性债务增量情况的报告》，对坚决制止地方政府违法违规举债、遏制隐性债务增量相关情况报告。报告指出下一步要坚决刹住无序举债之风，有效遏制隐性债务增量；坚持谁举债、谁负责，严格落实地方政府属地管理责任，债务人、债权人依法合理分担风险；积极稳妥处置隐性债务存量，坚决打好防范化解重大风险的攻坚战。

2018 年延续了 2017 年地方政府债务监管思路，继续呈现高压态势。陆续出台的保监发〔2018〕6 号文、发改办财金〔2018〕194 号文、财金〔2018〕23 号文、厅字〔2018〕75 号文等分别从金融机构、债券发行、控制资产负债率等多个角度规范地方政府和平台公司的举债融资行为，并不断推动政府融资平台公司转型发展。2018 年 8 月，经过一年多酝酿，中共中央、国务院以密件形式下发了隐性债务管理顶层文件——《关于防范化解地方政府隐形债务风险的意见》（中发〔2018〕27 号）。紧接着，其配套落实文件——《关于印发地方政府隐形债务问责办法的通知》（中办发〔2018〕46 号）同样以密件的形式下发。两份关于隐性债务管理文件来势汹汹，使得地方政府和政府融资平台公司“谈债色变”。融资平台公司作为地方隐性债务产生的重要主体，再一次因政策加码而面临艰难处境，开始大踏步进行第四波转型。在“遏制增量、化解存量”的隐性债务管控思路下，各地加大融资平台公司改革转型的力度，并呈现出三大特征：一是地方党政领导班子高度重视隐性债务风险防范和融资平台公司改革转型工作；二是以整合重组为重要手段的改革转型蔚然成风，各地融资平台公司做大规模、扩大现金流，以提升市场化融资能力；三是重视市场化运作、规范化管理，并积极拓展经营性业务。

债务监管政策不断，问责处罚事件频频，地方政府和融资平台公司头顶上的“达摩克利斯之剑”时刻高悬，违法违规举债融资成为各地万万不可逾越的雷区，逼迫各地融资平台公司不得不转型。不过，这期间国企改革“1+N”政策体系、《政府投资条例》等诸多利好政策法规的出台，也为融资平台公司的市场化、实体化、规范化转型提供了非常好的政策环境。

六、常态管控阶段（2020 年至今）

就在各地为了防范化解隐性债务风险，并纷纷推动城投转型之际，一场突如其来的新冠疫情于 2019 年底不期而至，并在全国迅速蔓延。疫情发生后，叠加地缘政治影响和国际贸易环境变化，我国经济遭受了重创，2020 年第一季度 GDP 增长率一度跌至 –6.8%。为了应对疫情等诸多因素的冲击，我国提出“六稳”“六保”等多项任务要求，加大了宏观政策调控力度。

虽然中央出台了一系列刺激经济政策，意在充分发挥投资的拉动作用，但对地方政府债务尤其是隐性债务的风险防范从未放松。相较于 2020 年之前，针对地方政府举债融资行为和融资平台公司规范发展方面，国家出台的政策大幅度减少，但此前政策的效力依然存在。防范化解地方政府债务风险依然是当时三大攻坚战的重中之重。这期间，各地城投公司普遍肩负着两大任务，一是稳增长，二是防风险。城投行业的政策走向亦是在这两大任务之下，或左或右、或松或紧地进行适应性调整。总体而言，城投公司发展进入常态管控阶段。

常态管控期间，围绕着隐性债务风险防范和城投公司转型，中央间歇性推出了一些监管要求，核心目标在于“遏制隐性债务增量、化解隐性债务存量”。2021 年，银保监会重磅出台的《银行保险机构进一步做好地方政府隐性债务防范化解工作的指导意见》（银保监会〔2021〕15 号）对城投公司的影响最为深远，也带动了城投公司的第五波转型。银保监会〔2021〕15 号文提出，银行保险机构要打消财政兜底幻觉，严禁新增或虚假化解地方政府隐性债务，妥善化解存量地方政府隐性债务。针对融资平台公司，更是提出“对承担地方政府隐性债务的，银行不得新提供流动资金贷款或流动资金贷款性质的融资”，“不得通过理财、信托、保险、融资租赁等方式违规向融资平台公司提供融资或绕道置换不符合条件的隐性债务”多项要求。这对长期依赖借新还旧的城投来说无疑是一记重击，各地城投开始想方设法摆脱隐性债务主体这一“枷锁”，一大波花式整合重组出现了。

为了强化中央对隐性债务监管的要求，财政部效仿2017年的做法，分别于2022年5月份、7月份两次在其官网公开了《关于地方政府隐性债务问责典型案例的通报》《关于融资平台公司违法违规融资新增地方政府隐性债务问责典型案例的通报》，对多个省市地方政府、融资平台公司的违法违规案例进行通报。通报中强调，“把防范化解隐性债务风险作为重要的政治纪律和政治规矩”“牢固树立底线意识和‘红线’意识”“对新增隐性债务和化债不实等违法违规行为，做到‘发现一起，查处一起，问责一起’”。

疫情发生以后，各地的财政承压能力堪忧。一方面，各地加大了城投公司的作用发挥力度，另一方面，各地在开源节流方面也使出浑身解数。后者主要有以下几个表现：一是让城投托底拿地，虚增财政收入；二是包装并公开出让特许经营权，由城投或社会资本购得；三是针对融资中介违规获利行为，联合公安、司法等行政执法部门共同追缴。各地捉襟见肘的财政状况，对习惯了依托财政支持发展的城投公司而言，无疑增添了难度。这也直接造成了全国部分债务压力较大的市县城投，不时地发生债务违约事件，进一步加剧当地城投转型的难度。

前文提到，常态管控阶段的政策走向时紧时松。除了上述适度收紧的监管政策外，这期间印发的《关于做好疫情防控和经济社会发展金融服务的通知》《国务院办公厅关于进一步盘活存量资产扩大有效投资的意见》（国办发〔2022〕19号文）等政策文件，为城投公司的转型发展提供了良好的机遇。值得一提的是，江苏、江西、山东、安徽等多地通过整合重组、评级提升、业务拓展和资本运作等多个手段，加大力度推进城投公司改革转型工作。在管控和转型常态化的背景下，城投公司已然开启了新时代，纷纷向高质量发展阶段迈进。

04 城投公司的职能定位

一、城投公司的传统职能

从城投公司产生的初衷来看，其核心功能是承担地方政府融资代理人的角色，履行落实政府重大专项任务的基本职能，通过放大财政杠杆，筹集项目建设资金，从而有效满足地方政府的融资需求，解决城市基础设施投资建设的资金缺口，实现地方公共建设目标。在实际运作过程中，不同地区会结合当地的实际情况，在职能发挥上有所差异，但城投公司的传统职能基本上都会围绕以下几个方面展开：

（1）政府融资职能。城投公司是承担政府投资项目的融资主体，其成立初衷便是满足于政府的融资需要。城投公司在地方政府信用的支持下，可以很容易地从银行获得信贷资金，进而投入到地方的基础设施项目中去。此外，城投公司还通过各个非银行金融机构开展债券、信托、基金、融资租赁等方式的融资活动，为地方公共服务和基础设施建设提供资金。

需要说明的是，国发〔2014〕43 号文出台之前，城投公司直接承担了政府融资职能，属于显性化职能。国发〔2014〕43 号文出台后，城投公司的政府融资职能被要求剥离，但从实际运作来看，各地城投公司代替政府融资的现象依然存在，不过大都间接化、隐性化。

（2）项目管理职能。为了提升项目运作效率和项目质量，城投公司在地方政府的委托下，还负责基础设施建设项目的管理工作，作为政府投资项目的代建主体。具体职能包括：项目招投标的组织管理，工程项目开工前可研、立项、环评等环节的研究准备，各设计、施工、监理等有关单位的协调管理以及工程建设过程中质量、进度、安全及投资的控制管理等工作。

（3）项目建设职能。因为代替政府融资或项目管理，城投公司接触了大量的政府性项目，不少城投公司顺势承担起基础设施项目的建设职能，如道路、桥梁、公园、体育馆等项目的施工建设、现场管理等工作。

（4）国资管理职能。地方政府管辖的各类政府性资产资源，一方面需要国有资产资源的集中专业化管理；另一方面需要盘活和发挥国有资产资源的价值。城投公司本身由地方政府通过注入土地、房产、特许经营权等政府性资产资源组建而成，地方政府顺理成章委托城投公司代行地方政府的意志，进行地方国有资产资源的运营管理，确保国有资产资源的价值发挥和保值增值，进而为地方的建设发展做出贡献。

二、城投公司的新增职能

城投公司传统的融资建设相关职能，一方面无法满足快速变化的政策形势的要求，另一方面无法适应其自身发展的需要。特别在国发〔2014〕43 号文出台后，政府融资职能被剥离，城投公司职能更新势在必行。随着城投公司渐进式的调整、改革，其业务方向变得更加多元，但依然离不开城市发展这一主线。为此，城投公司在尽心履行传统职能的同时，还增添了两个重要的新职能：

（1）城市运营职能。随着城市功能配套的趋于完善，经营城市、提升城市宜居水平成为地方政府关注的新话题。基于城市现有的公共设施和公共服务，地方政府委托和授予城投公司按照市场化方式进行城市运营管理，涉及城市公用事业（供水、供热、供气等）、公共服务（地铁、公交、垃圾处理、环卫等）等方面。城投公司在保证城市功能完善的基础上，不断提高城市居民的生活质量，同时从城市运营过程中获得运营收入和补贴费用，实现社会效益和经济效益的最优平衡。

（2）产业投资职能。城建为壳、产业为核，城市的发展离不开产业支撑。在“脱虚向实”的经济发展导向下，国家大力实施“制造强国战略”，推进战略性新兴产业发展。落到地方政府头上，则要进行传统产业的转型升级和新兴产业的布局引领。作为履行地方政府职能的一把好手，自然少不了城投公司的参与。通过培育孵化、股权投资、产权管理和资本运作等方式，城投公司成为各地的产业引导主体，一方面带动了地方的产业发展，另一方面也获得了不菲的股权投资收益，同时也将自身的转型升级推向了新高度。

05 城投公司的分类

一、按照行政区划分类

（1）省级城投公司。由省级政府或相关部门设立的城投公司，起初作为全省的统贷平台，业务由投融资逐步向房地产、贸易、股权投资、产业基金、资本运作等领域延伸。作为省级投融资主体，一般信用评级较高，绝大多数是AAA，融资能力很强。目前，每个省都会有若干省级城投类公司，但总数不多。例如，中原豫资投资控股集团有限公司、山东财金投资集团有限公司、安徽省投资集团控股有限公司、云南省城市建设投资集团有限公司等。

此外，我国有四个直辖市，虽然行政级别是省级，但因其以城市为载体，故直辖市城投与地市级城投的运作特征相似，因而在实际研究工作中通常也会纳入地市级城投序列。

（2）地市级城投公司。由地市级政府或相关部门设立的城投公司，是各个城市建设发展的主力军，承担了大量的融资、建设任务，也是随着我国城镇化进程加快最早登上历史舞台的城投群体。业务范围有的偏综合性，有的偏行业性（在下文的行业类型分类中予以详述）。地市级城投因地市经济发展水平的差异而分化严重，具体表现在资产规模、融资能力、经营状况等多个方面。粗略估算，地市级城投至少有几千家。

地市级城投公司示例：杭州市城市建设发展有限公司、合肥市建设投资控股（集团）有限公司、常州市城市建设（集团）有限公司（公司）、汉江国有资本投资集团有限公司、株洲市城市建设发展集团有限公司等。

（3）县区级城投公司。由县区级政府或相关部门设立的城投公司。因大多数县区级政府的可用财力有限，因而县区级城投是各个县（市、区）基础设施建设的主要力量，为当地的土地征收、保障房建设、项目建设等筹集了大量资金。正因为县区级城投为地方发展做了大量的工作，因此也背负了较重的债务负担，再加上县区级城投多数存在资产规模较小、融资能力较弱、发展基础较差等问题，县区级城投的综合实力普遍不强。结合城投公司的发展历程，县区级城投普遍成立于 2000 年以后，特别是 2008 年“四万亿投资计划”期间。按照全国有 2800 多个县区级行政单位来粗略估计，县区级城投的数量也有好几千家。

县区级城投公司示例：杭州市萧山区国有资产经营总公司、肥西县产城投资控股（集团）有限公司、丹阳投资集团有限公司、丰城发展投资控股集团有限公司、汝州市鑫源投资有限公司、高平市国有资本投资运营集团有限公司等。

（4）乡镇级城投公司。由乡镇级政府或相关部门设立的城投公司。在我国现行的财政体制下，乡镇没有独立的财权，其资金来源依托上级转移支付或者上级政府（尤其是县区级政府）的专项资金支持。在城镇化和新农村建设背景下，各地乡镇也面临着大量资金需求的问题，而转移支付和上级拨款有限，为此，部分乡镇（东部省份较多）也设立了自己的城投公司。因为乡镇无财权、少资产的原因，乡镇级城投公司基本以纯政府融资平台的形式存在，其还款来源缺失、发展难度很大，也带来了较大的债务风险。随着国家对政府融资平台公司的管控，乡镇一级城投公司处于被注销或整合的境地。

乡镇级城投公司示例：绍兴市上虞区丰惠镇集体资产经营公司、苍南县龙港建设投资开发有限公司、常州市金坛区薛盛城乡建设投资发展有限公司、吴江市震泽镇投资发展有限公司等。

（5）区域性城投公司。与传统的行政区划下属城投公司不同，区域性城投公司一般以某一区域为其开发建设和发展的主要范围，这些区域既包括了有明确批复和机构设置的各类开发区，如国家级新区、经开区（国家级 / 省级）、高新区（国家级 / 省级）、示范区、保税区等，也包括地方政府规划的各类新区、新城、园区等。区域性城投公司有的是由管委会出资成立，有的是由辖区政府或相关部门成立。因全国各类开发区、园区数量众多，区域类城投公司的数量也十分可观，大概也有小几千家。此类城投公司虽然也围绕基础设施开发建设开展投融资运作，但重点是承担产业配套和产业发展等任务。

区域性城投公司示例：中国雄安集团有限公司、天津滨海新区建设投资集团有限公司、南京江北新区产业投资集团有限公司、郑州航空港兴港投资集团有限公司、安徽六新国有投资控股集团有限公司、睢宁县新城投资开发有限公司等。

二、按照行业类别分类

（1）综合类城投公司。综合类城投公司，即狭义上的城投公司，是地方政府为了整合城市资源、做大资产规模、提升融资能力、统筹项目建设以及提供城市服务而设立的综合性公司，具有资产规模大、业务范围广、承担责任多等特点，是地方的绝对主平台。下文提到的各个行业类城投公司，或多或少都会作为综合类城投公司的业务板块或子集团。从公司名称看，一般叫作某某城市建设投资集团、城市发展集团或投资控股集团等。

（2）地产类城投公司。地产类城投公司，俗称房投，主要是指在土地开发整理、棚户区改造、保障房建设等业务基础上逐步发展起来的城投公司。随着转型发展需要，除了从事传统的土地整理、棚户区改造等业务外，不少公司也涉足经营性房地产开发、片区开发等业务。从公司名称看，一般叫作某某地产集团。

（3）交通类城投公司。交通类城投公司，俗称交投，主要负责公路、铁路、机场、港口、码头、公交、地铁等交通类基础设施的投资、建设和运营。从公司名称上看，一般叫作某某交通投资集团。对于一些体量较大的城市，也会单设轨道交通集团、地铁集团，负责当地的轨道交通和地铁的建设运营工作。

（4）水务类城投公司。水务类城投公司，俗称水投，主要负责水务、水利等基础设施项目的投资、建设及运营等。水务方面，包括自来水、给排水、污水处理等设施的建设运营；水利方面，包括灌溉、发电、泄洪等设施的建设运营。从公司名称上看，一般叫作某某水务投资集团、某某水利投资集团等。

（5）农业类城投公司。农业类城投公司，俗称农投，主要负责三农基础设施项目的投资建设，农业、农村的资源开发利用，农产品的种植、加工等。农投在国家大力推进新农村建设、农村脱贫攻坚战的政策背景下陆续成立。近年来国家开始实施乡村振兴战略，农投的业务范围也向乡村振兴拓展。从公司名称上看，一般叫作某某农业开发投资公司、乡村振兴投资公司（俗称乡投）等。

（6）旅游类城投公司。旅游类城投公司，俗称旅投，主要负责当地旅游资源开发、建设和运营服务。因为旅投提供的是精神层面的服务，故不少地方将旅投的范围在广义上向文化、传媒、酒店等业态延伸。从公司名称上看，一般叫作某某旅游投资开发公司、文化旅游公司等。

（7）工业类 / 产业类城投公司。工业类 / 产业类城投公司，俗称工投 / 产投，主要负责当地各类产业基础配套的建设，产业运营服务，产业孵化和投资等，目的是带动地方产业发展。前文提到的区域类城投公司服务对象一般是产业集聚地，故不少地方的区域性城投公司实质是当地的工投 / 产投。从公司名称上看，一般叫作某某工业投资开发公司、产业投资集团、园区开发投资公司等。

（8）金融类城投公司。金融类城投公司，俗称金控，主要负责当地的金融资源整合，各类金融业务的运作，也涉及基金和资本运作。国家政策对金控平台在资本金、金融牌照等多方面有较为严格的规定，因而地方上（体量较大地市除外）很少有完全符合要求的金控平台，地方上现有的金控多数是类金融业务整合后形成的金融类城投公司。从公司名称上看，一般叫作某某金融控股集团等。

除上述不同行业领域的城投公司外，随着地方发展的需要以及城投产业链的延伸，各地还存在着很多五花八门的"投"，如能源开发建设的能投、矿产资源开发利用的矿投、林业资源开发利用的林投（有些地方称为绿投）、生态环保服务的环投、文化产业发展的文投、教育产业发展的教投、体育产业发展的体投、数字产业发展的数投、人才发展的人才集团等。

三、按照重要程度分类

（1）核心城投公司。一般情况下，一个行政辖区下设多家城投公司。在这些城投公司中，通常会有若干个核心城投公司，即当地的主平台。核心城投公司承担了当地更多的融资任务、项目建设任务，同时也最受政府倚重和支持。对于地市而言，核心城投公司一般是两三家；对于县区而言，一般也就一两家。对于经济发展水平较低的地区，基本上重点打造一家核心城投公司。核心城投公司的打造是各地在推行平台公司整合重组过程中，结合地方经济发展水平、资产资源禀赋，统筹投融资运作需要重点考虑的。结合各地实践来看，多数以当地综合性城投公司作为核心城投公司来运作。

（2）重要城投公司。除了核心城投公司，为了支撑当地的投融资运作，便于相互担保，多地设有若干家重要城投公司。重要城投公司一般也承担了不少融资任务、项目建设任务，尤其是一些行业性（如交通、水务等）或区域性（如园投）城投公司。重要城投公司有可能与核心城投公司并列为一级公司，也可能是作为后者的子公司（实际管理或者并表管理）。

（3）一般城投公司。除上述核心城投公司、重要城投公司外，也有地方会设立一些重要性较低的城投公司作为补充，暂且称为一般城投公司。其承担融资任务较少，多数以项目融资为主，管理层级和股权层级一般也比较低。不过，随着城投行业监管政策的变化，为了规避政策限制，一般城投公司也有可能会作为核心城投被重点打造，其他城投公司则被其整合。

四、按照名单监管分类

（1）银监会监管名单。为响应国务院关于融资平台公司清理规范的要求，2010 年 8 月银监会印发了《关于地方政府融资平台贷款清查工作的通知》（银监办发〔2010〕244 号），要求各机构和银监局根据“自身现金流是否能还款”将政府融资平台划分为“全覆盖、基本覆盖、半覆盖、无覆盖”四个风险标准（详见表 1-2）。2011 年印发的银监发〔2011〕34 号文，进一步明确在总行及分支机构层面分别建立平台类客户和整改为一般公司类客户的“名单制”信息管理系统，后者即退出政府融资平台名单并作为监测类的城投。随着政府融资平台陆续退出银监会监管名单，同时各地又新设了名单外的政府融资平台，银监会的政府融资平台监管名单已然与实际大相径庭，参考性下降。为此，银监会于 2019 年后就停止名单更新。此后 2021 年的银保监发〔2021〕15 号文明确了各级监管机构不再受理原银监会融资平台名单查询和调整事宜。

表 1-2　政府融资平台风险定性划分

风险定性	全覆盖	基本覆盖	半覆盖	无覆盖
借款人自身拥有的现金流占其应还债务本息的比例	100%（含）以上	70%（含）~100%	30%（含）~70%	30% 以下

（2）隐性债务监管名单。2018 年起，国家开始进行隐性债务监管，并于同年 8 月份组织各地填报全口径债务数据。债务清查统计过程中，银监会名单中的融资平台公司、财政部债务甄别认定的融资平台公司、地方自行上报的融资平台公司，以及未纳入名录管理的国有企业等，都要填报相关债务数据。财政部组织的隐性债务数据填报，进一步扩大了对融资平台公司的监管范围。对在隐性债务名单中的平台公司，行业内一般称其为“承担地方政府隐性债务的城

投”。相对地，无隐性债务的平台公司则称为“不涉及地方政府隐性债务的城投”。承担隐性债务的城投，其融资渠道受限，需要按照政策要求偿清隐性债务；对于不涉及隐性债务的城投，一旦承担了地方政府融资任务，也可能被纳入隐性债务监管名单。

此外，为了适应各自管理的需要，审计署、部分省份也建立了各自相应的平台公司名单或名录。比如，审计署在历年的全国性债务审计过程中，建立了自己的融资平台公司名单。再比如，重庆市 2017 年印发的《关于加强融资平台公司管理有关工作的通知》（渝府办发〔2017〕74 号）中提出“各区县（自治县）人民政府、市政府有关部门和有关单位要在上述范围内，锁定融资平台公司目录名单，实行分类处理”。

06 城投公司的基本特征

城投公司产生于中国特色的财税管理体制和政府投融资体制背景下，并快速被各级政府争相效仿和运用，成为我国城镇化进程一道独特的风景线。作为地方政府“天才般的创造”，城投公司从其产生的背景、发挥的作用及面临的问题来看，一般有如下基本特征：

一、依附政府而生，依托政府而存

城投公司是在地方政府主导下，通过地方财政资金、资产资源、土地划拨等形式成立的，与地方政府有着十分紧密的联系。在后期的发展过程中，城投公司的业务也基本遵从地方政府意志，比如筹资建设地方的某个项目，运营管理地方的某块资产等。正是得益于与地方政府之间的紧密联系，以及地方政府强大的信用支持，城投公司得以快速发展。虽然当前的政策要求剥离城投公司的政府融资职能，划清城投公司和政府之间的界限。但从实际情况来看，地方政府仍需要城投公司继续作为，城投公司也仍需要地方政府提供支持，二者的紧密关系将长久存续。

二、发挥杠杆作用，服务地方发展

一边是地方快速发展的需要，一边是地方资金不足的窘况，城投公司作为地方政府筹集资金的载体而出现。行业内，习惯性将城投公司称为地方政府的“第二财政”，甚至是“钱袋子”。可见，城投公司的融资职能对于地方政府而言举足轻重。地方政府将当地能注入的各类资产都装入城投公司，让城投贷款、发债，发挥城投公司的资金杠杆撬动作用，满足地方基础设施建设和公益性项目建设的需要，以支持地方经济社会发展。城投公司成立之初所投的项目基本是公益性项目，转型之后公益性项目的建设运营依然占重要比重。所以说，不管是城市建设、城市运营，还是城市其他职能的发挥，城投公司都是地方政府治理的重要抓手。

三、公益属性很强，造血能力有限

与市场化企业最大不同的是，城投公司的公益属性非常明显。不像市场化企业追求盈利，城投公司要讲求社会效益、经济效益的有效结合，甚至只谈社会效益，不讲经济效益。在地方政府的要求下，拆迁安置、土地征收、保障房建设、市政道路建设、新城开发等各个类型的项目都需要城投公司负责。而这些项目基本上都是公益性项目，缺乏稳定的还款来源，依赖于借新还旧或者财政支持。随着政策收紧，公益性项目只能由财政安排资金，各地创新做法，将有一定收益的项目与无收益的项目打包在一起，动辄一个项目总投资几十亿元甚至上百亿元。然而，从总账来看，微薄的经营性收益难以覆盖融资成本。当然，城投公司也拓展了施工建设、房地产开发、贸易、资产运营、产业投资等经营性业务，现金流状况较以往有很大改观，但从资产收益率、利润率来看，绝大多数城投的造血能力依然较差。

四、紧扣宏观形势，政策影响明显

城投公司诞生至今，总共经历了 30 多个年头。这个阶段也是中国经济快速发展和调整优化的 30 多年。可以说，城投公司是伴随着我国经济逐步发展壮大起来的，二者有着十分紧密的联系。尤其是在经济不景气甚至下行的时候，城投公司作为经济逆周期的调节工具，发挥着投资拉动经济的作用。1997 年亚洲金融危机爆发后，东南亚、东亚的诸多经济体受到冲击，我国依托宏观政策调控和城投公司的托底拉动，成功将影响降到最低。2008 年全球金融危机蔓延至中国后，国家祭出了“四万亿投资计划”，并鼓励各地设立城投公司加大投资力度，再一次抵御住了金融危机的肆虐。此后的“三期叠加”“三年疫情”等形势背景下，在国家利好政策的加持下，城投公司继续发挥稳经济、保增长作用的同时，自身也得到了转型发展。在经济形势向好甚至过热的过程中，风险也逐步暴露，尤其是地方政府债务风险。国发〔2010〕19 号文拉开城投公司转型的大幕之后，国家又相继出台了一系列政策文件，给各地城投公司带来了一波又一波的影响。此外，投融资体制、财税体制、国资国企改革、金融监管等不同领域的政策也都会对城投公司起到不同层面的影响。在中国经济发展的洪流中，城投公司早已融入其中。所以，业内说“谁读懂了城投，就读懂了中国经济”，个中道理毋庸赘言。

07 城投公司的历史贡献

一、拓宽了城市建设的资金渠道

长期以来，我国地方政府肩负着促进地方发展的重任，这一职能的实现需要大量资金，用于地方基础设施建设、公共服务改善和产业发展。分税制改革后，留存给地方的可用财力有限，但地方承担的事权却未减少。旧《预算法》体系下，地方政府不允许举债融资，地方发展所需的资金来源要么是本地的税收，要么是上级转移支付。然而，地方政府的财政资金仅够用于维持城市基本运转，剩余可用于开展项目建设的资金可谓杯水车薪。这就是人们常说的“吃饭财政”的现象。在发展资金紧缺的情形下，地方政府开始在土地等资产上做文章，并创造性地成立了城投公司。

城投公司一经成立，便大规模参与到地方城市建设中，有效打破了制度上的制约，创造性地解决了中国城市建设发展中的资金瓶颈难题。在地方政府的各类资产注入、现金流包装、项目打包、担保增信等支持下，城投公司通过银行贷款、发行债券、融资租赁、信托等渠道，向银行等各类金融机构筹集了大量资金，有效解决了地方政府的资金难题。通过城投公司筹集的资金先用于基础设施建设，以后年度再由财政安排资金偿还城投公司的债务，这成为各地政府在举债约束下筹集建设资金的通用范式。国发〔2014〕43号文出台后，城投公司的政府融资职能虽被剥离，但为城市建设发展的资金筹措功能并未丧失。各地通过间接增信、项目包装等方式，持续让城投公司承担资金筹措的重任。可以说，正因为城投公司的存在，地方政府才有了持续发展的动能。

二、提升了城建项目的运作效率

从我国的城市管理来看，地方政府是城市发展的领导者、组织者和决策者，同时又是城市建设的主要投资者，担负着城市规划、建设、管理的多重角色。在城投公司出现之前，我国城市建设项目实行以国家或地方行政拨款为主的投资管理体制，项目的建设管理主体则是根据项目建设需要临时组建的项目管理班子，项目完成后班子自行解散，俗称“项目指挥部制”。项目指挥部制存在着管理成本高、专业技术水平弱、人员关系复杂、账务管理混乱、项目运营能力弱等一系列问题。随着城市管理要求的不断提升，这种临时性的项目管理模式弊端越发明显，很难适应地方经济社会发展的需要。

为了破除上述弊端，一个专门性、专业性的项目管理机构显得十分必要。城投公司设立之初是以项目融资为直接目的，因为在融资过程中必须要关联项目的投资、建设和运营模式，所以对城建项目也十分了解，这为其深入参与项目融资后端的工作提供了先天条件。为此，各地纷纷让城投公司介入城建项目的建设运营，甚至不少地方的城投以住建系统班底成立。城投公司按照“政府主导、市场运作”的理念推进项目进程，从项目的组织协调、资金运作、项目管理等角度规范了项目运作，近年来，城投公司更是搭建了“投融建管营”一体化信息平台，实现了项目的高效化、精细化、集约化、平台化管控。综合来看，有了城投公司参与后，各地城建项目在质量、进度、安全、成本等各个方面都有了较大改观，这也正是全国各地大力推行项目代建制或项目集中管理等运作模式的原因所在。

三、推动了城镇化进程的不断加快

中华人民共和国成立之初，中国的城镇化率只有 10.6%。到了改革开放初期，也仅有 17.9%。当时，相较于发达国家，我国的城镇化率落后至少 50 个百分点；相较于东南亚、南美等发展较快的经济体，我国的城镇化水平也落后一半。城镇化水平的提高，是经济发展水平提升的重要体现。如何快速推进城镇化，成为各级政府面临的一大考题。

城镇化建设，首先是基础设施要跟得上，其次才是产业集聚、人口集中、服务集成。基础设施既包括道路、交通、水务等，也包括科教文卫等配套设施，项目建设具有周期长、涉及面广、外部性强等特点。城投公司的主要职能是为城市的基础设施建设、公共服务提升等提供项目融资，同时积极参与各类项目的建设、运营与管理。对城市而言，如此规模庞大的建设任务，自然离不开大量资金的投入和城投公司的参与。

城投公司在政府的支持下、金融机构的参与下，打通了资金通路，城市基础设施项目得以快速上马。有了城投公司的参与，“基建狂魔”开足了马力，基础设施投资占比逐年递增，我国的城镇化水平快速增长。根据统计数据，从改革开放初期到 2022 年末，我国的城镇化率从 17.9% 迅速增长至 65.2%，城镇常住人口数量也从 1.7 亿人一跃增加至 9.2 亿人（见图 1-3）。城镇化率按照年均 1.08 个百分点递增，常住人口年均增加约 1700 万人。通过快节奏、高效率的城镇化建设，城市的面貌日新月异，进一步凸显了城市这一经济增长极的重要价值，为工业化创造了需求源泉，也为农村人口向城镇转移拓展了空间。可以说，城投公司作为城市建设的生力军，为中国城镇化的高速发展作出了极其重要的贡献。

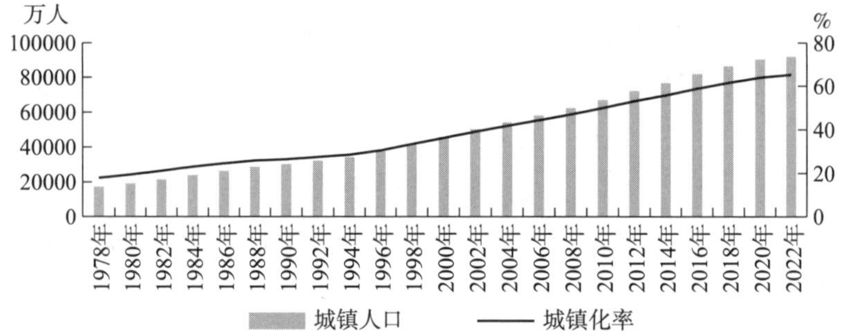

图 1-3　1978 年以来我国城镇人口和城镇化率变化

资料来源：根据统计局数据整理。

四、改善了城乡居民的宜居水平

城市，是人赖以生存的聚集地。缺少人的城市，则成了失去烟火气的建筑堆。所以，人是城市最为核心的构成因子，城市需要有足够吸引人、留下人的便利条件。在推进城镇化进程中，要坚持“以人为本”的理念，让人因城而聚，城因人而兴。如何让城市聚集人气，吸引人流？拥有完善的基础和公共配套设施。

早期，作为典型的发展水平滞后的发展中国家，我国城市的问题十分严重，表现在基础设施落后、环境污染严重、住房资源紧张、城市街面破旧、治安问题频发等。

20 世纪末，我国逐步开始推进保障性住房建设，2005 年开始实行棚户区改造，2008 年以后棚户区改造加快了步伐，后续又陆续开展了货币化安置、三年棚改计划等。对于棚户区改造等保障性安居工程，国家推行的是“政府主导、市场运作”方式。由于规模大、资金需求多、收益少，这些项目绝大多数由各地城投公司承担。城投公司承担了大量的安置房、回迁房、经济适用住房、公租房、廉租房等各类保障性住房建设，彻底改变了城乡居民的居住条件。

针对路况基础较差、交通运营能力较弱带来的居民出行不便问题，城投公司一方面加大交通基础设施投资建设，平整和拓宽道路，另一方面投入人力、物力，开展公共交通运营工作。随着城市汽车保有量增多，又出现了停车难等问题，城投公司开始规划建设停车位，甚至利用互联网平台整合各类停车资源，上马智慧停车系统，建设立体停车库等。对于大型城市，城投公司又多了地铁的建设和运营任务，这也带来了我国主要城市地铁里程的快速增长。当下，新能源汽车成为趋势，城投公司还将广泛参与到充电桩的建设和运营中。

除住行两大常见的民生工程外，城市供排水保障、能源供应等也是广大城投公司的重要工作。此外，城投公司还承担城市园林绿化、亮化等工程的升级改造，美化了城市，让城市这个家园变得更加温馨。随着城乡居民生活的逐步富足，健康、教育、娱乐等方面的需求也日益旺盛。同时，免费开放的公园、广场、健身设施、文化场馆，功能完善、质量更高的学校、医院、旅游景点等，也都成了广大城乡居民丰富业余生活、提升身体素质的重要场所。因此，城投公司在改善城市面貌、完善城市公共服务配套、提升城市管理水平和宜居水平方面，作出了重要的贡献。

五、促进了经济社会的稳定发展

改革开放以来，我国经济发展突飞猛进，但这个过程并非一帆风顺。尤其是在“对外开放”基本国策的指引下，我国已经成为全球一体化大家庭中的重要一员，外部形势风云变幻，任何风吹草动都会波及我国。结合前文关于城投公司发展历程的叙述，以及我国经济增长曲线的特点，大体上可在四个关键节点看出城投公司拉投资、稳增长的重要作用。

第一个关键节点是 1997 年亚洲金融危机爆发时期。彼时，东南亚诸国遭受金融风暴的肆虐，我国经济刚与世界接轨不久，十分脆弱。如何将金融危机带给我国经济的影响降到最低，我国选择了从推行积极的财政政策和大力开展基础设施建设入手。在政策的鼓励下，在国开行的推动下，各地探索组建城投公司，充分发挥城投公司的资金杠杆作用，并投入基础设施项目建设中。此后，中国经济增长速度逐步企稳回升，成功抵御了亚洲金融危机的影响。

第二个关键节点是 2008 年全球金融危机爆发时期。2008 年，因美国次贷危机引发的金融危机彻底爆发，波及全球，我国也未能幸免。出口下降、中小企业倒闭、工人失业、股市下跌等，因金融危机引发了一系列问题的产生。金融危机给我国经济发展带来重创后，从中央到地方出台了诸多扩内需、保增长、调结构的措施。其中，最为关键的就是“四万亿投资计划”。为推动该项计划的有效实施，2009 年出台了银发〔2009〕92 号文，明确鼓励各地成立城投公司，加快基础设施建设，确保经济平稳增长。在中央出台一系列支持城投公司的政策后，我国经济一改此前下降之势。统计数据显示，2008 年我国各个季度的 GDP 增长率分别为 11.5%、10.9%、9.5%、7.1%，逐步下跌，于 2009 年第一季度跌至谷底 6.4%。2009 年第二季度起，经济开始回暖，二、三、四季度 GDP 增长率分别是 8.2%、10.6%、11.9%，逐步回归正常水平，2010 年第一季度更是达到峰值 12.2%。地方政府正是依靠这些城投公司，一方面实现了对经济增长的拉动作用，另一方面促进了国民经济各部门的发展。根据乘数效应估计，城投公司的投资有效拉动了经济在危急时刻的及时回升和稳健增长，在稳增长、扩内需等方面发挥了重要作用，对稳定经济大盘、避免硬着陆作出了巨大贡献。这也是城投公司第二次证明了其逆周期调节的价值。

第三个关键节点是 2015 年“三期叠加”前后。2013 年 7 月，中央政治局常委会会议上，习近平总书记指出我国经济处于“三期叠加”时期，即增长速度换挡期、结构调整阵痛期、前期刺激政策消化期。同年 12 月，习近平总书记又在中央经济工作会议上提出“新常态”。可以看出，当时我国经济面临新形势。2015 年 7 月的中共中央政治局会议，在认清错综复杂的国际国内环境基础上，提出要“保持经济运行在合理区间，促进经济持续健康发展和社会大局稳定”，并要求“坚持以经济建设为中心，保持宏观政策连续性和稳定性，坚持积极的财政政策不变调”。虽然当时城投公司正处于第二波转型期，但出于经济发展的需要，加之城投行业政策适度放松，城投公司开始在防风险的前提下保增长。

第四个关键节点是2020年新冠疫情发生期间。众所周知，疫情的突然爆发，使得整个社会的生产生活一度停滞，我国的经济增长也跌至冰点。就在疫情暴发的同一时期，国际贸易形势变化、地缘政治冲突等也给我国经济带来了不小的冲击。多重因素叠加下，我国出台了包括发行特别国债在内的多项刺激政策。虽然没有明文鼓励城投公司发展，但在地方财力窘迫、支出陡增的情势下，积极政策最终还是需要通过城投公司来施行。通过城投的大规模投资，保障就业，应对疫情，我国经济增长转负为正，并成为2020年全球唯一正增长主要经济体。抗疫三年间，我国经济展现了强大的韧劲，这与城投公司的投资拉动密不可分。大难之下，还是要靠城投，也成为了当时多地政府由衷发出的感慨。

城投公司除在宏观上作为“逆周期”调节器、压舱石外，在微观上还承担了不少地方政府治理任务，成为地方政府履职的重要抓手，为维护社会稳定和促进社会发展提供间接支持。当然，城投公司的另一面就是债务。虽然近年来，城投公司因债务问题受到诸多诟病，人人敬而远之，但从历史的角度来看，我们仍不能否认其对我国经济社会发展所作的突出贡献。

08 城投公司的未来走向

一、从稳定经济角度，依旧是重要的投资主体

城投公司自诞生以来，致力于为城市提供基础设施建设和运营服务，始终发挥着投资拉动作用，对城市的建设发展起到了重要的支撑作用。当前，我国正处于百年未有之大变局之中，经济发展依然面临着诸多困难和挑战，需求收缩、供给冲击、预期转弱三重压力没有改变。随着百年变局的加速演进，我国经济社会发展面临的外部环境更趋复杂严峻，不确定性增加。

一直以来，我国的经济增长是靠三驾马车来拉动。在出口方面，出口作为一种被动的经济增长方式，受制于地缘政治、贸易冲突等国际形势影响，外部需求拓展有限，出口对经济增长的贡献度存在变数。在消费方面，我国已经成为世界第二消费大国，供给侧改革成效显著，消费对经济增长的拉动作用不断提升，但供给侧大都停留在低端、低效、低水平、低质量产品，真正实现消费升级、提升消费品质还有很长的路要走。且受疫情影响，居民消费能力仍然没有完全恢复。因此，面对后疫情时代振兴经济的需要，投资仍是我国经济发展的重要拉动力量。城投公司作为重要的投资主体，依旧堪当重任，并将在四大领域持续发挥作用：

一是城市更新领域。经过多年的快速发展，我国城镇化率已经进入相对稳定的高位阶段，城市开发渐趋饱和、土地资源日益稀缺。为适应未来经济社会的高质量发展要求，城市更新成为各地投资重点领域。通过将城市中已经不适应现代化生活的区域或设施作必要的改进和提升，包括对旧建筑、旧设施等硬件进行改造，也包括对生态环境、文化观念、产业结构、功能业态及社会心理等软件进行更新，从而不断提升城市品质和宜居水平。

二是新基建领域。新基建是现代化基础设施体系的重要组成部分，将为我

国的经济发展注入新动能。新基建既具备传统基础设施稳增长的特性，又可以助推创新和拓展新消费、新制造和新服务，在补短板的同时形成新动能。面向未来，新基建投资将成为我国稳定经济增长、促进社会发展的重要支撑力量。目前，由于新基建属于发展初期，商业模式、应用场景和投资盈利模式尚未清晰，投资规模也不小，这就需要一个强有力的投资主体来积极参与，城投公司从投资能力和业务属性上，都十分契合。通过城投公司的参与，城市向着智慧化、智能化方向提升。

三是县城基础设施短板。县城是县域的要素集聚平台和重要发展引擎，也是推进城乡融合、实施乡村振兴战略的重要抓手。随着新型城镇化的深入推进，县城在承接人口和产业转移、促进城乡融合发展等方面更加突出。与此同时，我国县城普遍在交通、能源、水利、通信等基础设施建设方面还存在较明显的短板，这将会是我国城投公司未来投资的重要发力点。

四是乡村振兴。全面建设社会主义现代化国家，扎实推进共同富裕，最艰巨最繁重的任务仍然在农村。乡村振兴是实现中华民族伟大复兴的一项重大任务。党的二十大报告中指出要“全面推进乡村振兴”。经初步测算，要实现乡村振兴战略五年规划的目标，至少要投资 7 万亿元。其中，农村基础设施建设将会是核心。城投公司，特别是县区级城投公司将进一步延伸业务领域，在服务于城市基础设施建设的同时，发挥其农村基础设施建设的重要支撑和抓手作用。

二、从城市服务角度，转变为城市的运营主体

过去 30 年，城投公司作为政府的重要抓手，在我国城镇化进程中发挥了重要作用。然而，一方面，随着地方融资平台的无序发展，来自政府部门的监管不断加强，2010 年开始，国务院、银监会、财政部等相继出台多个重要文件，以此规范地方融资平台的运作，各地政府融资平台的融资环境和生存压力明显加大；另一方面，随着我国城镇化水平的快速提升和城市基础设施的日益完善，增量建设空间已越来越有限，城市发展阶段已经由重建设向重运营转变。因此，基于多年城市建设过程中积累的大量国有资产资源，各地城投公司纷纷将视角由“建设城市”向“服务城市”调整，开始探索存量资产资源的价值挖掘，城投公司从城市的投资建设主体转变为运营服务主体，城市综合运营商开始成为

其市场化转型的重要方向。部分先行的城投公司，如济南城建集团、泉州城建集团等，已经实现了向城市综合运营商的转型。

在城市综合运营商的发展定位下，城投公司需围绕城市资产资源进行运作。通过对城市运营机制再造，城投公司着力打造“投、融、建、管、运”全生命周期的一体化城市运作模式，实现城市有形资产和无形资产的可持续发展。未来，为承担好城市运营主体这一角色定位，城投公司将持续在下列领域作为：

一是延伸业务链条，开展城市维护管养服务。城投公司基于多年的基础设施投资建设经验，可进一步整合各类资源，从城市基础设施运营、绿化养护、道路维护、市容环卫、应急管理等方面开展相关业务布局，以进一步完善城市功能服务，进而建立起“基础设施物业运营”体系，从而实现在保证基础设施建设的同时，能够强化造血功能，增加公司的现金流。

二是推进城市公用事业服务，提升居民幸福感。城投公司作为地方重要的国有企业，在区域内经营公用事业具有天然优势。由于供排水、供热、供气等公用事业具有一定的现金流和显著的规模效应，城投公司可以通过合规渠道获取特许经营权。城投公司通过将域内公用事业资源进行整合和运营，不仅对提升其融资能力有重要帮助作用，也能发挥城投公司的国企担当，进而全面保障好民生服务。此外，针对城市各类数据资产的运营权，也是城投公司未来重要的拓展方向。

三是提升资产运营效率，盘活存量资产。在城市运营商的功能定位下，城投公司不单单是传统的基建投资者，更是国有资产运营者和保值增值者。第一，通过资产运营，盘活存量资产，可以将长期资产转化为流动性较强的经营性资产，从而有效缓解存量资产资金占用问题，提升资金使用效率和投资效益。第二，盘活存量资产可以提升国有资产的保值增值能力，为城投公司下一步市场化转型筑牢基础。第三，地方政府为加快资产盘活，会将城投公司作为资产盘活的重要载体，并持续不断地将地方有效资产资源注入城投公司。城投公司的资产规模和资产结构将会进一步壮大和优化，有利于增加现金流和提升可持续融资能力，为加快城投公司市场化转型奠定基础。

三、从产业发展角度，晋升为产业的引导主体

产业强则经济强，产业兴则百业兴。产业是城市高质量发展的坚实根基，

城市发展的关键在产业。城投公司多年来服务于城市基础设施建设，为城市“筑巢引凤”做出了重要贡献。为进一步夯实城市产业基础，处于转型队伍前列的城投公司在开展市场化业务的同时，更加关注产业的培育和孵化，并进入城市产业引导、投资发展的行列。同时，受疫情冲击及国内外经济局势影响，我国各行各业普遍存在社会资本投资信心不足的现象，城投公司作为地方重要的国有企业，需加强投资引领，以进一步提振投资信心。因此，未来将会有越来越多的城投公司匹配城市发展战略，致力于城市产业发展，在优化产业布局和推动产业转型升级中担当“强引擎”的角色。总体来说，有以下几方面的发力点：

一是推动城市要素资源配置。在高质量发展的要求下，推进产业结构现代化是一项重要内容。而产业结构升级与要素资源配置密切关联。因此，城投公司在开展产业投资时，将提升城市资源要素配置作为引领产业发展的重点，着力构建城市产业结构升级与要素资源配置互为促进的良性发展机制。

二是进行资本运作。资本运作既是城投公司未来发展的重要手段，也是城投公司业务拓展的重要方向。通过资本运作，城投公司可以有效服务区域内产业发展，在布局高新技术等前景较好产业的过程中，为城投公司业务的多元化发展和经营效益的提升奠定基础。一方面，城投公司依托自身积累的相关经验和优势，开展产业投资。通过以股权出资方式投资优质产业项目，获取长期收益，同时积极培育上市，在优化资产结构的同时实现国有资本的保值增值。另一方面，城投公司可通过设立产业基金的方式撬动社会资本，有效利用财政资金、社会资金，为自身的转型发展和地方的产业引导赋能。

三是加快科技创新。科技创新是企业高质量发展的关键要素，也是城市产业发展的重要力量。激发国企的科技创新活力，是实现我国高水平科技自立自强的重要举措。城投公司应聚焦城市产业发展的重点领域，加大科技投入，提升产业韧性、释放科技创新活力，持续发挥城市发展的科技创新引领作用。

四是强化人才支撑。“人才战略”是企业发展的“第一战略”，创建世界一流企业，归根结底需要一流的人才做支撑。城投公司不管是谋划转型发展，还是助力城市产业发展，都离不开人才。城投公司在推动城市产业转型升级过程中，要着力打造人才高地和聚集地，加大人才的培养，为人才发展创造更多便利，甚至组建人才集团提供系统性、全方位的人才服务。通过一系列的人才发展举措，为城市的产业转型升级贡献人才力量，实现城投、人才、科创和产业的融合发展。

2

第二章

城投公司转型背景

城投公司作为一类带有特殊目的的地方国有企业，其行业政策随经济周期不断调整。经济持续稳定向好时，监管政策收紧；经济下行时，政策又会适度松绑。当前，我国正处于经济恢复期，土地财政式微，促使城投公司加强业务板块的经营能力和转型力度，进行更深层次改革；投融资体制改革，要求城投公司推动投资自平衡项目落地、打造核心业务链；债务的常态化管理，则要求城投公司合法合规举债，以债化债，良性有序发展。在传统基础设施建设领域趋于饱和的今天，城市建设进入存量时代，城投公司从“造城”逐步走向“营城”，其功能定位需要发生转变。

城投公司在政府支持下逐步壮大，自产生之初便深深刻有行政化烙印。在政府信用庇护下发展起来的城投公司，实质上相当于行政机关、事业单位、企业性质之间的混合体，其无序的发展使得城投公司自身积累了诸多问题。公司运作往往政企不分，承担了大量公益属性强的城市基建业务，缺乏经营性收入；公司内部架构杂乱、管理基础薄弱，相当一部分人员仍保留了公职人员身份，多按政府指令办事，缺乏市场化思维，激励机制不足等。

本章从外部环境要求和内部运作障碍两方面入手，详细分析了城投公司的转型背景，以期从历史和现实两个维度为读者思考城投公司转型原因提供背景性参考。

01 城投公司面临复杂多变的外部环境

一、经济形势的变化，影响着城投行业的政策走向

作为地方政府筹集资金的重要抓手，诞生于20世纪90年代的城投公司，一经成立便被用来融资，成为典型的政府融资平台。在2008年之前，我国经济总体形势处于高速增长阶段，“三驾马车”的贡献作用比较明显，城投行业也在探索中稳步发展。2008年全球金融危机爆发，我国未能独善其身。随后，“四万亿计划”出台，我国开启了新一轮积极的财政政策周期。之后印发的银发〔2009〕92号文和财建〔2009〕631号更是提到，要发挥政府融资平台的作用，鼓励设立政府融资平台。这是官方首次提及政府融资平台，城投公司开始名正言顺地登上中国经济舞台。前文在阐述城投公司发展历程时，也提到了这个阶段正是城投公司急剧壮大的时期。通过城投公司拉动投资，经济开始企稳，随之带来的债务问题也日趋严峻。为有效防范财政金融风险，加强对地方政府融资平台公司管理，保持经济持续健康发展和社会稳定，国务院于2010年下发了国发〔2010〕19号文。城投行业首次面临政策调整的情形，部分起步较早的城投公司也开始思考政策形势收紧下公司转型和规范发展的课题。

经受住全球金融危机的考验后，同时也得益于国家全面推进深化改革等一系列重要举措，我国经济总体上处于平稳发展态势。为此，在国发〔2010〕19号文之后，财政部、发改委、人民银行、银监会等多个部委又下发了配套文件，继续从多个方面要求城投公司规范运作。2014年通过的新《预算法》和下发的国发〔2014〕43号文，更是从地方政府债务管理角度进行顶层规范，明确提出剥离融资平台公司的政府融资职能，给予地方政府适度举债权限。由此可见，国发〔2014〕43号文倒逼各地城投公司必须进行市场化转型发展，城投公司的未来走向成谜。

随着我国经济进入“新常态”，经济增长速度也从 2012 年开始结束了近 20 年 10% 的高速增长，转而进入增速换挡期。2015 年，受资金外流、制造业不振、房地产业下滑、外资撤离等诸多因素影响，中国经济运行遭遇不少冲击和挑战，第一季度 GDP 增速为 7%，创历史新低，下行压力持续加大。2015 年 5 月，国务院办公厅下发国办发〔2015〕40 号文，文件要求妥善处理政府融资平台在建项目后续融资问题，要求银行业金融机构要在全面把控风险的前提下，不得盲目抽贷、压贷、停贷，意在通过投资拉动稳住经济增长。相较于实施不到一年时间的国发〔2014〕43 号文，城投行业的政策再次转向。

在稳中求进工作总基调的指引下，我国经济持续保持稳定增长，成为世界经济增长的主要动力源和稳定器。同时，我们也看到经济增长过程中还存在质量不高、区域不平衡、债务隐患等多个问题。2017 年，国家的政策风向再次转变，城投行业再次面临高压整改时刻，并开始了第三波转型。2017 年 10 月，习近平总书记在党的十九大上作出“我国经济已由高速增长阶段转向高质量发展阶段”的重要科学论断，高质量发展是我国当前和今后一个时期确定发展思路、制定经济政策、实施宏观调控的根本遵循。这也使得以后的经济发展不再盲目追求速度，各地大肆举债发展的模式面临转型，自然也影响到了城投行业的发展。

在城投行业政策持续收紧的过程中，经济下行压力加大会招致我国宏观政策进行微调甚至大调。2018 年起，我国进入新一轮下行周期。在国际经济形势复杂多变与国内通胀的双重压力下，我国企业面临着原材料价格上涨、生产成本上升、外部市场需求下降等多方面的挑战，经济增速持续走低。2018 年 10 月，国务院办公厅印发《关于保持基础设施领域补短板力度的指导意见》（国办发〔2018〕101 号），提出合理保障融资平台公司正常融资需求，为城投公司的发展提供支持。2019 年底，席卷全球的新冠疫情更是冲击了本已下行的经济，我国 GDP 增速进一步触底。在“抗疫”三年期间，我国加大了财政政策的支持力度，对于融资平台公司合理的融资需求继续予以支持。

可以看出，城投公司作为中国特殊的市场主体，与中国经济大环境有着密切关联。在经济持续稳定向好时，城投公司需要考虑如何应对监管政策收紧，谋划转型发展事宜；在经济下行压力加大时，城投公司政策适度松绑，以更好地发挥其逆周期的调节作用。当前，我国依然处于经济的恢复期，同时在百年未有之大变局下的多重挑战，城投行业的政策也会不时调整。作为经济调节器的城投公司，唯有持续谋划转型，提升综合竞争力，方能应对各种变化。

二、政府的治理方式，左右着城投公司的发展思路

在中国经济社会发展过程中，地方政府发挥了至关重要的作用，比如：进行道路桥梁等基础设施建设，推动实施城市更新，改善城市面貌；强化社会治安管理，保障居民生命财产安全；维持城市水电气的运转，保障居民日常生活；实施乡村振兴，带领农村产业升级、农民致富等。这些都脱离不开地方政府的治理。

中国的政治体制与西方国家不同，中国的社会主义制度强调的是国家集权和利益平衡，追求实现公平、正义、和谐与稳定的社会目标，地方官员的晋升核心就在于该地区经济发展表现。在这种政绩考核机制下，地方政府尽其所能直接或间接推动投资建设，实现了中国改革开放 40 多年的发展奇迹。即便从 2012 年起，中央明确对地方政府的考核不再以 GDP 论英雄，而是采取更加多元化的考核方式，但地方政府要想扮演好“有为政府”的角色，仍然需要在环境保护、脱贫攻坚、防范化解重大风险等领域加大投入，支出责任范围也进一步扩大。

习近平总书记在十九大报告中提出“中国特色社会主义进入新时代”。我国社会主要矛盾发生转变，地方政府在新时代背景下继续坚持以经济建设为中心的基本路线，实现更高质量、更有效率、更加公平和更可持续的发展，切实落实服务型政府建设宗旨。强化政府公共服务职能与社会管理职能逐渐成为我国行政管理体制改革和政府职能转变的重点，构建以服务为核心理念的政府治理模式成为我国行政改革的目标。服务型政府是公正的政府，为社会提供公共产品和公共服务，平衡社会的经济发展和文化发展，统筹安排城乡发展，保障社会公众的正常生活；服务型政府是有限的政府，掌握有限的权力，随着社会发展和全球化趋势，政府不再直接充当市场的“经纪人”，而应成为激励环境的营造者、制度运行的监督者。

城投公司是政府履职的重要抓手。多年来，在国际国内经济社会发展走势变化和城投公司自身迭代更新要求之下，城投公司的发展思路和发展方向不间断地进行多次调整和摆位。从本节第一部分的叙述中，我们可以看到，近十几年来，政府对于城投公司的政策导向随着 2008 年金融危机爆发、2015 年中国

经济下行、2017 年十九大提出的“高质量发展阶段”重要论断、2018 年中国新一轮经济下行、2019—2022 年三年抗疫等重大经济社会发展节点反复进行收紧和鼓励的交错，城投公司在历史发展洪流中螺旋式转型前行。但无论如何变迁，城投公司始终作为地方政府融资建设代理人，履行落实政府重大专项任务的基本职能，实现地方公共建设目标，不断提高城乡居民的生活质量。随着城市功能配套日益完善，城投公司的业务方向更加多元，逐步承担起城市运营和产业投资的职能，向实体化、市场化转型。

地方政府需要深刻反思和总结改革开放 40 多年来城市发展存在的不足与隐患，吸取城市发展过程中的有效经验，以建设安全城市、韧性城市、健康城市和智慧城市为目标，发挥好城投公司这一重要的政府治理抓手，深入推进以人民为中心的城市建设。

三、城市发展新阶段，关乎着城投公司的定位走向

在古代，“城”与“市”代表着两种不同的聚落群体。东汉许慎的《说文解字》对“城”的解释为“城，以盛民也”，意为百姓居住的地方，是守君护民之要塞；对“市”的解释为“市，买卖所之也”，是汇民聚货、交流贸易之要地。随着城内人口的不断增长，在城内进行的买卖多起来，“城”与“市”逐渐结合为一，这便是“城市”一词的由来。随着经济社会的不断发展演变，“城”的发展，必须要借助“市”的运营，而“市”的运营和人口的繁盛，则需要以高水平的基础设施配套建设与高质量的产业投资为支撑，因此城市发展的“投”变得愈来重要，可谓“城赖于市、市赖于投”。回首我国城市化发展的进程，也正是因为各地城投公司有效发挥了“投”的属性与功能，人民群众才得以享受高速的城市化发展以及发展带来的巨大红利。

1994 年分税制改革后地方财权和事权失衡，财力严重不足；1995 年旧《预算法》实施，明确限制地方政府举债。而与之相矛盾的是，彼时的中国正处在大开发大建设的发展关键期，迫切需要刺激和推动力来实现经济社会的快速发展。在这样的背景下，城投公司以政府融资平台的角色诞生，用以解决城市建设资金缺口问题，为城市发展保驾护航。城投公司自诞生以来，始终与城市同呼吸、共命运，为构筑现代化基础设施体系、提升城市管理水平作出了巨大贡献，不断改善着投资环境、增强着城市的吸引力和辐射力，展现出了强大的生

命力和广阔的发展空间。

当前，从城市的发展规律来看，我国城市在特定时期所呈现出的经济高增长模式已难以持续。在土地资源日益稀缺、传统基础设施建设领域逐渐趋于饱和的状态下，我国城市建设从增量扩张时代进入存量开发时代，城市品质成为重要关注点，经济转型升级、保障改善民生、宜居城市建设、改善生态环境、提升城市治理能力、智慧城市建设等目标被相继提出。城投公司的重点业务领域转向城市更新、新基建建设、乡村振兴等，城投公司的职能职责也从“造城”逐步走向“营城”，承担起“城市综合运营商”的角色。

四、常态化债务管控，要求城投公司合法合规举债

城投公司在城市化快速推进过程中功不可没，但由于监管机制不健全或相关法律法规执行不到位等原因，城投公司无序发债融资行为导致地方政府债务倍增。尤其是在 2008 年全球金融危机爆发后，国家为了刺激经济，推出了四万亿计划，各地大搞基建投资，城投公司债务规模开始急剧增加。2010 年以来，多部委印发政策，对地方政府和城投公司的融资行为进行规范，但考虑到当时国内经济逐渐放缓，城投公司举债投资建设仍然不断被各地政府当作经济发展的助推剂，为此，地方政府债务规模一再扩大。

2014 年修订的新《预算法》赋予了地方政府适度举债权，同年印发的国发〔2014〕43 号文剥离了政府融资平台的政府融资功能。至此，地方政府债务和城投公司债务开始逐步厘清：地方政府债务由政府作为举债主体，负有偿还责任；城投公司债务经过置换后属于企业承担的债务，由城投公司自身负责偿还。国发〔2014〕43 号文意在打破“城投信仰”。然而惯性之下，城投公司各类名目的举债方式依然层出不穷，招致地方政府的债务陡增。

意识到债务问题的严重性，中央开始“动真格”。一方面，财政部、审计署问责处罚了多起违规举债行为，同时下发以财预〔2017〕50 号文为代表的一系列高压监管政策；另一方面，严控地方政府债务增量，终身问责，倒查责任。2018 年高压持续，中央出台多个文件，从金融机构、债券发行、控制资产负债率等多角度规范地方政府和平台公司的举债融资行为，同时下发了隐性债务的顶层文件以及问责办法。债务管控政策来势汹汹，层层加码，高压之下，各地“谈债色变”，纷纷加大融资平台公司改革转型的力度。

2020—2022 年，为了对冲疫情影响，中央出台了一系列刺激经济的政策，但防范化解地方政府债务风险依然被作为三大攻坚战的重中之重，并不时推出了一些新的监管要求，比如 2021 年银保监会印发的 15 号文。文件从银保机构和融资平台两端进行规范，严禁新增隐性债务。2022 年，中央再次对多个省市地方政府、融资平台公司的违法违规案例进行通报，并将防范化解隐性债务风险提升成为了一项政治层面的重要任务。城投公司的运作进入常态管控化阶段，重点是对债务进行常态化管控。

常态化债务管控要求城投公司端正举债目的，合法合规举债，用好融资渠道，良性有序发展。因此，城投公司要积极寻求市场化转型，建立起多元化、多层次的融资体系，创造稳定的现金流，实现“以融化债、以融促产、以融落项”。

五、土地财政的式微，促使城投公司调整发展模式

城投公司的发展壮大与土地密不可分。分税制改革后，地方政府借助城投公司作为政府融资平台，依赖于以土地为信用基础和以土地出让金为主要收入来源的政信模式，完成了大规模的基础设施投资建设、产业发展、民生保障等任务。城投公司依靠土地资源的变现迅速做大资产规模，依靠地方政府的投资获得代建业务，依靠经济发展后带来的税收和土地增值收益偿债。从本质上说，城投公司从资金到项目都依赖地方政府在土地财政下的输血。

近年来，经济下行叠加疫情影响，我国房地产行业已经入冬，土地出让收入大幅缩减。与此同时，我国城镇化率已升至较高水平，增速明显放缓，预期新增住宅需求随之减少，土地需求降低。

土地市场低迷，地方财政收支压力加大，一方面直接影响地方政府对城投公司的支持能力，进而约束城投债务扩张；另一方面，土地价格下降也会一定程度上影响城投公司土地抵押融资。

土地财政的下行使得城投公司刺激经济增长的作用弱化，庞大的城投债务带来的利息支出严重侵蚀本就不充裕的地方财政资金，越来越成为地方政府的“负担”。经粗略估算，2022 年末，我国城投有息债务约 55 万亿元，以 4% 的平均成本估算，对应的年利息达 2.2 万亿元，占 2022 年土地出让金的比例近 33%。城投公司原来的高度依赖地方政府背书和偿还债务的模式陷入困境。土

地财政难以为继的情势下，城投公司应提升自身的投融资能力，加强业务板块经营能力和转型力度，进行更深层次、更有效果的改革，从而逐步摆脱对土地的依赖。

六、投融资体制改革，要求城投公司规范项目运作

改革开放以来，国家对原有的投资体制进行了一系列改革，打破了传统计划经济体制下高度集中的投资管理模式，初步形成投资主体多元化、资金来源多渠道、投资方多样化、项目建设市场化的新格局。1988 年颁布的《关于投资管理体制的近期改革方案》是我国改革开放以来第一个较系统的投资体制改革方案。2004 年颁布的《国务院关于投资体制改革的决定》(国发〔2004〕20 号）围绕完善社会主义市场经济体制的要求进行投资体制改革。2016 年印发的《中共中央 国务院关于深化投融资体制改革的意见》（中发〔2016〕18 号）正式开启了我国投融资体制改革的顶层设计。此后，2018 年颁布的《政府投资条例》则是从法律条文角度规范了政府投资行为，明确了政府投资项目的资金来源和管理要求。

在投融资体制改革进程中，一方面是考虑到地方政府性债务风险防范的要求，另一方面是考虑到政府投资项目的资金来源和投资效率，城投公司的投融资作用不断发生着变化，投融资方式也在不断调整。表现在三个方面：

一是违规举债融资方式被悉数禁止。比如，此前被大量使用的“建设—移交（BT)”模式俨然从一种工程实施方式演变为一种变相融资模式，形成了大量隐性债务，并逐渐被禁止。再比如，地方政府和城投公司大肆使用政府购买服务形式包装公益性项目融资，甚至建设工程项目都被包装成为政府购买服务项目，也成为隐性债务的重要组成部分，并逐步得到规范。

二是政府和社会资本合作模式（PPP）的推广和收缩。2014 年起国家大力推广 PPP 模式，意在引入社会资本提升政府投资项目的运营效率，并在之后出台了大量政策，推广发展 PPP 模式。在实际执行中，PPP 模式泛滥，俨然成为地方政府融资的新渠道。PPP 模式经历了爆炸式增长后，财政部陆续发布了财办金〔2017〕92 号文、财金〔2022〕119 号文等，对 PPP 项目进行规范整肃。

三是地方政府专项债的实施和稳步推进。2014 年的 43 号文和新《预算法》构建了“开明渠、堵暗道”的政府债务管理体系，地方政府允许发行债券进行

项目投资建设。此后，国家出台了多项文件支持和规范专项债发行，专项债投向拓宽至 11 大领域。在额度不断提高的背景下，专项债成为地方政府重要的合规举债渠道。

在政府债务风险管理不断加强的背景下，我国的政府投融资体制也在不断完善，城投公司自然需要按照新的体制机制要求开展投融资运作。在此情形下，城投公司逐步从单纯的"政府融资平台"转变为"投融资平台"，并进一步转变为"城市综合运营商""国有资本投资运营主体"等。尤其是在当前"遏制增量、化解存量"的地方政府隐性债务管理基调下，城投公司合法合规承接政府投资项目、开展投融资运作显得格外重要。传统的政府投资项目承接模式的合规性值得关注，尤其是无市场化收益的公益性项目，否则会带来隐性债务风险。在新要求下，城投公司不仅要构建自身的投融资体系，还要提升投融资能力，合法合规地开展项目运作。

七、国资国企改革，要求城投公司构建市场化机制

一般来说，城投公司是地方最大的国有企业，是地方国有资产、资源的集大成者，在地方国资国企改革进程中可谓举足轻重。以党的十八大为分界点，国资国企改革步入第一轮深化阶段。2015 年 8 月，中共中央、国务院《关于深化国有企业改革的指导意见》（中发〔2015〕22 号）从推进分类改革、完善现代企业制度和国有资产管理体制、发展混合所有制经济、强化监督防止国有资产流失、加强党对国有企业的领导和为国有企业改革创造良好环境等多个方面，明确了国企改革的目标与举措。该意见从顶层设计角度明确了国有企业改革的方向和思路，成为新时期国有企业改革的纲领性文件。随后，围绕上述多方面内容，分批推出了"N"项配套政策，国企改革"1+N"政策体系基本完善并趋于成熟，这为城投公司的改革转型提供了方法路径。

自 2020 年起，国资国企改革迎来纵深推进的关键时期。习近平总书记于 2019 年 12 月在中央经济工作会议上明确提出"制定实施国企改革三年行动方案"。2020 年 6 月 30 日，《国企改革三年行动方案（2020—2022 年）》（以下简称"《方案》"）审定通过，正式拉开了国企改革三年行动的大幕。《方案》对国有企业在核心竞争力、创新引领、产业链供应链水平、社会民生保障和应对重大挑战、维护国家经济安全等五方面提出具体的目标要求，是落实国有企业

改革“1+N”政策体系和顶层设计的具体施工图。与此前的国有企业改革相比，其最大的特点是“可衡量、可考核、可检验、要办事”。2022年底，国企改革三年行动圆满收官。在三年行动实施推进过程中，城投公司也从完善法人治理、建立现代企业制度、加强党的建设、推进混合所有制改革等方面积极推进改革，管理水平稳步提升和不断夯实。

2023年8月，国务院召开第二次全体会议提出“要深入实施新一轮国企改革深化提升行动”，意味着新一轮国企改革全面拉开帷幕。新一轮国企改革深化提升行动以提升国有企业核心竞争力和增强核心功能为重点，围绕优化国有经济布局、以市场化方式推进整合重组、推动中国特色现代公司治理和市场化运营机制长效性等方面提出了多项任务要求。城投公司作为一种特殊目的的地方国有企业，肩负着服务国家和地方战略的重任，自身也需要不断谋划转型和提升综合实力。因此，新一轮国企改革深化提升行动对城投公司而言，既是新的机遇，也是新的挑战。城投公司需要以构建市场化经营机制为核心推动改革，打造成为综合竞争力强的市场主体。

02 城投公司普遍存在各式各样的问题

一、思想观念陈旧，转型动力不足

城投公司自产生之日起便带有深深的行政化烙印。长期以来，城投公司依托于地方政府信用和支持得以快速发展，其主要业务开展一般依附政府安排，致使从惯性上形成了行政化管理思维。城投公司从政企不分的状态转为市场化运作的国有企业还面临诸多挑战。其中，市场化、现代化经营理念的树立是核心挑战之一。从行业发展规律来看，由于平台公司历史沿革的特殊性，其在市场化转型过程中面临的关键难题就是经营理念的转变。

主要表现有：一是缺乏创新经营理念。城投公司与地方政府之间政企不分，领导班子成员大都由政府任命，且相当一部分人员仍保留了公职人员身份。他们按照政府指令做事，对经营企业的认识不足，普遍缺乏兼顾社会效益和经济效益的自主性。城投公司经营者仅仅是按照政府指令办事，不考虑企业经营效益，无企业发展战略规划、计划，对公司发展没有长远的考虑。二是公司管理水平不高。公司组织架构杂乱，存在职责交叉、职能缺乏、人员混用，干多干少一个样，管理制度不健全等问题，不少员工甚至管理层抱着“多做不如少做”的心态。三是员工思想认识不足。政府的行政干预、经营管理者对市场化经营意识的欠缺等各种因素造成了城投公司理念的落后，从管理者到员工，人员专业能力不强、工作经验不足、岗位适配性不高，无法满足公司市场化、实体化转型需要。

思想观念的陈旧在很大程度上限制了城投的经营发展，使其未能按经济规律开展市场化运作业务。由于未摆脱按照政府的意愿参与经济活动，城投公司的资金利用效率往往较低，单位资金投资效益较差，没有形成可以进行资本流动的循环投资体制，阻碍了市场体系的培育和发展。在政府指令式、计划式的经济模式下参与城市经营活动，不利于城投公司开展资本化运作、吸引民间资金、盘活存量资产、内外举债等多元化融资的尝试和探索多元化融资体制，阻滞了城投公司建立多元化运作体制的进程。

二、功能定位不清，发展思路不明

早期成立的城投公司，其发展定位仅为资金融通平台，解决地方基础设施建设、公益性项目建设的资金来源问题。长期以来，城投公司运作往往政企不分，大多执行政府部门的指令性任务。尽管城投公司是国有独资企业，但事实上是行政机关、事业单位、企业之间的混合体。此外，一个城市会有多个城投公司，这些公司发挥着投融资、基础设施建设等功能，因功能定位不清，各城投公司的定位往往也存在着交叉重叠的现象。

主要表现有：一是域内多家同类城投公司。地方政府出于融资和互相担保需要，成立多家城投公司，这些公司大多为空壳公司，无明确的功能定位和发展思路，仅发挥代融资功能。二是部分城投公司虽有一定的业务布局，但较为混乱，未能与地方经济和产业发展形成良好的共振关系，未与兄弟平台公司形成业务互补，地方政府不重视其业务发展，仍将重点放在其融资和代建功能上。三是一些城投公司尽管有初步的功能定位和发展思路，但在转型过程中，其功能定位和发展思路未能持续更新，落后于现实情况下城市经济发展的需求。

总体来说，功能定位不清、发展思路不明的城投公司就如无源之水，没有目标，转型就无从谈起。

三、业务结构单一，经营效益有限

城投公司因政府融资需求而生，因而在成立初期，基本发挥着政府的“三代”公司职能，即“代融资、代投资、代出纳”。随着代政府融资职能的逐步剥离，以及城市发展进程由“造城”到“营城”的演变，城投公司的业务开始从融资延伸到项目建设和城市运营。就建设项目而言，大多为政府的建设任务，如城市基础设施、市政公用设施、公益设施项目，这类项目公益属性较强，资金投入大且缺乏相应的经营收入。城投公司还未能通过市场化经营，形成盈利能力强的资产。就经营项目而言，经营性业务一般以政府性业务为主，缺少市场化业务。一系列因素导致城投公司业务失衡的问题，需要依靠政府补助等方式实现盈亏平衡，通过借新还旧实现资金周转。长此以往，城投公司的现金流不稳定，自我“造血”能力较弱，在累积效应作用下，盈亏平衡的缺口成倍增大，资金需求结构严重失衡，融资环境和业务转型面临较大的压力。

主要表现有：一是在业务结构上，城投公司早期除了承担政府融资职能外，还要承担城市基础设施建设和社会公用事业建设职能，主要为一些政府性项目的代建工程。一些代建业务采用标准的 BT 模式，按照项目进度确认投资额后，地方政府每年会向公司支付 BT 回购款。这类代建收入计入主营业务收入，比重较高，也是政府性债务风险的主要来源之一。二是在运作效果上，城投公司承担的公益性业务以“保障民生、服务社会、提供公共产品和服务”为主，一般具有投资规模大、受益面广、服务年限长、收益水平低等特点，同时受地方财政收入限制，有时候会存在地方财政无力承担这些项目回购的现象。因此，政府融资平台很难从这类业务中获取收益。三是业务收缩带来冲击。在严防政府隐性债务、《政府投资条例》出台后，地方政府投资行为逐步规范，地方基础设施投融资体制不断完善，呈现出纯土地开发、公益性项目建设业务等逐步缩减，市场化代建业务逐步增加的发展趋势。

城投公司的业务构成导致自身“造血”能力严重不足，无法产生现金流，主要依赖政府补贴或借新还旧来维持公司运营，持续融资和偿债存在较大压力，可持续经营能力不足，转型发展禁锢较多。

四、债务包袱较重，公司发展受制

长期以来，依赖于地方政府信用支持，城投公司比较容易获得融资支持，且融资方式较为单一，多以注入资产并对接政策性金融机构的单一化、间接式融资为主。在政策宽松时期，加之政府资金需求激增以促进经济增长等原因造成政府融资平台产生大量债务。2014 年以来，地方政府在举债方式上尽管“开前门”，但并没有严格“堵后门”，政府融资平台存量债务不仅没有下降，反而在不断增加，尤其 2015 年开始，地方政府通过政府融资平台增加了很多隐性债务，债务风险问题逐渐引起重视。

从债务规模来看，城投公司在成立初期承担了大量基础设施融资和建设任务，存量债务规模大，增量债务不断产生，资产负债率逐年递增，中长期债务负担仍旧较重。从偿债能力来看，城投公司经营性业务大多处于培育期，比重较小、盈利有限，缺少必要、稳定的市场化造血能力，短期偿债压力持续走高，潜在的资金链风险较大。存量债务导致城投公司的债务违约风险加大，不利于自身持续稳定发展，也不利于地方政府投融资体制的健康发展。

五、资产质量不优，有效价值较低

从资产构成来看，早期的城投公司主要依靠政府通过财政拨款或土地、股权等资产成立，甚至包括注入公立学校、公立医院、公共文化设施、公园绿地、公共广场、无证房产、机关事业单位办公楼、市政道路、非收费桥梁、非经营性水利设施、非收费管网设施等公益性资产，具有投资金额较大、产出效率较低、投资滞后性较强、流动性不足等特点，因而城投公司天生便存在有效资产不足的局面。同时，由于城投公司从事的业务主要是公益性或准公益性项目的建设投资运营，这些资产受建设周期长、政府回购慢、回报率低等因素影响，短期内难以变现。因而，城投公司账面上存在着大量的存货、应收账款等变现能力差的资产。

从资产收益性来看，由于城投公司业务以公益性项目或准公益性项目为主，这类项目本身能够产生经营性收益十分有限，同时多数为城投公司为扩大融资额度而被动注入了大规模公益性资产，这也大大降低了资产的收益率，资产变现能力普遍较差。

近年来，在地方政府投融资体制转型背景下，城投公司转型步伐加快，部分城投公司积极拓宽经营性领域，向贸易、产品销售、房地产、融资租赁、担保小贷等方面拓展业务。这部分业务的不断壮大，对城投形成了有益的补充，但由于城投公司从事这些业务的时间较短，缺乏一定的积累和沉淀，故向市场化业务转型的成绩并不突出。所以说，城投公司的业务目前仍然还是以公益性业务为主，积累的经营性资产占比仍然较小。

六、管理基础薄弱，管理水平落后

早期的城投公司长期参照政府机关单位管理，公司整体效率偏低。组织部门的设置无从谈起，仅有几个“科室”，甚至有些城投公司与地方财政部门混编混岗，实际上是财政部门的下属单位。随着城投公司业务面扩大、员工数量增加，一些企业初步搭建起组织架构。但管理水平落后，普遍存在职能分工交叉、缺漏，管理制度不健全等问题。

主要表现有：一是公司人员未脱离身份。城投公司成立之初业务单一，员工主要由相关局委委派，很多情况下与政府部门合署办公，两套班子一班人马，这也必然会带来政企不分的问题，增加管理难度。二是法人治理结构不科学。尽管一些公司建立了基本的法人治理架构，但是大多形同虚设，未能实际履行职能，党委会、董事会和监事会之间权责不清、成员不齐、结构不优，董事会对经理层授权不足等问题广泛存在。三是公司组织架构不健全，职能设计不完善。转型初期的城投公司，特别是区县级，部门设置往往较为简单，一般以办公室、财务部、融资部、工程部等为主，缺失必要的职能部门，如审计、法务风控部门等，这不利于企业运营风险的监控和防范。四是制度体系建立不健全、执行不到位。完整的制度体系应囊括城投公司的方方面面，且相互协同。实际上，很多城投公司制度体系建设不完善，除常见的规章制度外，企业战略发展、资产管理、人才发展、风险管控等方面制度容易被忽略。在执行层面也会存在一些制度因设计不善或者监管不强，未能实施下去而被束之高阁的情况。五是人员选育留用方面，未建立起公开、平等、竞争、择优的用人机制和市场化激励机制，人员结构不合理，内部人才流动性差，外部专业人才补给不足。

七、激励机制欠缺，专业人才不够

企业的经营离不开员工的支持。企业留住人才的关键因素在于薪酬激励机制，这对于城投公司而言，同样重要。国有企业中“平均主义”的现象长期为人诟病，城投公司在激励机制建立方面严重不足，从而加剧专业人才流失，主要表现有：

一是激励差异小。不少城投公司受国有企业传统思想影响，对标当地公务员、事业单位发放工资，难以从根本上摆脱平均主义。因而，激励机制设计方面，城投公司会从行政职级的角度来考虑设计，重文凭、重资历现象严重，将学历与工资和晋升直接挂钩，忽视技能，导致贡献突出的核心员工收入待遇不突出，工资奖金差异不明显，严重抑制了员工的积极性。对于子公司所处的不同发展周期，在分类考核方面不够明显等。

二是激励形式单一。在大多数城投公司中，对于员工激励多采取“基薪＋绩效＋福利”的模式。这些激励多侧重于员工月度、季度及年度的个人业绩，适用于一般员工。忽略了对于高端专业人才可采用的期权、股票、补充保险等中长期激励。同时，激励模式注重于物质激励，忽略了精神激励和事业激励，对员工特别是专业人才的职业生涯、组织理想、知识获取等诉求有所忽视。单一的物质激励手段自然不利于核心人才积极性与创新性的促进。

高层次人才队伍是企业做大做强的根本保证，人才匮乏导致人力资源管理短板，成为城投公司转型发展的重要瓶颈，严重影响城投公司核心竞争力的构筑和提升。

第三章

城投公司转型的基础性思考

城投公司的诞生，迸发于地方谋求发展的现实动力，以及分税制改革后地方财权事权的失衡压力、旧《预算法》限制等多重阻力，更得益于地方土地资源垄断所带来的天然融资优势以及项目法人制等提供的政策支撑。然而，从国发〔2010〕19号文开始，一轮轮的政策形势变化，让城投公司真正开始思考未来出路，纷纷谋划转型。

从高度依赖土地运作的“资源禀赋型”特殊国企，到逐渐重视产业经营、增强“造血”能力，再到通过资本运作实现价值倍增的高级阶次，城投公司在外部环境影响下和内部变革驱动下向高段位进阶转型。但值得注意的是，城投公司的转型并不意味着完全脱离政府。城投公司作为链接政府和市场的重要载体，始终应在担负城市基建和功能配套完善的职能前提下不断“自我提升”，培育内部管理能力，提升资源整合能力，建立市场化运营机制，不断扩大国有资本影响力，与政府形成良性互动。对债务的严控也不意味着城投“无债一身轻”，而是应当用好融资渠道，通过债务获取优质资产，形成稳定现金流，实现“以融化债、以融促产、以融落项”。

城投转型是一项系统性长期性的工作，会始终在曲折中盘旋前行。为此，本章结合多年来服务城投行业的经验，从多个维度归纳总结出关于城投公司转型的基础性思考，比如城投公司转型“一把手工程”“两体理论”“三个阶次”等，希望通过这些思考和相关对策建议，能有效引领广大城投公司的转型发展。

01 关于城投公司转型的一些观点说明

一、城投公司转型不代表完全脱离政府

城投公司作为国有企业的重要组成部分，是我国经济发展特定阶段的产物，普遍存在于地方政府。如何加快推进城投公司市场化转型发展，使其持续满足好地方政府诉求，是当前各级地方政府需要研究的重要课题。至于城投公司转型，绝非脱离政府完全走向市场，而是通过地方城建投融资体制多位一体的综合改革，双方构建由“亲”到“清”良性政企关系。这种政企关系，会助力政府治理体系和运行效率的优化、升级，也会让城投公司“涅槃重生”。

城投公司转型不代表完全脱离政府，主要体现在三个方面：

其一，城投公司的可持续发展必须得到政府的支持。从成立至今，城投公司依靠特殊的职能定位和运作体制，在加速城镇化进程、改善民生福祉、促进地方经济发展等方面发挥了重要作用，也存在着运作效率不高、经营能力弱、债务风险大等问题。从行政化运作到市场化运作，城投公司逐步脱离政府的直接信用背书。城投公司在融资和经营发展过程中，包括投资人在内的合作方看重的正是政府的支持，包括资产资源注入、政府性项目授予、企业功能定位、授权放权机制等。这些政府支持，同样也是城投公司可持续发展的关键。

其二，地方政府发展地方经济必须利用好城投“抓手”。城投公司因城市而生，服务于城市建设运营和城市产业发展是其使命。多轮改革浪潮下，城投公司的初心使命始终未变，与城市同发展、共命运。城投公司需要围绕政府的任务来确定自身的业务，比如融资、建设、招商、投资等，发展定位也从单纯的基础设施建设者到现在的城市综合运营商。可以说城投公司的发展始终围绕着城市建设、运营和产业发展的需求而变化，是政府发展地方经济的得力“抓手”。

其三，国企改革的上位政策要求政府履行好国有资本监管职责。从2015年起陆续出台“1+N”的国企改革政策体系，到2020年推进实施“国企改革三年行动”，都为构建新型国资国企运营监管体系提供了明确的政策遵循。国资监管机构代表政府履行出资人职责，并监督管理国有资产。在以“管资本”为主的监管格局下，加强国资监管机构履职能力建设成为完善国资监管体制机制和提升国资监管水平的重要环节。可以说，国有资本监管是保证城投公司和地方政府不脱节的纽带。

在良性的政企合作模式下，城投公司能实现更好、更快、更优的转型。政府对城投的关键词就是“支持”，通过资产资源的注入、政策性业务的授予、体制机制的改革来支持城投做大做优做强；城投对政府的关键词就是“响应”，主动谋划、积极作为，通过优化业务布局、完善组织架构、建立现代企业制度体系和组建人才队伍等措施实施改革转型，用“市场化”的手段经营管理好政府的“垄断性”资源。

近年来，不乏若干城投公司尝试通过完全摆脱地方政府的方式进行市场化转型。从这些城投公司的实践来看，除非是自身积累了丰富的资源、锻造了强大的能力，否则很难在竞争的洪流中立足。更有甚者，有的城投公司在大肆开展市场化业务和股权投资中碰壁，不仅经营亏损，还造成了国有资产流失。所以，城投公司在转型过程中，切记“没有金刚钻，别揽瓷器活”，应当扎实地依托政府支持，不断强化综合竞争力，循序渐进地迈向市场，实现“两条腿”走路。

二、城投公司和地方政府是城市发展“命运共同体”

作为链接政府和市场的重要载体，城投公司运作的好与坏，关系着地方能否完成债务化解、资产盘活、项目建设、民生保障和产业转型等多个领域的任务。地方政府在城市的发展进程中高位谋划、提纲挈领，城投公司也在积极改造着城市的面貌，提升区域产业的水平，政府与城投公司的关系更加紧密，合作模式也逐渐清晰。

在深刻理解政府投融资体制机制改革方向、国资国企改革方向的基础上，我们认为在谋划城投公司改革发展中，地方政府和城投公司需要结合地方发展诉求和公司发展现状，高位统筹、协同推进，着力构建城市发展“命运共同体”，实现二者的共赢和可持续发展。

从城投公司的角度，城投公司不仅要围绕城市基础设施建设和功能配套完善履行基础性职能，还需要不断培育与提升企业的经营管理能力和资源整合能力，以资源嫁接、资产整合等平台建设方式扩大国有资本的影响力和控制力，参与当地战略性新兴产业布局和产业转型升级，助力地方经济社会发展。

从地方政府的角度，地方政府围绕城市的良性运转，不仅要完成“六保”任务，还要开展城市建设、城市运营、产业发展升级、生态环境治理、债务风险化解、扶贫攻坚等诸多任务，这些任务的推进都需要城投这个“抓手”的参与和支持。其中，地方政府性债务问题需要地方政府依托良好的产业环境和经济基础实现地方产业的发展后并加以最终解决，而城投公司作为产业发展的重要引领主体，其作用不可忽视。

在城市发展“命运共同体”的关系下，应重点做好五方面工作：

一是规划引领、同频共振，打造政府、国资和国企的三级联动“命运共同体”。城投公司改革发展应以服务城市发展为根本目标，紧紧围绕地方政府在城市建设、产业发展、民生服务、乡村振兴甚至债务风险化解等方面的关键任务，并将其作为城投公司改革发展的上位规划和方向指导。此外，要充分发挥城投公司在产业升级、项目投融资和国资经营管理中的抓手作用，实现政府、国资、国企的同频共振。

二是统筹“四资”运作，进一步发挥城投公司的市场化、可持续融资能力。无论现在还是未来，市场化融资都是城投公司的重点任务之一。地方政府要在全面清查、梳理政府性资产资源、国有产权的基础上，以城投公司为核心打造“四资”循环体系，充分整合和利用好城市资源、国有资产和政府资金，切实提升城投公司的市场化融资能力，让城投公司成为“财政性资金＋国企融资”的重要支柱之一，充分发挥其“以融化债、以融落项、以融促产”的职能。

三是以“城投公司＋”思维架起政府与社会资本链接的桥梁。在“小政府、大市场”的改革趋势下，地方政府应通过“权力清单”界面设计和政策性业务导入等，依托城投公司构建服务于地方的投资生态圈、融资生态圈和产业经营生态圈，鼓励以“城投公司＋”的创新思维，架起一座政府与社会资本合作的桥梁，打造以城投公司改革发展带动地方城市运营和产业升级的政企合作新模式。

四是着力长远发展，回归企业“基因”，培育国企“有机生命体”。在“三十年改革探索，三十年创新发展”中，城投公司已积累了大量的改革经验。在下一步改革中，回归企业属性是城投公司实现可持续健康发展的重要前提。城投公司应对标同类优秀市场化国有企业的经验和做法，从发展定位、产业布局、项目投融资、组织效能提升、现代企业制度建设、风险管控等方面重塑企业“基因”，培育发展为“有机生命体”，通过综合竞争力的提升真正满足城市发展的需要。

五是改革政府投融资体制机制和国资国企监管体系，优化城投公司发展政策环境。城市发展“命运共同体”的形成，不仅需要多项任务的履行，也需要体制机制的完善。完善的体制机制是城投公司重要的生存土壤，地方政府需要在项目投融资、政策性资源运作、资金管理、人事管理等方面明确与城投公司的权责界面，同时以实现城投公司“责权利效”对等为改革方向，对政府项目投融资决策机制、运营管理机制、资源统筹机制、债务风险防控机制等方面进行重构，并对国资国企监管体系进行优化调整，推进实施免责和容错试错机制，为城投公司转型和可持续健康发展营造出适配的政策环境。

三、市场化运营机制是城投公司转型的核心要义

在国企改革的图谱中，最首要的就是建立“市场化运营机制”，必须持续推进，久久为功。增强国企核心功能，提升国企核心竞争力，“让国企真正按市场化机制运营”，是新一轮国企改革的中心要求，也是城投公司转型必须要解决的问题。

什么是市场化运营机制？《关于深化国有企业改革的指导意见》（中发〔2015〕22 号）作为深化国企改革“1+N”政策体系的顶层文件，主要从两个方面对市场化运营机制进行了相关论述：

其一，关于市场化主体的打造。文件提出：“国有企业改革要遵循市场经济规律和企业发展规律，坚持政企分开、政资分开、所有权与经营权分离，坚持权利、义务、责任相统一，坚持激励机制和约束机制相结合，促使国有企业真正成为依法自主经营、自负盈亏、自担风险、自我约束、自我发展的独立市场主体。”

其二，关于市场化机制的典型特征。文件提出：“国有企业公司制改革基本完成，发展混合所有制经济取得积极进展，法人治理结构更加健全，优胜劣汰、经营自主灵活、内部管理人员能上能下、员工能进能出、收入能增能减的市场化机制更加完善。”

基于这两个方面，可以将市场化运营机制理解为：国有企业应坚持市场主

体地位，在良性的政企合作模式下，做到自主经营、自负盈亏、自担风险、自我约束、自我发展，结合激励机制和约束机制，实现管理人员能上能下、员工能进能出、收入能增能减。

推动城投公司改革转型是当下地方政府的核心任务之一。地方政府亟须通过改革实现其在竞争中性环境中的可持续健康发展。对于城投公司来说，应重点从外部和内部两个维度发力构建灵活高效的市场化运营机制。

外部重点处理好政企合作机制。通过对人事、资金、管理等领域的权限划分，明确地方政府和城投公司在日常经营管理过程中的各自角色定位，实现城投公司从政府行政式管理向自主经营性管理转变。按照“小政府、大市场”的理念，地方政府在城投公司的经营管理活动中做到属于企业自己的事情不越位，重大事项或决策不缺位，特殊情况下要及时补位，充分发挥市场化机制，双方各司其职、互相协作。

内部重点打造“十大能力”，不断提升市场竞争力。一是承接上位规划与制定企业战略能力，二是国有企业特色文化塑造能力，三是企业治理与决策能力，四是基于集权、分权平衡的集团管控能力，五是组织架构自适应企业战略动态变化能力，六是战略性人力资源配置与人才培养能力，七是适配于企业战略目标的绩效管理能力，八是企业价值分配与激励机制设计能力，九是新型劳动用工与员工关系管理能力，十是以制度流程治理企业的构建能力。

四、城投公司转型需要合理的负债发展

在上级主管部门行政命令式管理下，城投公司作为一类“特殊的资金工具”、地方政府的“第二财政”，长期以来的主要功能就是替地方政府融资。因此，城投公司在承担大量城市建设投融资任务的同时，也背负了大量的政府性债务和少量的经营性债务。

多轮政策周期中，城投公司一直被重点关注，在不断整改和调整中艰难前行。在债务责任划清、自身问题积聚的同时，城投公司也在考虑下一步发展问题。这当中，有的依托政府支持专心还债，有的全面拓展市场化业务，有的则是从融资主体向投资主体转变，等等。就城投公司这一特殊主体而言，合理的负债是其持续存在和转型发展的必要前提。

一方面，合理的负债是城投公司的使命所在。无论城投公司怎么转型，其

作为一类带有特殊目的、资本密集型的国有企业，都要继续履行好资金融通的基本职能，配合地方政府的发展诉求，助力地方基础配套建设和公共服务水平提升。早期，城投公司是地方政府的直接融资主体，融来的资金由政府统筹使用，滋生了大量政府性债务，这种模式已经被禁止。随着政府直接信用背书的脱钩，城投公司也在寻求市场化转型，并不断提升可持续融资能力，逐步建立起多元化、多层次的融资体系。在“以融化债、以融促产、以融落项”的要求下，城投公司将继续作为地方举债发展的责任担当。融资逻辑在变，融资的渠道和方式也在变，但城投公司的初心和使命不应改变。

另一方面，合理的负债是城投公司自主经营的保障。在早期的城投模式下，地方政府倾向于通过投资拉动经济，做出政绩。这种模式下，城投公司不仅债台高筑，也滋生了诸多风险。很明显，这种模式不可持续。近年来，各地政府纷纷看到城投公司合理运作的重要性，并加大力度支持当地城投公司的转型发展，鼓励其谋划市场化业务、开展市场化运作。投融资能力是城投公司的核心能力之一，是其开展自主经营需要具备的必要条件。换句话说，合理举债是支撑城投公司持续运作的保障。城投公司举债，除正常的还本付息外，还会兼顾经营发展的需求。从财务角度说，债务本身是中性的，合理利用财务杠杆是可以放大收益的，只要企业正常存续，债务就不需要还清。当然，简单的新增债务并不能实现可持续的扩表，只有能创造现金流的债务，才能真正实现扩表。因此，债务本身不是问题，关键是需要端正举债目的，用好融资渠道，通过债务形成优质资产。

综上，在城投公司谋划转型发展的过程中，既要摒弃“无债一身轻”的观点，也要杜绝违法违规无序举债的行为。城投公司合理举债，能够发挥债务性资金的乘数效应，带动地方经济社会健康良性发展。一方面，城投公司陆续偿债，资产缩表，会造成地方经济发展动能不足，面临经济萎缩的风险，产业链企业的需求保障、就业保障等都可能产生问题。另一方面，大肆举债的行为也不可取，债务拉动经济的边际效益在逐步下降，同时无序举债发展还会滋生干部腐败、环境污染、金融秩序混乱、脱实向虚等诸多社会问题。

五、城投公司转型是系统性长期性工作

任何企业的改革都不是一蹴而就的，城投公司作为一类特殊的国有企业，

其转型也必然是系统性、长期性的，以实现在“竞争中性”环境中的健康发展。

先说系统性。前文提到，城投公司转型的核心要义是市场化运营机制。而构建灵活高效的市场化运营机制，本身就是极其系统的工作，要从外部和内部两个维度发力——对外，要处理好政企合作机制，打造城市发展“命运共同体”；对内，要重点打造“十大能力”，培育企业“有机生命体”。

再说长期性。首先，城投公司本身的发展历程就说明了其转型并非一件一劳永逸的事情。自 20 世纪 90 年代诞生以来，城投公司已先后经历了五波转型，分别是国发〔2010〕19 号文时期的第一波转型，国发〔2014〕43 号文时期的第二波转型，财预〔2017〕50 号文时期的第三波转型，中发〔2018〕27 号文时期的第四波转型，银保监发〔2021〕15 号文时期的第五波转型。长远来看，无论是外部形势要求还是自身发展所需，都可能会触发城投公司持续转型。其次，城投公司作为地方重要的国有企业，即将步入新一轮深化改革进程。改革开放以来，国有企业改革作为经济体制改革的中心环节，始终发挥着牵引性作用。2022 年国企改革三年行动高质量收官后，在国务院国资委的高位部署下，紧接着开始实施新一轮国企改革深化提升行动，推动国企改革三年行动成果制度化、规范化、长效化，更大力度打造现代新国企。城投公司自然也要持续性贯彻执行。最后，作为城市发展的重要抓手，城投公司与城市相伴相生。在早期宽松的货币政策环境下，城投公司作为一类“特殊的资金工具”、政府的“第二财政”，承担了大规模的城市建设投资任务。随着城镇化率逐步提升，城市发展更加注重品质提升和存量运营，城投公司的职能职责也从“造城”走向“营城”。作为城市综合运营商，城投公司与城市发展同频共振，要遵从城市发展的规律持续性谋划转型。

因而，在谋划城投公司转型过程中，一定要有全局思维、前瞻思维，要敢于打“持久战”，也要甘于“前人栽树、后人乘凉”，切切实实“一张蓝图绘到底”，久久为功，善作善成。

六、城投公司转型是“一把手”工程

前文提到，城投公司与地方政府是城市发展“命运共同体”的关系，城投公司的转型发展是一项系统性、长期性工作。可见，城投公司要想转型并取得成效，并非易事。无论是城投公司的资产资源整合注入，还是出台相关支持政策，抑或是市场化、实体化发展阶段的运营机制保障，都需要地方政府和城投公司两个“一把手”坚定信念，持续推动。

城投公司“一把手”的重视是其转型成功的关键。城投公司的“一把手”需从高位谋划，通过实施“三向营销”稳步推动转型。第一，向上营销。代表企业主动向政府、国资部门和相关政府职能部门营销理念和规划，把企业的发展战略跟政府的发展思路协同起来。第二，向下营销。主要向子公司、部门中层和基层员工营销战略、理念、文化和目标，形成内部协同的氛围。第三，向外营销。主要是面向城投生态圈相关机构（包括金融机构、评级机构、审计机构、产业机构、社会资本、居民群众等）进行营销，提升企业形象，获取更多非政府部门的外部支持。

相较于城投公司“一把手”，地方政府“一把手”的重视对城投公司转型更是起到决定性作用。近年来，陕西、甘肃、江苏、江西、湖南等多地明确提出把城投公司转型作为地方政府“一把手”工程。能够看出，在推动城投公司改革转型中，多地已经高度重视、高位推动、高效推进，这对于城投公司和地方发展都是一个积极的信号。地方政府不仅需要认识城投公司的价值，还需要科学理解城投公司如何运作，从而全面系统地对城投公司的转型发展予以支持。

一是站位的支持。地方政府要清晰地认识到城投公司对于地方的贡献和价值，要通过动员、指令等形式将城投公司改革转型工作的重要性和相关要求进行传达。在与城投公司相关的调度会、协调会、交流会、融资洽谈会等场合，政府“一把手”或主要领导要亲自站好台，督促利益相关方、业务协作方等做好支持配合，从而真正推动城投公司渡过改革的“深水区”。

二是“硬件”的支持。有了政府“一把手”的站台还不够，城投公司需要实实在在的“硬件”支持，这也是其实体化起步的关键。在政府“一把手”的推动下，相关分管领导、局委办要统筹好地方资产资源，并向城投公司提供支持，包括做好资产清查盘点、资产注入划转、资本金注入、特许经营权授予等相关工作，真正做实城投公司，为城投公司走向市场化做好铺垫。

三是“软件”的支持。城投公司的改革转型少不了机制的保障，这些机制也是充分发挥城投公司“四敢”精神的政策保障。否则，即使城投公司改革转型具备了方法路径和领导支持，但是外部束缚太多，往往难以实质性推动转型工作落地见效。城投公司一般会关注债务化解、国资监管授权放权、市场化激励、容错免责等方面的“软件”支持，这些都需要政府“一把手”的高位推动。

02 城投公司运作的“三个阶次”

一、以土地运作为基础的第一阶次

第一，基础逻辑。土地资源是城投公司的基础生产要素，城投公司的产生和发展都依赖于地方的土地运作。在分税制改革的背景下和地方谋发展的冲动下，地方政府利用能够掌握的土地资源注资设立政府融资平台公司，用土地抵押贷款，以土地预期收入还款，解决了基础设施和公共服务配套的建设资金问题，进一步引来产业和人口并带动土地增值，从而完成原始的资本积累。银发〔2009〕92 号文后更甚，中央的号召激起了地方融资的冲动，地方政府纷纷利用土地以及学校、医院、公园等公益性资产的大量注入对城投融资进行增信，打造城投公司这一具有独立法人资格的经济实体作为资金融通的统贷平台，使之成为一类“特殊的资金工具”、政府的“第二财政”“壳公司”。

第二，总体特征。第一阶次的城投公司属于“资源禀赋型”的特殊国有企业，典型特征是政企不分，无市场化的业务经验，也没有专业化运营团队，自身融资能力较弱，是躺在地方政府支持和土地资源依赖基础上生存和发展起来的。绝大多数城投都是从这个阶次起步，在发展过程中向产业经营和资本运作进阶。目前，还有不少城投公司仍处于本阶次，土地运作依然是其生存和发展的生命线。

第三，资产负债特征。本阶次城投以信贷性融资为主。为了从银行等信贷机构获得资金，地方政府通常注入财政资金或土地、学校、医院、公园等各类资产，使得城投的表内资产以在建工程、土地等存货和公益性资产居多。此外，地方政府多以出具承诺函、担保函、安慰函等违规担保形式给各地城投公司进行增信。融资主要以政策性银行贷款为主，融得资金由政府统筹使用。在这种融资模式下，城投公司对地方政府的依赖性很强，且产生了大量的政府性债务。

对于信用水平较差的区县级城投公司而言，这种现象尤其明显。

第四，业务特征。第一阶次的城投公司主要根据地方政府的行政指令开展相关业务，比如资金融通、土地整理开发等业务，无市场化的竞争性业务。由于该阶次下城投公司的资产以公益性为主，经营性资产占比较小且一般无实际控制权或运营权，因此公司几乎无经营性现金流。在第一阶次的后期，城投公司在积极履行政府融资功能的同时，也被地方政府赋予了项目建设甚至运营的职能，承接了一些政府性项目的代建任务，但这些项目均以公益性项目为主，“造血”能力十分有限。部分城投公司出于市场化融资的需要“被迫”转型，开始基于土地尝试二级开发，如保障房建设、住宅地产开发、工业厂房建设等，并初步承担了水热气等公用事业业务，包装出了一定的经营性现金流。

第五，管理特征。业务和职能的单一决定了第一阶次的城投公司很难有科学、完善的法人治理架构和组织架构设置，部门一般设有综合部、财务部、融资部、工程部等，也有部分按照政府部门的习惯设立某某科室，无健全的现代企业制度，致使管理效率有待提升。由于没有业务发展需要，该阶次城投公司几乎没有专业化、市场化的人才，工作人员大多由地方政府机关人员抽调构成。加上市场化激励机制未建立，该阶次城投公司也很难吸引到专业的人才队伍。

二、以产业经营为拓展的第二阶次

第一，基础逻辑。国发〔2014〕43 号文开启了地方政府债务管理，并明确剥离政府融资平台的政府融资职能；财预〔2017〕50 号文、财预〔2017〕87 号文等文件进一步明确要求城投公司要依托于自身的市场化能力融资，禁止地方政府为其提供违法违规担保；此后的隐性债务监管政策文件提出化解存量、遏制增量，禁止新增隐性债务。多项政策叠加下，各地陆续开展城投公司市场化转型工作，提升城投公司的市场化融资能力。市场化融资要求城投公司具有优质的资产和稳定的经营性现金流，而长期以来，城投公司利用土地融资投向低回报的基建项目，缺乏收入来源。与此同时，地方城镇化水平的提升，城市发展进程的加快，迫切要求城投公司由“造城”向“营城”转变。在地方政府的支持下，城投公司开展了各类城市运营业务，产业经营也日益增多，同时参与了部分项目的实际运营，逐步由单纯依赖土地运作向拓展产业经营的方向转变，成为兼具投资、建设和产业的主体。

第二，总体特征。第二阶次的城投公司属于“产业运营型”的特殊国有企业，典型特征是以市场化手段经营政府垄断性的资产资源，已经建立了政府性、市场化兼容的业务体系，具有一定的市场化融资能力，组建了具有一定专业能力的人才队伍。近年来，随着各地城投公司转型和国企改革工作如火如荼地开展，大多数地市级城投、国家级开发区城投和强区县级城投已经完成从“第一阶次”向“第二阶次”晋级。

第三，资产负债特征。进入第二阶次，部分城投公司因为市场化转型的需要逐步剥离公益性资产，但大部分城投公司考虑到资产规模稳定性要求，在账面上保留了公益性资产。此外，随着融资政策的收紧，各地城投公司都在进行资产整合工作。地方政府通过合规程序向城投公司注入优质土地、房产、股权，以及水务、电气、热力、光伏、垃圾处理、城市广告经营权等优质性资产资源，城投公司经营性资产占比开始上升，企业自身“造血”功能增强。随着政府直接信用背书的脱钩，城投公司开始注重信用评级打造，并不断拓宽债券融资渠道。与此同时，城投公司资产负债率过高、经营性收益不足、政策变动带来的偿债压力较大等问题也较为突出。随着地方政府债务管理的日益趋严和《政府投资条例》的落地实施，地方政府逐步建立比较完善的债务偿还保障机制和政府投融资机制，因投资建设公益性项目而带来的城投公司债务扩张有所缓解，但存量隐性债务的困扰持续存在。

第四，业务特征。城投公司在推进资产整合重组的过程中，随着经营性和准经营性资产的注入，核心业务板块也逐步形成，经营性收入占比显著提高。从业务布局来看，一般包括土地开发、城市基建、城市服务、产城运营、乡村振兴、（类）金融类、产业投资等，也有不少尝试文旅、教育、体育、贸易、医疗大健康等新兴业务的案例。从业务模式来看，公益性、准经营性项目按照市场化结算方式进行投资建设和运营，经营性项目积极参与市场化竞争。在第二阶次，出于还本付息和国资监管考核的压力，城投公司越来越注重市场效益，对业务板块实行分类管理、分业运作，并推动内部资产、业务的重构，实现资产的最优配置和业务的有效协同。集团化整合运作下，第二阶次的城投公司的业务架构、运营逻辑更加清晰，不同业务实现融合发展。此外，部分转型较好的城投公司，业务能力显著增强，并尝试通过延伸产业链、收并购等方式实现业务扩张，甚至跨区域发展，但往往实施难度较大。

第五，管理特征。由于业务的多元化拓展，大部分城投公司已经具备了集团型公司的股权架构，全资公司、控股公司、参股公司一应俱全。出于集团化业务协同，以及决策行为的高效和合规等考虑因素，第二阶次的城投公司十分关注企业经营管理的效率性和合规性，开始注重构建法人治理体系、现代企业制度和内控机制等多方面的制度建设工作。在集团化运作架构下，不少城投公司股权关系混乱，管控方式不合理，存在“集而不团”“大而不强”等现象。因而，第二阶次城投公司十分注重母子公司功能定位、权责界面的划分，力求集团和子公司权责利的对等，同时也希望借助数字化手段规范管理。此外，因产业经营和专业发展的需要，第二阶次城投公司的人才队伍逐步壮大，以党建为引领的企业文化建设可圈可点，风险合规、品牌建设等工作也成为其管理职能的重要部分。

三、以资本运作为手段的第三阶次

第一，基础逻辑。随着土地运作和产业经营运作模式的不断成熟，特别是受外部环境快速变化的影响，城投公司仅依靠内部资源整合和内生培育式变革带来的转型效果缓慢，短期内难以实现质的提升。在第二阶次多元化业务板块的基础上，城投公司进入以资本运作为手段的第三阶次，为转型提档加速。城投公司开始重视调整企业资产与业务架构，拓展融资渠道，优化财务结构，提高资本市场信用实力；同时，引入市场化业务管理体系，全面增强企业综合实力。第三阶次下的城投公司，需要结合地方国资管理的要求，保证资产的流动性和实现国有资产保值增值。因此，城投公司的产业发展与资本手段的有效结合是关键。多管齐下，第三阶次的城投公司逐步发展为地方性的国有资本投资运营主体。

第二，总体特征。第三阶次的城投公司属于“资本运作型”的特殊国有企业，典型特征是政企合作关系紧密且高效，在土地运作、产业经营的基础上，强化了资本运作能力，在理念、定位、业务、融资、管理、人才等各个方面达到高质量发展的要求。彼时，传统的城投公司属性逐步淡化，转而在股权投资、产业发展等方面为城市发展赋能。目前，北京、上海、深圳、青岛、合肥等国内部分发达城市或省会城市的国资平台可作为第三阶次城投公司的典范。

第三，资产负债特征。第三阶次的城投公司已经完成了政府性资产资源整合和公益性资产的剥离，并通过收并购等方式积累了大量优质的经营性、股权性或金融性资产，优质资产占比高，核心资产结构基本稳定。在资产负债表扩表过程中，第三阶次的城投公司不再是依赖传统的政府注资形式，收并购、资本溢价等是其资产规模壮大的重要手段。同时，内部优化整合，提高资源配置效率，是第三阶次城投公司的常见动作。本阶次的城投公司一般具备高等级的国内、国际信用评级，融资以直接、长期和低成本为主，部分城投公司控股若干上市公司，打通了上市融资的优质通道。

第四，业务特征。第三阶次的城投公司拥有完善、合理的多元化业务布局，均具备一定的经营效益且业务实现联动发展。结合地方资源禀赋拓宽和延伸了业务链条，第三阶次的城投公司实现了地方产融协同发展。同时，各业务板块专业运作能力较强，部分业务板块能够独立参与市场竞争。收益结构中，来源于对外投资的收益占比显著增加。金融板块成为第三阶次的城投公司发展的重要组成部分，并涉足基金运作、产业投资、资产管理及金融机构股权等相关业务领域。第三阶次的城投公司具备组合式资本运作的能力，通过收并购或自主培育等方式，逐步实现核心业务板块的上市发展。

第五，管理特征。第三阶次的城投公司具备稳定的战略定力和清晰的发展路径，表现在明确的战略定位和使命愿景、明确的中长期规划、明确的规划实施路径、共同的战略认知等方面。能够按照现代企业制度要求规范运营，表现在法人治理机制完善、决策机制科学、组织架构合理、各级公司功能定位明确、授权管控机制科学、市场化激励机制有效、制度流程完善等方面。组织管控方面，能够根据战略定位的调整和业务管理的需要进行柔性调整。人力资源方面，表现为拥有一支精干高效的人才队伍和实用灵活的人才选育留用机制。此外，数字化、信息化等技术手段在公司运营管理中也得到广泛应用，大幅提升效率的同时，也防范了风险；公司建立了非常完善的风控合规体系；公司的品牌形象进一步提升，构建了矩阵式的品牌体系，成为地方国企的典范。

03 城投公司转型需要实现六大转变

一、理念上，从行政思维向市场思维转变

转变理念是城投公司实现高质量转型的前提。城投公司脱胎于地方政府，依托地方政府的信用和支持得以快速发展。正因如此，城投公司自成立以来便带有浓厚的行政化色彩，成了兼具政府部门、事业单位、市场企业三重身份的“多面人”。大多数城投公司基本按照政府部门的角色定位实行行政化模式管理，按照政府指令办事，企业市场主体地位未能真正确立。

2014 年国发〔2014〕43 号文的发布以及新《预算法》的实施，从法理上宣告了城投公司政府融资职能彻底被剥离，城投公司与地方政府之间的关系也从“亲”向“清”转变，其市场化主体的地位逐步显现出来。但是，市场化浪潮中竞争无处不在，“危机”此起彼伏。城投公司要想在市场竞争中获得一席之地，首先必须要与过去传统的理念告别，以积极的姿态迎接新的挑战。坚持市场导向，注重创新驱动，从思想观念上引领公司的转型发展。

城投公司的发展从来都离不开政府的支持。因此，在城投公司转型过程中，地方政府及国资监管机构也应进一步解放思想，从以前事无巨细全部参与的“保姆”“管家”向抓大放小的出资人角色转变，对城投公司的定位、主业、经营计划、重大事项等把好关，让城投公司按照地方政府的战略规划与部署开展工作。同时，地方政府要支持城投公司按照市场规律自主经营，支持城投公司完善公司法人治理结构、优化调整组织架构与管理体系，建立市场化的激励约束机制，激发城投公司的内生发展动力，推动城投公司由市场化转型向着高质量发展进阶，打造地方强有力的投融资“抓手”。

二、定位上，从融资平台向国资主体转变

明确定位是城投公司高质量转型发展的基础。前文提到，早期成立的城投公司被当作地方政府的资金融通平台，是地方政府为解决资金筹措问题而成立的。在发展路径上依附地方政府，依靠政府背书融资，通过“举债—投资—建设—再举债—再投资—再建设”，使债务滚雪球式增长，发展越快，债务越多，甚至出现生产经营难以为继的情况。

经过多年的大规模开发建设，我国城市开发由“增量时代”进入“存量时代”。与此同时，城投公司也积累了大量资产，但每家城投公司又不尽相同。从外部来看，城投公司面临的区域环境、发展要求肯定是不同的；从内部来看，每家城投公司自身的发展历史、资源条件、能力等也不同。因此，在城投公司市场化发展过程中不能人云亦云，必须从实际和自身现状出发，选择最恰当的发展模式。

从长远看，城投公司与地方政府是同频共振的“命运共同体”。随着城市建设与产业发展的变化，城投公司在实际转型中必须找到自己的立足点。作为政府核心资源集聚平台和地方经济发展支撑平台，城投公司应明确自身的国资主体地位，瞄准公司核心功能“新定位”、开拓公司业务发展“新模式”、抓牢改革窗口期“新机遇”，向城市综合运营商、国有资本投资平台等转变。其中，在城市综合运营商定位下，城投公司应站在城市经营的高度，实现“基础设施建设—基础设施改造—基础设施运营—城市服务供给”的功能升级。在国有资本投资平台定位下，城投公司可通过投资引导产业结构调整，借助资产整合促进产业转型升级，实现国有资本功能的最大化。

三、业务上，从融资建设向产业发展转变

优化业务布局是城投公司高质量转型的重心。城投公司作为服务于地方城市建设和经济社会发展的国有企业，主业大多围绕城市建设、城市运营等展开。同时，随着城投公司市场化属性的增强，对业务的经济效益要求也越来越高。为此，城投公司需要结合当地资源禀赋和产业基础重新谋划和布局业务体系，并对各个业务的运作模式进行重构，实现企业发展规划与城市建设和产业发展规划的同频共振。

具体来说，首先，城投公司应将城市基础设施建设作为基础核心业务板块。城市始终是城投公司发展的立足之本，因此各项业务都应围绕城市基础设施建设展开，这也是地方政府和城投公司国有属性的天然要求。同时还要积极谋划发展以5G、人工智能、工业互联网、物联网为代表的新型基础设施建设，以及加快布局新一轮城中村改造。其次，城投公司要做好城市公共服务业务的拓展与经营。水务、燃气、公交、供暖、环卫一体化、垃圾处理等公用事业不仅能带来稳定的收入、现金流与利润，而且能够让城投公司未来的市场化业务拥有稳定的客户群体。最后，城投公司应以产融互动方式打造新的业务板块。依托地方政府的区域产业规划，明确产业发展的重点，积极布局、打造产业群。通过产业基金的设立，引导政府资金、社会资本共同参与产业的孵化、产业集群的打造。积极利用股权投资拓展产业布局，适时开展小额贷款、融资租赁、商业保理等金融业务，以产促融、以融兴产，实现产融结合的良性发展模式。同时，城投公司应积极与专业性公司开展业务合作，稳妥推进混改，实现业务结构和业务模式的高质量发展，为推动城投公司华丽转型奠定坚实的基础。

四、融资上，从单一间接向多元直接转变

融资转型是城投公司高质量转型发展的引擎。城投公司因城市基建融资而生，融资对于城投公司而言是生存的根本。随着城投公司的快速发展，大规模无序融资带来的地方政府债务风险问题受到了广泛关注，国家和地方层面都出台了多项政策规范举债融资方式。

党的十八大以来，国家不断要求提高企业的直接融资比例。党的二十大报告中明确提出“健全资本市场功能，提高直接融资比重”。总的来说，直接融资成本要远远低于间接融资成本。城投公司在高质量转型过程中，应积极拓宽多元化融资渠道，不断提高直接融资比例。这样不但可以降低城投公司的融资成本，也可以为城投公司的发展提供源源不断的资金支持。所以，城投公司在谋划转型发展过程中，应不断提升直接融资的能力，努力提高公司的主体信用评级，积极通过企业债、公司债等方式开展多元化融资工作，甚至通过并购或主动IPO打通更广阔的资本市场，实现城投公司融资的高质量发展。

五、管理上，从粗放无序向合规高效转变

管理升级是城投公司高质量转型发展的保障。城投公司自产生之日起便带有深深的行政化烙印。在粗放无序的管理下，城投公司仅发挥了“第二财政”的作用，无从体现现代企业的属性。

在市场化转型要求下，城投公司需要一个强大的决策机制和运作机制作为支撑，这对城投公司的管理方式和管理水平提出了新的要求。为此，城投公司需要改变过去行政式管理体系，进行大刀阔斧的改革，如健全法人治理机制、优化组织结构、规范运作流程等，重点构建“十大能力”（详见本章第一节）。城投公司管理体系不仅要从形式上完善，更要从运作上落到实处，从而夯实管理基础，实现管理水平质的飞跃。

六、人员上，从良莠不齐向专业精干转变

人才是城投公司高质量转型发展的关键。无论是从产业发展角度，还是人口红利角度，地方政府都十分重视人才引进。基于历史原因，城投公司往往存在人员身份多样、人员水平参差不齐等问题。作为转型发展中的城投公司，对于人才的需求显得更加迫切。

随着市场化转型步伐的加快，城投公司需要强化人才战略，通过引入职业经理人，招聘管理、财务、法律、金融、投资等专业人才，以及不断加强内部培养和提升等手段，进一步优化人员结构、提高人员能力，进而锻造出一支精干高效的人才队伍，使其成为城投公司高质量发展征程中的生力军。一支精干高效的人才队伍，具体表现在专业人才队伍充实、人才结构合理、人才选育留用机制灵活、人力资源管理战略支撑作用明显等多个方面。

04 城投公司转型的十条对策建议

一、厘清政企关系，明确城投公司功能定位

城投公司一般由地方政府注资成立，通常由地方政府以行政化方式对其进行管理。2014 年，国发〔2014〕43 号文出台，明确要求城投公司与地方政府脱钩，城投公司不能再被当作地方政府的一个职能部门，需要按照市场化的方式谋求转型发展。但从实际来看，处于转型发展早期的城投公司，仍被视为地方政府一个部门，甚至继续充当了“第二财政”的角色。这就需要重新明确公司的功能定位，厘清城投公司与地方政府、财政部门、国资监管部门之间的关系。通过地方城建投融资机制多位一体的综合改革，政企双方构建由“亲”向“清”转变的良性互动关系。

为此，我们建议各地尽快厘清地方政府与城投公司的关系，双方建立关系明确、权责分明的政企关系，构建良性的政企合作模式，给予城投公司自主经营权和决策权，让城投公司作为市场化主体更好发挥作用。各地城投公司不能再被动接受政府的行政命令，而应该根据企业实际情况主动谋划发展。地方政府可从出资人职责、人事安排、资金管理、纪检监察、行业管理等方面对城投公司进行监管，同时加大对城投公司的支持力度，为其创造良好的营商环境。

此外，地方政府应转变对各地城投公司的监管模式，将城投公司看作是市场主体，按市场规则办事，从无所不能的股东转变成积极股东。城投公司要在政府或国资部门的授权下，明确自身的功能定位，如国有资本投资运营公司、城市综合运营服务商、产业投资主体、金融控股平台等。在企业的发展战略上，各地城投公司应主动作为，敢于为自身发展超前谋划，向地方政府争取机制和政策，这不仅能够释放自身活力，还能更好地完成政府交办的任务。

二、加快整合重组，优化城投公司顶层架构

从全国各地投融资工作的实践来看，投融资平台运作良好的一个重要原因是，地方进行了科学、合理的投融资平台顶层运作方案设计。基于该顶层方案，能够明晰地方需要什么样的投融资平台运作架构和运作模式。目前，全国多地采用“1+N”“2+N”甚至“N+N”的城投公司顶层运作架构。但在整合实施过程中，普遍存在仅仅“形整”而非“实整”的现象，即一些地区单纯为了缩减城投公司数量进行整合，而非从市场化融资能力提升和可持续经营能力打造等多个方面科学、系统、合理、有效地考虑整合运作思路。

因此，各地在推进地方城投公司优化升级和整合重组工作过程中，应按照当前政策要求（尤其是银保监发〔2021〕15号文、国有资本布局优化等政策文件），充分调研和论证，基于地方实际和发展需要，从城投公司长远发展考虑整合重组的顶层运作架构，确定需要重点打造和发展的核心投融资主体及其功能定位、发展目标，同时也要明确其他非重点打造投融资主体的功能定位、发展目标。在整合重组过程中，要按照“分类管理、专业运营”的理念，做大做强母（集团）公司，做实做专相应子公司。基于科学、合理和高质量的顶层运作架构，满足各地经济社会发展的需要。

三、持续注入资产，不断提升市场化融资能力

剥离政府信用背书后，城投公司需要依托自身的市场化融资能力开展投融资工作，这也是城投公司的一项基础核心能力。各地应进一步深化国有资产资源的清查盘点工作，全面、深入、翔实地摸清全部家底，并持续进行资产划转注入工作，壮大城投公司的资产规模，不断提升其市场化融资能力。资产资源清查盘点注入和评级提升工作相辅相成，涉及政策法规较多，可借助外部专业机构的外脑支持，以保障实施工作的科学高效性与合法合规性。

各地在进行政府性资产资源清查盘点注入工作中，应涉及自然资源、社会资源、行政资源、国有企业、国有股权、自收自支事业单位和全民所有制企业等，同时也要对政策性业务和特许经营权（如城市收费权、优质国企股权、矿产开采权、水面经营权等）进行梳理，保障现金流。这就需要在合法合规的原则和底线下，在满足保障债权人利益、税费成本最少、业务协同效果最优、不

产生人事动荡等条件下，根据实际情况选择适合的资产注入方式。

提升市场化融资能力的重点在于提升主体信用评级，实现AA-到AA、AA到AA+甚至AAA的提升。主体信用评级的提升，便于城投公司获得资本市场的认可、拓宽融资渠道和降低融资成本等。此外，城投公司可通过资产证券化、项目收益债等方式盘活存量资产，做大收入和现金流，打造市场化融资能力，实现融资增量。

四、完善业务布局，提升城投公司经营效益

城投公司转型的关键就是要有经营性业务支撑。当前，不少城投公司除了融资这一主要功能外，还承担了大量的公益性项目建设任务，缺少必要的产业经营项目，故而自我“造血”能力不足，不利于各城投公司长期、可持续运作。从某种意义上来说，一旦投融资平台缺乏自我“造血”机制，影响了未来还款来源，不仅自身面临债务风险，甚至带来潜在的地方政府隐性债务风险。

为了切实推动城投公司转型发展，各地应在完成国有资产资源和城投公司整合重组后，重点进行城投公司的中长期业务发展规划工作，结合各地的产业结构状况、产业发展规划、资产资源状况、区域发展条件和城投公司现有的资源能力等，从“建链、补链、增链、强链”的角度思考各个城投公司的业务布局和业务运作方式。

结合城投公司的业务特征，一般可分为政府性业务和市场化业务两大类。政府性业务涉及土地整理、项目代建、授权经营、购买服务等与政府往来密切或政府支持较多的业务，市场化业务涉及土地开发、资产运营、产业投资、商贸物流等竞争属性较强或能力要求较高的业务。不同的业务板块根据实际情况涵盖多个具体业务，每个具体业务的运作模式和发展思路不尽相同，需要因企施策、因业施策。

五、优化管理机制，建立完善现代企业制度

就城投公司转型发展而言，融资是基础，业务是关键，管理则是保障。基于融资发展需要或国企改革要求，不少城投公司逐步搭建了符合自身发展需要的管理架构，也制定了一些符合自身发展需要的制度。然而，在城投公司市场

化、实体化、集团化和高质量转型发展要求下，现有的组织运行架构和管理机制难以满足和适应，如缺少战略、投资、风控等相关职能，党建职能薄弱，缺少对子公司的管控职能等，需要进行管理机制优化。

为保障公司持续、稳定和健康地发展，城投公司应按照现代企业制度和国资国企改革的要求，打造内生发展机制，提升公司“十大能力”（详见本章第一节）。

六、招揽专业人才，建立市场化薪酬激励机制

城投公司成立之初，人员一般来自各个政府职能单位，兼有公务员、事业单位职员等公职身份。随着城投公司的逐步发展，陆续通过市场化方式也招聘了一些专业人才。不过，由于城投公司的特殊性，人员的结构、层次和素质依然参差不齐。此外，未建立市场化激励机制也是城投公司专业人才队伍不足的一个现实原因。

城投公司的转型发展，需要充分发挥专业人才的积极性和创造性，以达成总体战略目标。这就需要对公司现有的人力资源进行优化配置，对人力资源管理体系进行优化设计，以公司治理为核心，大力推动市场化选人用人机制、激励约束机制的建立，形成“管理人员能上能下、员工能进能出、收入能增能减”的“三能”机制，真正激发内生动力。同时，通过内部竞聘、内部培养、社会招聘、校园招聘等多种渠道引入新的专业力量，系统性打造专业人才队伍，为公司后续发展源源不断注入新的人才动能。此外，还可在工资总额控制的机制下，确立业绩考核导向的思路，形成有效的激励约束机制，最终促成企业经营目标的实现。针对部分地区依然存在的公职人员兼职现象，需要各地尽快明确脱钩政策，并且建立健全尽职免责机制和容错纠错机制，为城投公司任职人员营造一个良好的履职环境。

七、加强债务管控，防范化解隐性债务风险

近年来，中央三令五申加强地方政府隐性债务管理，杜绝地方政府违法违规融资行为，尤其是提出剥离政府融资平台的政府融资职能。2023 年以来，从两会工作报告、全国预算执行报告、国务院机构改革方案的相关内容来看，中

央对防范化解地方政府债务风险的重视程度依然不减。为保障城投公司转型发展的有序推进，促进城市经济社会持续、稳定和健康的发展，各地在推进城投公司整合重组和优化升级过程中，要时刻坚守“不新增政府隐性债务”底线，并同步推进存量债务化解工作。

一是对到期债务及偿债资金来源认真梳理和分析，提前谋划偿债资金的筹集和调度，做到提前研判预警、提前筹集资金和提前制订预案，确保按期偿还债务。

二是建立政府性债务管理“借、用、管、还”制度体系和流程，明确债务管控机制。

三是加大与金融机构对接力度，及时制定项目合作方案和债务化解方案，积极主动获取金融机构的支持。

四是依托地方政府的高位支持与协调，提升信用环境。

五是加快推进城投公司市场化转型，不断提升城投公司经营能力和市场化融资能力，通过城投公司带动产业发展和税收增加，用时间换空间，逐步化解地方政府债务风险。

八、优化投融资体制，明确政府项目运作机制

在城投公司运作过程中，存在着体制不顺的重要症结，具体表现在投融资决策管理机制不健全，投融资分工机制不合理，投融资决策流程不完善等方面。为进一步提升地方政府投融资管理能力，推进城投公司转型发展，支持政府性项目运作，各地应尽快优化投融资体制，提升项目决策能力。

首先是成立投融资决策管理委员会，作为辖区内投融资工作的领导决策机构，代表地方政府统筹推动城市建设和城市发展，研究部署、协调指导地方投融资工作与重大事项。该委员会可下设办公室，负责推进落实委员会审定的各项决议及事项。

其次是健全项目统筹运作机制，包括健全完善的项目库梳理机制、资金管理机制、土地管理机制等，需要联动自然资源与规划、财政、金融、审计等多个职能部门共同参与。

最后是在健全完善的投融资决策机制和项目管理机制下，建立市场化的合作机制。各地要明确政府与城投公司的界限，保障政府（公益）性项目的资金来源

为地方财政资金或地方政府债券，政府与城投公司关系演变为市场化契约关系，双方以购买合同或付费协议等形式进行合作，城投公司向政府提供有偿服务。

九、完善国资管理体制，提高国资管理水平

城投公司作为地方核心国有企业，掌握着当地大量的国有资产，资产的运营状况关系着地方的经济社会发展水平。城投公司运营得好，能够给地方发展起到事半功倍的效果；运营得不好，则适得其反。当然了，城投公司国资运营功能发挥的好坏，除受到地方投融资体制机制的影响外，地方的国资管理体制对其影响也十分明显。

党的十八届三中全会首次提出“完善国有资产管理体制，以管资本为主加强国有资产监管”，标志着我国国有资产监管进入全新阶段。实施以“管资本”为主的国有资产监管体制改革，为解决长期以来国资监管中“政企不分、政资不分”、国有资产流失、国有资本配置效率不高等问题提供了良方。而各地在国资监管实践中，监管缺位、失位、越位、错位等现象普遍存在，监管方法不合理、监管效果达不到预期比比皆是。因此，从支持城投公司转型发展成为地方经济社会发展重要抓手的角度，需要各地加快从“管资产”向“管资本”的角度进行职能转变，打造“国资管理部门—集团公司（国有资本投资运营主体）—各专业类子公司”的三级国资监管架构，完善科学合理的国资管理体制。同时，制定完善的国资管理制度，尤其是按照新一轮国企改革的要求，改革国有资本授权经营体制，加大授权放权力度，制定并严格执行监管权力清单和责任清单，有效提升国资监管效能。

十、加强合作交流，助力城投公司转型发展

为了加快推动各城投公司的转型发展，除各地政府优化完善体制机制、加大资产资源支持、招揽专业人才等相关对策外，城投公司还应积极加强外部合作交流，借力发展。

一是可引进各类专业机构，包括咨询机构、金融机构、社会资本或产业资本等各类专业机构，借助于专业机构的专业能力助力公司转型发展。

二是可引入央企、省属国企等国有资本，对于县区类城投公司，则可尝试

“省带县”“市带县”的模式，向上借力，不断提升国有资本运作能力。

三是可通过业务合作、子公司股权合作等方式引入优质的上市公司、民营企业，推进混合所有制改革，充分发挥非公有制企业的市场化经营机制优势，提升业务发展效率，提高经营管理水平。

四是建议广大城投公司积极“走出去”，向国内外优秀地区城投公司学习借鉴，通过对标国际、国内行业一流的标杆企业，发现差距、寻找方法，助推企业经营管理效率和水平的稳步提升。

第四章

城投公司的整合重组与信用打造

在政府债务强管控、融资难度加大的背景下，城投公司的整合重组伴随转型发展持续演进，已经成为国资国企改革的大趋势。城投公司整合重组能够迅速做大资产，降低负债率，为提升信用评级、降低融资成本做准备，还会产生良好的业务协同，正在成为各级政府推进国有经济布局优化与结构调整、推动国有企业做优做强做大的重要手段。

从早期以信贷融资为目的的资产整合重组，到以国有资本整体运作为导向的资本性整合重组，城投公司的整合重组正在向实质性、高效化进阶。在信用评级高质量发展的背景下，整合重组也成为各地城投公司的必修课。一方面，地方政府会围绕评级优化的要求进行国企顶层架构优化重组，梳理和注入优质资产资源；另一方面，城投公司本身也会借助信用评级优化和外部整合重组的契机，开展内部的业务板块、组织架构、管理体系的整合重组；两相结合，为城投公司系统性转型升级做好铺垫。

本章总结了城投公司整合重组的背景、模式和路径，系统阐述了城投公司信用评级体系与核心关注点，结合方法和案例归纳了城投公司评级优化的做法。

01 城投公司整合重组的背景、模式和路径

一、城投公司整合重组的目的

城投公司发展至今，总体来说经历了从分散到整合的过程。2017 年以前，为了能全面加快城市城镇化建设，地方政府除了设立城投公司之外，往往还会设立交投、农投、文旅投、能投、工投、水投等，分别从交通、农业、旅游、能源、工业和水利等领域包装项目，融通资金。在这一阶段，城投公司融资主要是依靠政府信用背书，加之受重庆“八大投”模式的影响，各地均会设立多个平台公司来实现融资的“百花齐放”。但由于长期粗放式发展，国资平台公司的整体运营呈现出散、乱、弱、小，且发展不均衡的特点，融资成本高，融资可持续性差，更是给地方政府带来了极大的债务风险。

2017 年以后，随着国家对地方政府债务风险的严控，以及国资国企改革的深入，同时，为了能进一步盘活政府资产资源、提升城投市场化融资能力、推进公司转型发展，各地均在通过实施整合重组来实现城投公司的不断做优做强和做大。近几年，还逐渐呈现出高位统筹、系统推进的特点，甚至有些省市在城投公司整合重组后的数量和质量上都提出了明确的要求。

我们可从地方政府和城投公司两个视角来看各地高位推进城投公司整合重组的目的。

（一）地方政府视角

一是通过对政府性资产资源的全面清查，可以更好地把握资产资源分布情况和资产流向，避免国有资产流失。

二是通过把资产资源重组注入到政府国资平台公司，充分盘活政府资产资源，实现公司资产总量在较短时间内快速增加，能提升公司市场化融资能力，

进而服务城市建设和产业发展，同时，还能有效降低债务风险水平。

三是理顺地方政府、城投公司及行业主管部门的权责、管控界面和项目投融资决策机制，实现多方共赢和公司持续健康发展。

（二）城投公司视角

一是壮大城投公司资产规模，有效改善财务情况，提高市场化融资能力，保障城市建设、产业投资、风险化解等资金需求。

二是明确城投公司中长期发展定位、发展目标和业务布局，通过业务重组实现分业经营、分层运作、分类管理，同时还能根据政府要求和未来发展趋势，适时投资培育城市战略新兴产业，实现自身高质量发展。

三是明晰政企管控界面，优化管理体系，解决城投公司及整合重组中资产、债务和人力资源等存在的问题。同时，针对后期公司集团化运作需要，提前建立现代化企业制度，夯实管理基础。

二、城投公司整合重组的模式

（一）“1+N”的模式

（1）模式介绍。所谓“1 + N”模式，即地方政府通过整合重组将政府性资产资源、国有产权和国有企业业务等整合至一家城投公司进行集中统一指挥，公司向上直接对地方政府负责，向下实施纵向管理，一抓到底。这是一种高度集权和资源统筹的运行管理模式，核心是政府管理一家公司，并通过该公司对其他二三级公司进行职能再定位和统一管理，以实现国有资本最大化运营和资源的最优化利用。

（2）适合对象。主要是适用于新设立的各类经开区、高新区、新城区，以及资产资源相对匮乏，且国有企业历史问题相对较少的县市区等地方政府。

（3）优缺点。这种模式的优点是责任明确、决策迅速、指挥及时、管理成本低，通常适合于发展目标单一、建设任务相对较轻、国有资产经营管理连续性和专业性较好的情况。但是这种模式的弊端在于权力相对集中，在决策和管理团队相对薄弱的情况下，容易造成工作延误、失误或管理混乱。特别是在开发区及新区建设初期或运行管理团队能力不足的情况下，因为缺乏相应的竞争机制，容易造成建设速度和管理效率的低下。

（4）案例：西咸新区平台“1+3”模式。

西咸新区于 2014 年获得国务院批复而设立。为集中资源打造西咸新区，经陕西省人民政府批准，西咸新区开发建设管理管委会于 2011 年 9 月组建陕西西咸新区发展集团有限公司（以下简称“西咸集团”），注册资本 100 亿元，资产规模超过 1100 亿元。其业务范围主要是土地开发和整理，基础设施、生态及水利工程建设，文化产业、农业、旅游、房地产项目的开发和经营管理，资本运营等。

西咸集团是西咸新区唯一的投融资平台，依照“政府主导、市场化运作、专业化经营”发展思路，西咸集团组建了西咸金控集团、西咸文旅集团和西咸城投集团 3 个一级子公司，西咸城投集团、西咸文旅集团分别承担了能源金融贸易区（总部经济区）和能源金融贸易区（田园生活区）的开发建设任务，西咸金控集团是西咸新区重要的资金承接平台、金融服务平台和产业引导平台。

西咸集团还控股了空港、沣东、秦汉、沣西、泾河五个新城建设集团。五个新城建设集团由西咸集团和各新城管委会共同出资成立，是各新城城市建设和运营的主导力量。从成立初，西咸集团就确立了打造西咸新区“资本、建设、文化”三大平台的发展路径，采用“1+3+N”模式，发挥资源整合、资本运作、产业促进的作用，成为西咸新区开发建设的主力军。

（二）“N+N”的模式

（1）模式介绍。所谓“N ＋ N”模式，即地方政府通过设立多个平台公司将资源和业务进行平行运作和运行管理，各公司分别完成自身的体系构建，包括相应的职能定位、业务运行和管理。各平台公司的管理权力统一由地方政府授予，通常为按行业分工，或按区域分工，并对各自的下属企业集中进行管理。“N ＋ N”模式是一种集分权结合的平台公司运行和管理模式，它在地方政府与平台公司之间层面，构建出一对多的任务下达与运行管理体系。

（2）适合对象。主要适用于平台公司运作相对成熟，具备一定的市场化、专业化发展基础，地方政府资产资源相对丰富，且具备相对充裕的中高层管理和技术人才的地方政府。

（3）优缺点。这种模式的优点是在建设任务庞杂、专业性要求高、政府项目运营和管理不可能面面俱到的情况下，进行适度的决策和管理分权，以达到加快执行、提高效率的目的。不足在于，平台公司的初期组建和后续管理的工作量都相对较大，此外，可能存在人为将地方政府资产和业务进行分割的情况。

（4）案例：重庆两江新区平台“5+N”模式。

重庆两江新区于 2010 年 5 月获得国务院批复，是国务院直接批复的第三个国家级开发新区。新区管委会出资设立了多个平台公司，采用的是“N+N”模式，第一个 N 代表的是政府直管的平台公司，第二个 N 代表的是各个业务板块的专业运营公司或平台公司直接设立的各类专业化运营公司。平台公司包括重庆两江新区开发投资集团有限公司、重庆两江金融发展有限公司、重庆两江航空产业投资集团有限公司、重庆保税港区开发管理集团有限公司、重庆两江新渝投资有限公司等。

其中重庆两江新区开发投资集团有限公司（以下简称“两江集团”）成立于 2010 年 6 月 20 日，注册资本 100 亿元，是重庆市注册资本最大的市属国有企业集团。两江集团是重庆市委市政府为加快两江新区工业开发区重大基础设施建设、重要区域开发和现代产业体系构建而设立的国有大型投资集团，与重庆两江新区工业开发区管理委员会合署办公，实行“两块牌子、一套人马”的管理模式。两江集团总部内设 10 个部门，下属 19 家子公司（含 4 家全资子公司，7 家控股公司、8 家参股公司）。集团与两江新区工业开发区涉及的 3 个行政区按照 55 ∶ 45 的股权出资比例，共同组建了重庆两江新区鱼复工业园建设投资有限公司、重庆两江新区水土高新技术产业园建设投资有限公司、重庆两江新区龙兴工业园建设投资有限公司，联合开发两江新区工业开发区。

（三）“以市带县”模式

（1）模式介绍。当前，我国部分县区级国资城投公司，由于政府财力较弱、产业不发达等原因，融资压力更大。为更快提升县区政府城投公司融资能力、盘活地方资产资源、走入资本市场，同时为了上级政府城投公司尽快做大资产规模，新疆、内蒙古、陕西、甘肃、河南等地均提出推行“以市带县”的城投公司重组改革模式。该模式的通常做法为将县区的城投类企业出资人上划至上级政府的主要国资平台公司，由上级政府国资平台公司实施并表管理。

（2）适用对象。主要适用于地方资产资源相对缺乏的县市区。目前来看，地级市的城投公司为了更快实现高主体信用评级，也会主动实施“以市带县”的模式来迅速做大资产体量。

（3）优缺点。“以市带县”模式，一是有利于解决短期内市级城投公司规模做大、融资能力提升的问题，县级城投公司也可借力上级城投公司增信以及通道等提升融资能力；二是可通过市县两级城投公司合作开发县区内项目，利于给市级城投公司包装优质项目，也利于开展项目融资。但“以市带县”模式也存在明显的不足。一是从长远来看，“以市带县”只能暂时提升县级城投公司融资能力，以时间换空间，最终还是需要通过找到县域优势资源，发展优势产业，建立明晰政企合作机制，实现县级城投公司的转型发展；二是目前“以市带县”都是有选择地对表现相对良好的县域城投公司进行股权调整，对于债务压力沉重、资产质量不高的县级城投公司，贸然进行“以市带县”重组整合可能会将市级城投公司拉入化债的漩涡，从而造成更大规模的债务风险；三是操作难度大，县级城投公司和市级城投公司的实际控制人不同，重组整合难度要大，需要协同的利益方也更多。

（4）案例：渭南市产投集团并表大荔城投。

2021 年 2 月，县级城投公司大荔城投的控股股东渭南市人民政府国有资产监督管理委员会将其所持大荔城投 60% 股权，无偿划转至渭南产投集团。合并前渭南产投资产总额约 92 亿元，负债率 48%，信用评级 AA。大荔城投资产总额约 48 亿元，负债率 22.01%，信用评级 AA-。重组合并的双方情况相对良好，且渭南国资直接控股大荔城投，降低了整合难度。

三、城投公司整合重组的“七步法”

围绕城投公司整合重组过程中地方政府和城投公司的目的，结合我们长期跟踪研究和分析城投公司改革发展的经验做法，提出城投公司“七步法”整合重组路径。

（一）清查：全面清查“家底”

全面摸清“家底”是城投公司实施全面整合重组的第一步，也是后续整合资源、盘活资产、划分业务类型的基础。通过开展全面尽职调查，一是明晰城投公司及其子公司的股权关系和资产状况，进而按照资产属性进行归类，为公司实现资源集约利用和规模效益清除障碍；二是全面盘清地方政府国有产权、资产资源和政策性资源。

（二）整合：整合重组公司

按照“同业归并、精简高效、兼并重组、增强实力”的原则，在全面清查“家底”的基础上，通过争取各类城市资产资源注入、国有股权划入、无效资产剥离等，对城投公司进行整合重组，组建为一家或多家集团性公司，实现政府性资产资源的最大化聚集。同时，对一级公司的子集团或子公司，按业务属性进行内部整合分类，归并核心业务、缩减管理层级，发挥资源集聚效应。

（三）再造：再造主体功能

以整合重组为契机，根据地方政府上位规划发展、市场化融资、公司转型发展等需要，明确重组后各一级平台公司功能定位，同时对各一级公司及下属子公司进行主体功能再造。此外，还应结合国资国企改革的趋势，打造“国资监管部门—投资运营主体—专业型子公司”三级运作架构，发挥国资监管作用，实现投资运营主体的做强，以及子公司的做专、做精、做活。其中，集团公司可作为投融资中心、战略决策中心、宏观调控中心、关键制度输出中心，子公司可作为利润中心、业务中心、运营中心，并以相应的权责划分予以支撑。

（四）培育：培育经营性业务

通过对重组后城投公司内部资源和能力的评价，结合外部环境分析，分析研判公司自身的优劣势和外部环境的机会威胁，重新谋划公司业务布局和业务发展策略，制定出适合公司的高质量转型发展战略：一是围绕既有业务，进行产业链的延伸；二是结合地方政府或上位区域产业发展规划，进行多元化产业布局，重点培育经营性业务，注重发挥产业协同效应，提高公司经营性现金流，为公司持续融资和构建核心竞争力奠定基础。

（五）优化：优化组织管理体系

依据公司发展战略，提出切实可行的法人治理结构、组织架构和集团管控模式，厘清出资人和城投公司的权责界面，以及集团公司和各子公司权责界面，做到效率和控制的统筹兼顾，并极大地发挥集团性企业的优势。同时，对组织架构和部门职责等进行调整，以支撑公司高质量转型发展战略的落地，为后期战略目标的分解找到依据。

（六）构建：构建现代企业管理制度

根据城投公司高质量转型发展要求，集团公司一方面要以制度建设为抓手，以优化流程体系为核心，逐步建立健全符合现代企业规范的管理体系，实现公司管理转型；另一方面要激活公司人力资源，在招聘、培训、考核、激励等方面进行全面优化。

（七）重塑：重塑政企关系

城投公司整合实施完成后，为了实现公司的可持续健康运作，需要从三方面对政企关系进行梳理。一是授权界面，需要国资委等地方政府监管部门，明确对重组后城投公司的授权，含融资、投资、运营管理以及人事管理等；二是政府性项目的承接模式，需要建立明确的项目储备库管理机制，明确项目入库机制以及城投公司的承接模式，确保不因承接项目新增政府隐性债务；三是针对城投公司的存量债务，进行全面清查和分类，明确债务性质和还本付息的责任主体，针对城投公司承担的政府性债务，落实偿债资金来源或匹配相应的政策和资源等。

02 城投公司信用评级概述

一、信用评级的概念和意义

信用评级的历史可以追溯到1860年亨利·普尔成立的普尔出版社。那时候，美国铁路公司要发债融资，为了解决信息不对称的问题，亨利·普尔开始在《美国铁路杂志》上刊发铁路公司资产负债利润等财务信息，这算是评级的雏形。到1909年，约翰·穆迪出版了《穆迪美国铁路投资分析指南》，里面开始对债券进行评价，并创造性地使用了评级符号。接着欧洲的惠誉出版公司发布了《惠誉债券手册》开始公布金融数据，并在1924年发明了从AAA到D的评级制度。

我国信用评级行业的产生源于1987年。当时，为了规范企业债券的发行，在中国人民银行和国家发展和改革委员会的共同牵头下，组建了第一家信用评级机构——吉林省资信评估公司。之后，随着债券市场的发展，评级公司在全国各地纷纷落地开花，我国的信用评级行业也得到了快速发展。

2019年11月26日，中国人民银行、国家发展和改革委员会、财政部、中国证券监督管理委员会联合发布了《信用评级业管理暂行办法》（以下简称《办法》）。《办法》明确信用评级行业规范发展的政策导向，建立健全统一监管的制度框架。同时，《办法》对“信用评级”的概念进行了明确定义，即信用评级是指信用评级机构对影响经济主体或者债务融资工具的信用风险因素进行分析，就其偿债能力和偿债意愿作出综合评价，并通过预先定义的信用等级符号进行表示。

企业信用评级是评估企业信用状况的重要方式之一，一般是由独立的第三方机构——信用评级机构来执行。对于企业而言，获得较高的信用评级可以有效提升企业形象和信誉，降低融资成本，提高市场竞争力。对于以融资工作为重点的城投公司而言，提升信用评级主要有以下好处：

一是提升信用评级可以显著地降低企业的融资成本。从以往经验来看，城投公司的信用评级由AA提升至AA+后，发行的债券能够平均降低利率40~80BP，若按融资100亿元债券来看，每年可节约利息4000万~8000万元。

二是提升信用评级是城投公司树立良好企业形象的有效途径。提升城投公司的信用评级，能够在资本市场上塑造良好的信用形象，进一步对其降低交易成本、拓宽融资渠道具有十分重要的意义。同时，较高的信用评级也是获得政府支持、发行债券、融资担保、银行贷款的通行证。

三是较高的信用评级是城投公司综合竞争力的证明。信用状况是衡量企业是否具有履约能力，能否保证如期还本付息的重要因素，通过提升城投公司的信用评级可为企业综合竞争力提供最有力的证明。

四是较高的信用评级是城投公司强化财务管理和防范风险的必要手段。通过客观的信用评价，城投公司可以发现自身在财务管理方面的不足和存在的隐患，从而改善财务管理水平，加强风险防范，逐步建立起服务于财务风险控制的现代信用管理制度。

二、常见的信用评级机构

（一）国际三大评级机构

目前，国际上公认的最具权威性的专业信用评级机构只有三家，分别是标准普尔公司、惠誉国际信用评级有限公司和穆迪投资服务公司（见表4-1）。

表4-1　国际三大评级机构介绍

序号	单位名称	组建背景	特点
1	标准普尔公司	由亨利·普尔先生创立于1860年，是普尔出版公司和标准统计公司1941年合并而成的金融分析机构，总部位于美国纽约市。公司专为全球资本市场提供独立信用评级、指数服务、风险评估、投资研究和数据服务，在业内一向处于领先地位	标准普尔是全球金融基础建构的重要一员，150年来一直发挥着领导者的角色，为投资者提供独立的参考指针
2	惠誉国际信用评级有限公司	1913年，惠誉国际由约翰·惠誉（John K.Fitch）创办，起初是一家出版公司，1924年就开始使用AAA到D级的评级系统对工业证券进行评级	惠誉国际是全球三大国际评级机构之一，是唯一的欧资国际评级机构，总部设在纽约和伦敦

续表

序号	单位名称	组建背景	特点
3	穆迪投资服务公司	总部位于美国纽约曼哈顿，该公司是著名的债券评级机构。穆迪投资服务公司最初是邓白氏的子公司，2001 年邓白氏公司和穆迪公司两家公司分拆，成为独立上市公司	在 1909 年首创对铁路债券进行信用评级。1913 年，穆迪开始对公用事业和工业债券进行信用评级

（二）国内主流评级机构

经过三十多年的发展，国内也诞生了一批有一定知名度的信用评级机构。目前在我国债券市场具有全牌照（证监会批准的证券市场资信评级业务资质、中国人民银行批准的银行间债券市场信用评级资质和国家发改委批准的企业债券信用评级业务资质）的评级机构共计 7 家，分别为大公国际、上海新世纪资信、中诚信国际、联合资信、东方金诚国际、中证鹏元和远东资信（见表 4-2）。

表 4–2　国内主流评级机构介绍

序号	单位名称	组建背景	特点
1	中诚信国际	始创于 1992 年 10 月，是经中国人民银行总行批准成立的全国性的从事信用评级、金融债券咨询和信息服务的股份制非银金融机构	国内规模最大、技术领先的信用评级、风险评估服务提供商
2	大公国际	成立于 1994 年，是中国人民银行和原国家经贸委共同批准成立的全国性信用评级机构，拥有政府监管部门批准的全部评级资质，能够对中国资本市场所有债务工具和参与主体进行信用评级	城投评级模型研发开创者，是中央企业中国国新控股有限责任公司的子公司，是目前唯一一家央企评级机构
3	联合资信	2000 年成立的中外合资企业，大股东为联合信用管理有限公司	前身为成立于 2000 年 7 月的联合资信评估有限公司，2020 年 9 月 17 日更为现名
4	东方金诚国际	2005 年成立，主要股东为中国东方资产管理股份有限公司（60.0%），华熙昕宇投资有限公司（22.0%）	中国主要的信用评级机构之一
5	上海新世纪资信	成立于 1992 年 7 月，个人控股。获得人民银行、发改委、原保监会、证监会等所有监管机构认可，具有全部评级资质的信用评级机构	制定了工商企业、公共融资、金融机构、结构融资四大类信用评级方法

续表

序号	单位名称	组建背景	特点
6	中证鹏元	成立于1993年，主要股东中证信用增进股份有限公司持股51.01%、深圳市诚本信用服务股份有限公司持股29.23%	是中国最早成立的评级机构之一
7	远东资信	成立于1988年，由上海社会科学院投资组建。中开民服健康管理有限公司100.0%控股	中国第一家社会化专业资信评估机构

三、城投公司的信用评级分类

（一）从行业认定角度分类

在进行某个城投公司的信用评级前，各大评级机构会对其进行行业认定。根据业务属性、收入构成和政府关系等因素，评级机构会将城投公司认定为产业类公司或城投类公司。故从行业认定角度，其评级可分为产业类评级和城投类评级，二者的评级模型和逻辑也不同。对于市场化程度较低，业务范围包括公益性、准公益性业务或经营性业务，且大部分收入直接或间接来自政府的城投公司，评级机构一般会参照城投类评级模型进行评级；而对于市场化程度较高，主营业务收入来源于非政府性业务收入的，同时获得政府支持的可能性较低的城投公司，则采用产业类评级模型进行评级。

目前，对城投公司比较常用的评级模型还是城投类评级模型。首先，在城投类评级模型中，偿债环境是比较重要的评级参考因素之一。偿债环境主要包括宏观环境、行业环境、区域环境和地方政府财富创造能力。其次，城投公司自身的经营能力也是决定其评级高低的重要参考因素。城投公司经营能力的高低主要由自身的市场竞争能力和盈利能力两方面决定。最后，城投公司的财务状况也是信用评级的一个重要考量因素。城投公司的财务状况体现在城投公司的资产负债率、有息债务、对外担保、偿债能力等方面。

（二）从评级对象角度分类

根据评级对象的不同，信用评级又分主体信用评级和债项信用评级两种。

主体评级是对发债企业本身做整体信用评估，通常包括考察企业的经营管理素质、财务结构、偿债能力、经营能力、经营效益、发展前景等各个方面。债项评级是对某一主体发行的具体某只债券进行信用风险评估。本书中关于城投公司的信用评级，在无特指情况下，一般泛指城投公司的主体信用评级。

一般情况下，一个城投公司会发行多个债券品种。同一城投公司发行的不同债券品种，在权利义务条款方面可能存在不同，如优先偿付顺序、不同笔次融资的抵质押物情况或增信情况等。因此，主体评级可以看成是对城投公司各类债务综合偿付能力的判断，而债项评级是针对具体某一笔债务的安全性判断。此外，随着城投公司经营情况和偿债能力的变化，主体评级和债项评级都可能会调整。

（三）从评级结果角度分类

评级机构通过对城投公司的经营管理素质、财务结构、偿债能力、经营能力、经营效益、发展前景等各个方面做综合评估，或者对其发行的某只债券进行风险评估后，会出具评级报告，并确定信用等级。国内通常用“三等九级”来定义和划分城投公司的评级结果。除 AAA 级、CCC 级及以下等级外，其他信用等级均可用“+”或“–”符号进行微调，表示信用等级略高或略低于本等级（见表 4-3）。

表 4–3　信用等级划分

序号	等级	信用状况	具体表现
1	AAA	信用极好	企业的信用程度高，有优良的信用记录，资金实力雄厚，资产质量优良，经济效益明显，不确定因素对其经营与发展的影响极小，履约能力强
2	AA	信用优良	企业的信用程度较高，债务风险较小。该类企业具有优良的信用记录，经营状况较好，盈利水平较高，发展前景较为广阔，不确定因素对其经营与发展的影响很小
3	A	信用较好	企业的信用程度良好，在正常情况下偿还债务没有问题。该类企业具有良好的信用记录，经营处于良性循环状态，但是可能存在一些影响其未来经营与发展的不确定因素，进而削弱其盈利能力和偿还能力

续表

序号	等级	信用状况	具体表现
4	BBB	信用一般	企业的信用程度一般，偿还债务的能力一般。该类企业的信用记录正常，但其经营状况、盈利水平及未来发展易受不确定因素的影响，偿债能力有波动
5	BB	信用欠佳	企业信用程度较差，偿还能力不足。该类企业有较多不良信用记录，未来前景不明朗，含有投机性因素
6	B	信用较差	企业的信用程度差，偿债能力较弱
7	CCC	信用很差	企业信用很差，几乎没有偿债能力
8	CC	信用极差	企业信用极差，没有偿债能力
9	C	没有信用	企业无信用

四、城投公司信用评级的核心关注点

前文提到，城投公司信用级别的提升，对提高其融资效率和发行债券的成功率，以及降低融资成本，重要性不言而喻。影响城投公司信用评级的因素主要是偿债环境、城投公司经营能力和城投公司财务状况三大方面。

（一）偿债环境

虽然各大评级机构都有各自的一套评级方法和评级模型，但最终判别依据无非是上面提到的三个核心关注点。其中，偿债环境是比较重要的评级参考因素之一，主要包括宏观环境、行业环境、区域环境和地方政府财富创造能力。

宏观环境主要是指城投公司生产经营活动中无法改变的宏观制度因素以及一国的信用环境。

行业环境主要指影响城投公司盈利能力和偿债来源的相关政策与法律法规状况，体现为相关政策和监管框架对城投公司运作模式转变的要求、未来政策导向对城投公司运营战略的影响，以及未来行业的发展趋势等。

区域环境主要分析城投公司所在地区投融资状况、信用环境，以及经济发展的综合状况。城投公司所在区域的信用环境较好，所在区域的行政层级或地位较高，所在区域的经济稳定增长，这些因素都可以为城投公司发展提供良好基础。城投公司所从事的业务具有一定的区域专营性，因此受区域环境的影响很大。

地方政府财富创造能力反映了地方政府能够给予城投公司的支持能力。地方政府财富创造能力的直接体现就是地方的一般公共预算收入状况。一般公共预算收入既是衡量一个地区财政综合实力的指标，也是地方政府收入的重要来源，其结构和数量关系到城投公司的偿债稳定性。除此之外，评级机构会用一般公共预算收入与地区生产总值的比值来衡量财政对当地经济的贡献程度，比值越高说明经济的“含金量”越高，经济的创税水平越高。一般而言，地方政府财政实力越强，一般公共预算收入越充足，城投公司的信用评级越高，违约风险也越小。因此，城投公司的信用评级与地方政府的财政实力呈现很强的正相关性。

（二）城投公司经营能力

城投公司自身的经营能力反映的是其长期盈利能力，主要包含市场竞争能力和盈利能力两部分。

市场竞争能力主要从城投公司的股东背景、平台地位及有效资产规模等三个方面来评价。城投公司股权通常全部由地方政府或其全资企业持有（个别情形下可能有例外），反映了城投公司与政府关系的紧密程度。股东背景越高，信用基础也越好。平台地位主要考量城投公司在所在地区城市基础设施建设及经济社会发展中的重要性。若为地方主平台，其重要性不言而喻。有效资产规模不仅包括城投公司名下合并报表的资产总量，甚至包括公益性项目投入形成的存货等资产。有效资产规模已成为考量城投公司市场竞争力的一个主要因素。

盈利能力是城投公司在经营活动中的获利能力，一般从收入、成本和利润等三个方面来评价。盈利能力是城投公司财富创造能力的基石，决定了城投公司可持续经营能力的强弱，也关系着其后续是否能够偿还债务。其中：

城投公司的收入来源一般为代建业务收入、土地开发整理收入，以及部分公用事业类或产业投资类收入等，收入结构较为简单。随着城投公司的市场化和实体化转型，不少城投公司通过多元化业务经营和产业投资，拓展了一些收益性较强的业务领域，以扩大其收入规模，优化其收入结构。

城投公司的成本是指在生产和销售产品或服务过程中的相关费用支出，是其盈利能力的一个决定性因素。当成本较低时，表现为城投公司对上游议价能力较强，期间费用占营业收入比重较低，成本控制能力较强为盈利空间的增加提供了保障；反之，当成本较高时，城投公司的盈利能力受到一定限制。

城投公司的利润一般通过利润总额 / 营业收入、总资产报酬率两个指标反映。前者是很多评级机构考量城投公司盈利能力的主要指标。而实际上，因城投公司主营业务公益性很强，营业利润很低甚至为负，对政府补助依赖程度较高，政府补助系其利润的主要来源。评级机构在分析过程中对此也会重点关注。总资产报酬率可以作为分析利润的辅助性指标。当城投公司在一定规模的总资产状况下实现的净利润较大，资产运用效率和资金利用效果较好时，其总资产报酬率较高，财富创造能力较强；反之，其总资产报酬率较低，财富创造能力较弱。

在某评级机构的 100 例主体评级上调案例中，有 64 例是基于城投公司自身营业收入或利润的提高，其次也多次考虑了城投公司自身现金流的稳定和偿债能力的增强，另外业务是否具有专营性也成为评级机构的关注点之一。可见，盈利能力对城投提升评级尤为关键。随着城投公司转型的不断推进，其评级调整的侧重点会更加偏向企业自身经营能力，尤其是经营性资产的运营，比如城市供排水、污水处理、垃圾处理、供热、燃气供应、公共交通等公用事业，以及城市户外广告等具有一定盈利能力和稳定现金流的经营性业务。

（三）城投公司财务状况

城投公司的财务状况主要包括债务状况、偿债能力和资产负债情况等。一般情况下，通过城投公司的财务报表，可以初步反映出城投公司的财务健康状况。

债务状况主要是指城投公司长短期债务配比、到期债务期限分布情况及或有负债情况。债务期限过短或集中到期都会增加城投公司某一时点的融资压力，使其更为严重地暴露在金融市场流动性风险和利率风险之下。或有负债情况主要考察城投公司对外担保政策和担保规模。过于激进的担保政策会大幅增加城投公司对外债务担保额，增加其或有负债风险。一旦发生代偿风险事件，极有可能导致城投公司债务偿付压力骤增，甚至信用链中断。

偿债能力主要是指城投公司通过日常经营活动所获得完全可自主支配的盈利性现金流。这是城投公司获取偿债来源和偿还债务的基础，是其财富创造能力的集中体现。除了依托自身经营性现金流偿还债务外，通过借贷方式形成的债务收入（一般叫作借新还旧），债务人以外的政府机构或其他信用主体（包括母公司、控股股东等）对城投公司的资金支持（如政府补贴等），也都是城投公司可以获得的偿债来源。

资产负债情况主要是指城投公司资产负债结构的规模性、合理性、稳定性和变动情况等，也是影响城投公司信用评级的重要因素。反映城投公司资产负债情况的指标比较多，主要包括：城投公司近 3 年的资产规模、资本结构及稳定性；资本公积等权益资本的增加情况；城投公司近 3 年的资产负债率、长期债务资本化率、全部债务资本化率等。

03 城投公司评级优化的方法和案例

一、城投公司打造评级的方法

（一）城投公司打造评级的一般步骤

虽然城投公司的信用评级由评级机构出具，但在获得评级之前，一般都需要对其资产规模、财务状况、收入情况、政府关系等进行重构优化，该过程可邀请专业机构参与。经过重构优化后，评级机构作为“评卷人”对城投公司进行评分。无论是原先没有评级的初评，还是已有评级的提升，城投公司的评级打造通常都是采用“五步工作法”。该工作法始于对地方政府及城投公司的资产资源现状摸底，终于重组后进行城投公司与地方政府的关系梳理，具体包括资产资源清查与注入、主体功能再造、国资国企整合重组、企业业务设计与培育、政企关系梳理五个步骤：

（1）资产资源清查与注入。一是全面调研梳理辖区内各类国有企业（含城投公司、全民所有制企业等）及其子公司的股权关系，以及资产、业务、债务等状况。二是全面盘清地方政府的资产资源和政策资源等。三是在前期调研梳理和资产资源清查盘点的基础上，为进一步提升城投公司的市场化融资能力和获得较高的主体信用评级，出具资产资源整合注入方案，并开展资产资源划转注入工作。

（2）主体功能再造。结合国资国企改革的趋势，根据城投公司主体信用评级优化和市场化融资能力提升的需要，选取合适的国资公司作为目标公司，打造“国资委－控股公司－专业型子公司”三级运作架构。一方面，控股公司作为评级打造的核心主体，最大化整合地方资产资源，凸显出其对政府的重要性；另一方面，三级运作架构有利于控股公司的做强做大，以及子公司的做专、做精、做活，助推城投公司实现市场化发展。

(3) 国资国企整合重组。在全面清查和主体功能再造的基础上，按照“同业归并、精简高效、兼并重组、增强实力”的原则，实施城市资源注入、国有股权划入、无效资产剥离等动作，进行资产、业务、收入、利润和管理体系的重构，实现核心业务归并、管理层级缩减、资产资源集聚，进而有效提升目标主体的资产量，降低其负债率，为其获得较高评级和市场化发展奠定基础。

(4) 企业业务设计与培育。经过主体功能再造的城投公司，需要在地方政府的支持下，结合自身能力、地方资产资源禀赋、上位发展规划等，重新谋划业务布局和确定业务发展策略，包括但不限于：一是围绕既有业务进行产业链的延伸，实现集约化发展；二是结合地方或区域产业发展规划，进行多元化产业布局，重点培育经营性业务，注重发挥产业协同效应，打造自我造血功能。

(5) 政企关系梳理。在明确目标主体功能定位和业务布局的基础上，构建科学、合理的政企关系也十分关键，主要是为了体现政府对公司的支持力度，包括明确公司对政府项目的承接方式和结算方式，明确政府与公司的决策权责界面，以及合理归置公司的债务风险等。

（二）城投公司打造评级的工作组织

评级打造是地方提升投融资能力的重点工作，关系到未来资本市场的认可度、融资的规模和成本等，意义非凡。然而，一方面是受到不断调整的行业监管政策影响，另一方面是牵扯到多方面的利益相关者，评级打造工作并非易事。一般情况下，在评级打造的工作组织方面，需要关注以下几点：

第一，地方政府要下必胜的决心。评级打造工作的关键一环就是资产整合注入。资产整合注入工作涉及政府各个机关部门、事业单位，甚至乡镇，仅靠城投公司本身很难推动，需要地方政府以必胜的心态将此项工作作为“一把手”工程来抓，高位统筹、系统谋划、持续推进。

第二，城投公司要下必胜的决心。评级打造涉及资产整合、财务优化、业务重构、架构调整等多项工作，工作量大，琐碎事多，技术要求高，专业要求强。此外，这项工作还牵扯到政府相关部门，增加了协调难度。为此，城投公司需要有知难而进、坚忍不拔的意志去啃硬骨头，以必胜的决心完成该项工作。

第三，组建专班借助外脑共同推进。一方面，要组建由政府主要领导、相关政府部门和城投公司等共同构成的工作领导小组，主要领导担任组长，亲自调度，如召开工作部署会、专题研讨会、成果汇报会等。另一方面，要引入专业机构参与到评级打造的工作，专业机构需要有财务、管理等方面的知识和经验。

二、城投公司提升评级的对策建议

（一）集中资源进行整合重组

对于有效资产规模小、业务单一、盈利能力弱的城投公司，信用评级较低，在资本市场上投资者对其认可度不高，因而导致融资渠道不畅通。同时，当地还有可能存在资产资源分散、平台公司数量众多等现象。行之有效的做法就是将其他平台公司并入到当地的核心平台公司，同时整合注入外围的资产资源，重点扩充核心平台公司的资产规模，丰富其业务结构，实现业务协同效应。在被吸收合并后，资质较弱、评级较低的平台公司的再融资能力或能得到边际改善。

例如，达州市政府于 2020 年进行了市属平台公司的整合重组，将区域内较大的达州发展、达州国资、达州交投三家公司整体并到达州市投资有限公司（简称达州投资，见表 4-4）。整合后，达州投资的资产规模大幅增加，总资产增至 815.93 亿元，净资产增至 346.91 亿元，较整合前分别增长 151.36%、193.82%。同时，公司的业务规模和区域范围扩大，新增粮油销售等业务贡献了较好的现金流，资产负债率有所下降，财务指标得以改善。同年 10 月 29 日，中证鹏元出具《信用等级通知书》，明确达州投资主体长期信用等级为 AA+，成为川东北首个获得 AA+ 信用评级的市属国企。这极大地提高了达州投资在国内资本市场的认可度，进一步增大了融资空间，拓宽了融资渠道，降低了融资成本。从债券估值方面来看，以“20 达州 02”为例，2020 年 9 月 30 日达州投资发布了关于资产重组的公告后，“20 达州 02”的中债估值从 10 月 14 日的 7.41% 下滑至 10 月 15 日的 6.81%，直接下降了 60BP。

表 4–4　达州市投资有限公司概况

核心平台	主营业务	主要子公司	子公司业务
达州市投资有限公司	基建项目投融资、燃气供应、供水、供电和污水处理	达州发展（控股）有限责任公司	基建项目投融资、粮油销售

续表

核心平台	主营业务	主要子公司	子公司业务
达州市投资有限公司	基建项目投融资、燃气供应、供水、供电和污水处理	达州市国有资产经营管理有限公司	达州市西南职教园区和泰巴物流城内城市基础设施、市政道路和社会公益性项目建设
		达州市交通投资建设集团有限责任公司	基建项目投融资、石化产品销售

（二）股权上划

评级公司在进行信用评级时，评级主体的股东行政级别高低也是影响评级的重要因素。因此，想方设法将股权上划是近年来多地的有益尝试。股权上划的关键点是低一级政府将城投公司股权上划至上一级政府或城投公司，由上一级政府、部门或者城投公司作为明面上的出资人或控股股东。从法理角度看，原来低一级城投公司的行政级别实现了提升。股权上划的方式在信用级别较低的县区级城投比较普遍。当然，在股权上划过程中，还辅以合资成立项目公司共同开展业务，以及上一级城投公司给低一级城投公司担保增信等措施，这就实现了城投公司之间的“市带县”“大带小”“强带弱”。以盐城东方投资开发集团有限公司为例，该公司原为盐城经济技术开发区管理委员会下属企业，2019年股权划转到盐城市人民政府。由于股权变更，公司地位进一步提升，加上同期的股东增资，公司信用等级由AA上调到AA+。

当然，也有股权上划后信用等级未发生变化的情形。所以，股权上划并非放之四海而皆准的万全之策。目前，很多投资者都会关注股权上划之后，新股东对城投公司的支持程度，比如在人事、资金、项目、回款方面的支持。如果只是简单的股权上划，而没有实际支持的动作，反而会弄巧成拙，让投资者对这种股权上划持负面态度。比如江苏某区县级城投公司，曾将公司股权由区人民政府上划到市人民政府，但信用等级并未发生变化。此外，股权上划后，还需要厘清市出资人和县区城投公司的管控界面如何划分，“三重一大”权责清单如何梳理，等等，这都是现实的操作问题。

（三）并表上市公司

不少城投公司，尤其是地方财力较差的区县级城投公司，因一般公共预算收入这一客观因素制约，很难拿到较高评级。除了前述两种方法路径外，并表上市公司也是部分地区实现评级提升的重要路径。通过把区域内、区域外的优质资产、优质公司尤其是上市公司或拟上市公司，通过股权划转、收并购等方式纳入城投公司的业务范围，增加资产和稳定的经营现金流，并以此做大相关产业规模。

这种通过划转或收并购上市公司的方式，由于改变了城投公司的业务结构和收入结构，因而属于产业类评级模型。例如，2016 年中诚信国际将宜宾市国有资产经营有限公司（简称宜宾国资公司）的主体信用评级由 AA+ 提升到 AAA，其中一个重要的原因就是宜宾市国资委将持有的五粮液集团 49% 的股权无偿划转给宜宾国资公司后，宜宾国资公司实现了对五粮液集团的全资控股。而 2016 年，宜宾市公共预算收入一般只有 125.68 亿元，距离评级公司 AAA 的评级要求还有很大差距，所以划转优质上市公司对宜宾国资公司评级提升起到很大帮助。但是，城投公司并表上市公司后，不见得对其评级或融资全是利好影响，也会有潜在的风险值得关注：首先，需关注上市公司在后续的业务扩张中能否实现城投公司的收购动机；其次，一旦上市公司存在亏损现象，也会对城投公司的财务状况有所拖累，甚至产生商誉减值的风险；最后，上市公司的后续运作是否大量占用城投公司的资金也需要谨慎预防。

三、城投公司评级优化案例

（一）案例背景介绍

A 县地处西部某省区 B 市的地理中心，是“一带一路”重要节点城市。近年来，A 县成立多家城投公司，承担了大量的投融资任务，为 A 县的基础设施建设和经济社会发展发挥了积极的促进作用。但是，经过多年的无序发展，A 县城投公司也存在着数量众多、管理关系复杂、公司负债率高、债务风险突出、公司盈利能力弱、“造血”功能不足等一系列问题。如何持续提升城投公司的市场化融资能力、打造较高信用评级的主体，进而防范债务风险和保障新增项目投资，成为摆在 A 县县委县政府和城投公司面前的难题。此外，2022 年，A 县的一般公共预算收入约 25 亿元，较低的财政收入也为 A 县城投公司的评级优化提升工作增添了难度。

（二）A 县开展评级优化工作的可行性

1. 经济快速发展需要强有力的投融资主体支撑

近年来，为应对经济下行压力、确保“稳增长”，党中央和国务院将“补短板”作为供给侧结构性改革的重点任务，提出要“加大基础设施领域补短板的力度”，强调“按照市场化原则保障融资城投公司合理融资需求”。基础设施的长期可用性和持续运维性决定了基础设施投融资是一项需要长远谋划的工作。在地方财力无法支撑基础设施项目投资建设时，应系统性构建地方投融资体系，重点打造强有力的投融资主体。

A 县目前仍处于城镇化进程高速发展阶段，城投公司远远没有结束其使命，需要持续发力于地方的基础设施建设。同时，A 县城投公司也清楚地认识到，传统的发展模式难以为继，需要地方政府转变理念和操作思路，构建规范的政企关系，自身也要重新设计合规的项目运作模式，确保自我经营平衡、良性发展，逐步通过经营性项目反哺公益性项目。

2. 广泛的资产资源为城投公司做大提供了可能

众所周知，地方的经济发展越来越依托地方的资源禀赋以及产业发展情况。作为西部地区的小城，A 县拥有大量资产资源，包括草场、矿产、林地等自然资源和场馆等基础设施，以及管网、广告等政府特许经营资源。但是，这些资产资源大都比较分散，没有集中整合、集约利用和综合运营，未能最大化发挥价值。这为 A 县城投公司进一步整合资产资源、做大做强提供了可能，同时，这也需要 A 县城投公司发挥资产盘活功能。

针对 A 县广泛的资产资源，A 县城投公司需要按照其功能定位和主业方向，进行综合配置和有序开发，按照“资产清查—评估—注入”的路径，进行资产资源整合和统筹运作，发挥整体优势。短期来看，这样操作既做大了 A 县城投公司的资产规模，提升了资产质量，又实现了国有资产的盘活利用和保值增值。长期来看，通过进一步发挥各类资产资源的综合利用价值，对助推 A 县产业转型升级也将起到非常大的促进作用，进而实现以产促城、以产兴城、产城融合的目的。

3. 县领导的高度重视为评级优化提升奠定了基础

近年来，在一系列政策出台和违法违规举债融资行为问责处罚的背景下，针对地方政府和城投公司举债融资行为的监管越发严格，多地政府的主要领导意识到合法合规举债融资十分必要。然而，合规的举债方式受限额管理，额度十分有限。为此，积极发挥城投公司的投融资功能成为大共识。

受此大环境影响，A 县领导也充分感受到传统的发展模式不可持续，必须尽快推动城投公司整合重组，壮大城投公司的资产规模，提升其信用评级，进而为 A 县的基础设施建设和经济社会发展持续作出贡献。为此，A 县县委县政府高度重视地方资产资源清查盘点和城投公司整合重组工作，组建工作专班、高位统筹调度，并针对性出台相关政策，部署相关工作，涉及资产清查、债务梳理、公司整合、人员调整、激励机制等。“居安思危，思则有备”，在 A 县领导的高度重视下，A 县全力推进资产资源整合和城投公司转型工作，为 A 县城投公司的评级优化提升奠定了扎实的基础。

（三）A 县城投公司评级优化的具体做法

1. 清查资产，整合注入

针对 A 县广泛的资产资源，全县组织进行一次全面、系统、彻底的政府性资产资源清查和核实，旨在全面摸底了解 A 县资产资源经营管理现状，涉及多个局委办甚至乡镇等单位。同时，对政府及相关局委的下属国有企业进行全面的调研分析，掌握各企业的资产资源、财务指标、股权结构、业务经营、组织架构、投融资等情况。在前期调研和资产资源清查盘点的基础上，出具了资产资源整合注入方案，并组织开展整合注入的实施工作。

2. 制定方案，整合重组

按照“行业相近、业务同类、优势互补、突出主业、壮大规模、做强做优”的原则，A 县对目前存续的县属 128 家国有企业进行整合重组，组建了产业投资集团、发展控股集团两大集团公司，作为县属一级企业，统一由国资局履行出资人职责。两大集团公司下设 8 个二级重点公司，二级重点公司又下设 N 家专业三级公司，形成“2+6+N”的县属国有企业架构（见图 4-1）。

3. 明确定位，制定战略

在“2+6+N”的总体架构下，A 县进一步明确了两大集团公司的发展定位，制定了战略规划，为评级提升和转型发展做好铺垫。

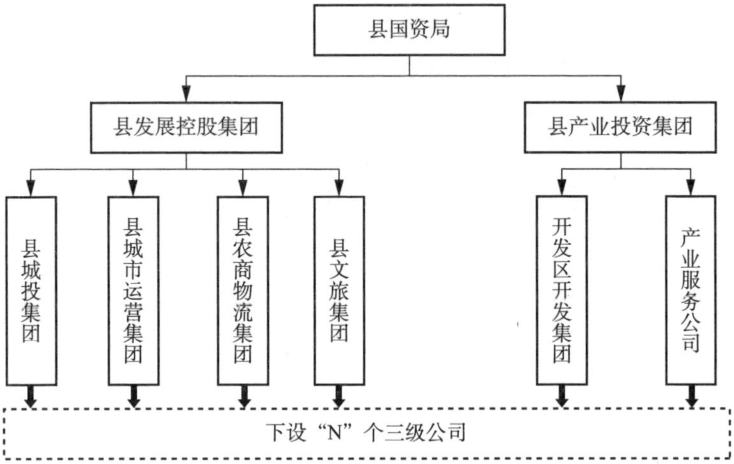

图 4-1　A 县“2+6+N”国有企业架构

发展控股集团定位为 A 县的国有资本投资平台、国有资本运作平台、国有股权管理平台和城市开发建设运营平台，通过资产注入、产业投资、兼并重组、价值管理等方式，建设成为服务 A 县城市发展战略、承担政府重大战略实施的主要载体，在此定位下，发展控股集团以提升国有资本运营效率、服务城市开发建设、民生服务和提高国有资本回报、打造 AA+ 信用评级为目标，逐步发展成为管理现代化、投资多元化，具有较强竞争力和可持续发展能力的国有资本投资运营公司。

产业投资集团定位为 A 县的产业投资与运营主体，同时负责开发区的开发建设等，以市场化运作为基础，持续推进开发区的综合开发运营，在产业投资、招商、园区服务等方面发挥示范作用。

4. 多方沟通，取得结果

除上述资产资源清查和方案编制设计外，在 A 县城投公司评级优化提升工作中，多方协调沟通，共同推进评级目标的达成也十分重要：一是协调资产评估公司开展资产评估工作，确保 A 县的资产资源能够按照公允价值入账；二是协调审计机构对评估的资产进行审计入账工作，编制财务审计报告；三是协调政府及相关部门出具资产资源划转相关文书，确保国有资产资源整合工作稳步推进。

经过近半年的持续推进和多方协调，A 县发展控股集团作为 AA+ 评级的重点打造主体，成功收到了国内主流评级机构出具的 AA+ 评级报告，这标志着 A

县城投公司 AA+ 评级优化提升工作圆满完成，也意味着 A 县国有企业改革实现了华丽转身。发展控股集团一经组建，除获得较高的银行授信外，还拓展了多元化的融资渠道，融资成本大幅度降低，持续为 A 县的经济社会发展和产业转型升级贡献力量。

5

第五章

城投公司的业务板块和发展建议

城投公司的业务运作由其职能定位决定，与城市、产业共生共荣。随着城投公司职能定位的转变，其业务布局、业务开展模式也逐步迭代。在从无到有、从有到优的进程中，城投公司从单一的城市建设模式迈向“产城人”立体式发展模式。围绕“产、城、人”三大逻辑主线，在城市发展螺旋上升的过程中，城市产业的迭代与创新、城市骨架的拓展与焕新、“人民城市”理念的贯彻与执行，为城投公司的业务发展提供了方向。城投公司的发展道路从“造城”迈向“营城”，从“大开发大建设”走向“城市大管家”，从点状业务开展迈向“产业生态圈”营建。

本章节总结了城投公司的八类常见业务，包括土地开发、城乡基建、城市服务、产城运营、农业、金融、产业投资，以及涵盖文旅、体育、医疗大健康、教育、贸易在内的其他业务，简要介绍了各业务的基本情况及相关内涵，并提出了相应的发展建议。

01 土地开发类业务

一、业务概述

从城市发展的脉络来看，土地是城市开发建设的基础，是城市赖以生存的重要资源，为人民的生活、产业的发展提供载体支撑。从发展要素角度来看，土地作为不可再生资源，是传统“土地财政”模式的核心要点。从城投公司的发展逻辑来看，无论是资产占比还是融资支撑作用，土地资源都是核心资产。因此，围绕土地全生命周期的业务是城投公司传统业务中的主轴。

二、相关内涵

土地开发类业务贯穿土地全生命周期的开发与运营，具体涵盖土地一级开发、土地招商、土地 1.5 级开发、土地二级开发、土地三级开发。

（一）土地一级开发

土地一级开发是指由政府委托城投公司对一定区域范围内的城市国有土地、乡村集体土地进行统一的征地、拆迁、安置、补偿，并进行适当的市政配套设施建设，使该区域范围内的土地达到“三通一平”“五通一平”或“七通一平”的建设条件（熟地），再对熟地进行有偿出让或转让的过程。

（二）土地招商

土地招商是指城投公司协助政府根据待出让土地的属性、地理位置、业态分类、开发密度等，结合市场实际情况，制定土地出让招商策略，并开展相关工作，包括土地的宣传推广、项目对接、政策洽谈等。

（三）土地 1.5 级开发

土地 1.5 级开发是指为盘活政府预控的储备土地，解决远景规划与近期开发诉求矛盾，政府将基础设施完备、土地出让较慢、潜在价值较高的地块，短期租赁给承租人（城投公司）进行过渡性开发利用。待片区条件成熟后，政府按约定收回土地，并按远景规划开发建设。

（四）土地二级开发

土地二级开发是指城投公司通过划拨、出让、转让等方式获取土地后，开展的安置房开发、商业地产开发、工业地产开发。具体结合土地性质与开发业态来看，常见的商业地产开发包括住宅开发、商业开发、商业（科研）办公开发、旅游地产开发等。常见的工业地产开发往往结合当地的产业园区建设，包括标准厂房开发、定制化厂房开发、物流仓储开发等。

（五）土地三级开发

土地三级开发是指载体建成后的运营，该内容将在本章第四节产城运营类业务部分展开，在此不再赘述。

三、发展建议

（一）建立合理的结算模式，避免新增政府隐性债务

土地一级开发对于仍处于“大开发、大建设”阶段的新城、开发区或城市更新的地区，依旧是城投公司的重点任务。在现阶段的政策背景下，一是要争取政府授权公司作为唯一实施主体进行片区开发业务，由公司负责一定范围内的征拆安置、开发建设等工作，并签订合作协议，明确公司的投资回报收益；同时积极争取各类特许经营权、收益权交由相关子公司运营，城投公司在为片区提供服务的同时，增加稳定的现金流。二是积极主动参与成片开发，从前期规划入手，结合社会效益、经济效益，有序推动土地出让工作。三是明确土地征拆资金的流转模式，比如政府购买服务等合规形式，明确公司合法合规收入。

（二）探索土地一、二级开发协同，把握价值增值环节

根据《土地法》及相关法规，城投公司只能在公开市场上通过“招拍挂”形式获得经营性土地的使用权。但实际上，在城乡综合开发、城市更新业务开展的过程中，通过土地一级开发，城投公司往往已经获取了两方面优势：一方面是提前了解土地整治成本，便于分析测算出让价格，利于竞价；另一方面是提前与政府各部门建立关系，尤其是国土、规划、消防、环保、交通等部门，便于拿地后快速开工。城投公司需在业务布局过程中论证是否在土地一级开发后介入土地二级开发，论证的重点在于地块价值的提升速度及其在项目整体中的重要性。

（三）以“规划引领，招商为要，运营为王”开展商业地产项目开发运作

科学、完善的规划是商业地产开发项目取得成功的前提保障。首先，商业项目的规划建设应遵循城市总体规划、产业发展规划等布局，充分结合项目所处区域的区位特点、人口构成、消费水平等因素，对项目的整体定位、体量、形态、业态、效益等进行综合规划，以确保项目建成后符合目标客群的需求。其次，要做好项目投资管理和建设管理，在充分经济分析的基础上对项目建设资金的筹集、使用和回笼做出详细的计划和管理，对项目的设计、建设、验收全过程进行严格的进度、成本管理，组织协调好各方关系。为提升自身在房地产开发方面的竞争力，可有选择性地与外部优秀房地产公司成立项目公司，弥补自身经验不足，有效降低开发成本，快速提高专业能力。

此外，招商是商业项目实现收益的途径，专业的招商能力是项目整体定位及业态设想顺利实现的强大保障，也是项目保持业态更新、竞争力更强的重要基础；良好的运营能力是商业项目保持可持续健康发展的重要支撑，也是商业项目建成后主要的价值来源，运营效果直接决定了整个商业项目的客流量，进而影响开发商租金收入以及商业项目的整体价值和变现能力。

（四）擦亮城投地产开发品牌亮度，构建“地产 +”生态体系

城投公司作为地方性国有企业，应逐渐从房地产开发的项目运作思维转变为企业品牌化管理的生态圈思维。一是注重打造标准化战略及标准化体系，包括产品标准化，步骤标准化，技术标准化，合约标准化，输入、输出结果标准

化等。二是打造多元化的地产开发系列品牌，按照不同群体定位打造不同等级的产品线，实现地产业务“统一品牌、统一管理”。三是在住宅、商业项目开发的基础上，深度结合属地化特色元素，逐步探索“地产 +”新兴地产业务，拓展“康养＋旅游＋地产”等新兴地产业务。

（五）抓住城市焕新机遇，积极参与棚改与城市更新

按照各市相关政策，棚户区改造（简称棚改）的项目资金来源主要为棚户区专项资金，如现在国家推行的棚改专项债，保障房政策性贷款资金等。因此，城投公司可采取自建为主、代建为辅的方式进行棚户区改造。

有别于棚改，城市更新的内涵更为广泛，涵盖了旧改、棚改，且进一步扩展到城市结构、功能及产业结构的更新与升级等多方面内容。城市更新实施范围不仅限于棚户区、老旧小区等住宅建筑，还进一步延伸到了旧工业区、旧商业区、城中村及旧屋村等各种城市建成区。从房地产开发的角度，城投公司可以通过一二级联动或一二三级联动的方式参与城市更新项目。前期，城投公司进行土地一级开发，后期通过公开“招拍挂”、划拨等方式获取土地后再进行土地开发，通过二级房地产开发销售或者三级物业持有获取一定的收益，以弥补基础设施、公共服务设施建设以及项目运营带来的收益不足问题，实现项目投资和收益整体自平衡。此外，城投公司还可通过“投资人 +EPC+O”、PPP、政府授权、城市更新基金等模式参与城市更新。

02 城乡基建类业务

一、业务概述

从城市发展角度来看，城市基础设施建设是城市正常运转和高质量发展的空间基础，是国民经济可持续发展的重要支撑，对改善人居环境和投资环境、增强城市综合承载能力、加强地区间交流协作等方面有着积极作用；从产业发展角度来看，基础设施建设是国民经济基础性、先导性、战略性、引领性产业，对上下游产业和企业发展具有重大带动作用；从城投公司业务角度来看，基建类业务是城投公司“安身立命之本”，作为城市建设的主力军，立足并深耕城市基建类业务，对城投公司的转型发展具有重大意义。

二、相关内涵

城投公司基础设施类业务主要涉及城市交通（机场、港口、地铁、公交等）、水利（大坝、堤防、泵站、水闸等）、公共事业（城市供水、供气、供电、供热、污水处理、园林绿化、环境卫生等）、新基建（围绕5G、互联网、物联网、人工智能发展的信息数字化基础设施建设）四大类。

基于区域资源禀赋和城投公司自身发展现状，城投公司以链式发展为导向，围绕项目代建，积极布局工程施工、全过程咨询、工程设计、监理、EPC、建材产业链等业务板块，打造工程产业链、业务链。

代建，是指政府通过合规程序，将投资项目委托给有相应资质的工程管理公司或具备相应工程管理能力的其他企业，由代理单位组织和管理项目的建设。

代建项目一般涉及两个主体，一个是业主单位（项目所有权人），另一个是代建单位（负责项目施工管理）。城投公司作为代建单位，需与业主单位（一般为政府）签订委托代建合同，收取一定的代建费用。

工程施工，是指城投公司作为施工单位，根据建设工程的要求，对建设工程进行新建、扩建、改建的活动。

全过程咨询，是指对建设项目全生命周期提供组织、管理、经济和技术等有关方面的工程咨询服务。涉及建设工程全生命周期内的策划咨询、可行性研究、设计、招标、造价、监理、施工前期准备、施工过程管理、竣工验收及运营保修等各个阶段的管理服务。

工程总承包（EPC），即设计（Engineering）、采购（Procurement）、施工（Construction），是指承包方受业主委托，按照合同约定对工程建设项目的设计、采购、施工等实行全过程或若干阶段的总承包，并对工程的质量、安全、进度、造价全面负责的项目模式。

建材产业链，建材产业链主要包括上游基础原材料、建筑材料（包括涂料、瓷砖、木材、水泥、玻璃等）生产和下游建材产品应用（包括基础设施建设、房地产投资、工业建设等）。

三、发展建议

（一）深耕主业，坚持以政府性基建项目委托代建为发展根基

基础设施委托代建是城投公司主要业务板块之一，也是城投公司收入的重要组成部分。在具体业务承接过程中，应注意以下几个方面：

一是厘清公司与政府之间的投融资关系，建立政企合作共享的基建投融资机制。对于纯公益性项目，由地方政府发行一般政府债券进行投资建设，城投公司可以通过委托代建方式参与实施；对于有一定收益的准公益性项目，可由地方政府发行专项债券解决资金问题，也可以通过特许经营方式由城投公司进行市场化融资，政府给予财政补助；对于经营项目，由城投公司进行完全的市场化运作，公司要加强投资管理，建立专业化的投资管理体系，以市场化方式进行前期论证和投资决策，并强化项目投中、投后管理，降低投资风险。

二是明确政府结算机制，合规确认代建收入。针对政府投资项目，城投公司应与相关部门签订委托代建协议，规范项目建设的手续办理、资金募集、投

资管理等具体事宜，政府按照成本加成模式，即成本加一定比例的管理费用作为城投公司的代建收入。同时明确代建项目的工作范围、期限、发包方式等，避免发生矛盾纠纷。

前期由于城投公司自行融资困难，可联合社会资本投资，但如果城投公司承担了部分公益性项目的投融资职责，应明确资源平衡机制，比如通过其他资源给予补偿等。

三是充分利用传统基础设施领域优势，积极布局新型基础设施业务。结合新基建行业特点，综合考虑城投公司的资源禀赋、功能承担和能力范围，城投公司应当利用其在传统基础设施领域的优势，积极探索信息基础设施领域，适度参与创新基础设施建设。具体到行业，新基建不仅包括 5G 基站、城际高速铁路、城市轨道交通、新能源汽车充电桩、大数据中心、人工智能和工业互联网这七大领域，还包括城市旧基建领域升级，比如冷链物流、公共卫生和医疗服务等领域的智慧化办公和安防工作。城投公司应主动对接政府部门，成为城市公共服务领域的主力军和压舱石。

（二）协同联动，积极拓展工程施工业务，寻找利润突破口

工程施工业务是城投公司市场化转型发展的突破口。城投公司可以充分利用其项目资源优势和已有的工程管理经验，通过自建或并购等方式，新设或对原有工程施工板块进行扩项升级，将建设资金以市场化方式转化为自身的经营收入和利润，改善公司的盈利和现金流状况。城投公司做强做大工程施工业务需要注意把握好以下三点：

一是夯实发展基础。城投公司的发展需“背靠政府、面向市场”。实际上，大部分城投公司的工程施工业务并不具备良好的市场竞争力，甚至不具备工程施工能力。长期以来，城投公司主要从事地方政府基础设施建设项目代建。因此，城投公司应以代建为基础，积极介入政府主导的基建项目，实现投资开发和建设施工业务联动，积累项目和团队经验，尽可能提高施工资质，为工程施工业务拓展奠定良好基础。

二是拓宽发展路径。资质对于工程项目施工来说十分重要。城投公司可根据自身条件选择自建公司或通过合资、并购方式获得开发资质进而开展业务。自建是指城投公司自行组建工程施工企业开展业务，适用于已经有相应团队和相关经验的城投公司；合资是指城投公司与行业内优秀、成熟的施工企业合作，

共同设立合资公司开展业务；并购是指城投公司通过资本手段获得控股权或者全部股权，从而快速获取资质、品牌、团队及客户等，加快业务拓展，近些年，并购方式被广泛应用。

三是建立市场化发展机制。对工程建设业务来说，无论是项目管理还是建设施工都处于充分竞争领域，对于参与主体的要求很高，规模小、发展质量低、竞争力弱的城投公司必将举步维艰。因此，加快推进城投公司市场化转型是关键。城投公司在发展工程施工业务时必须要创新模式、改革机制，激发业务经营活力和队伍前进动力。首先，合作模式层面，可以引入优秀合作伙伴，以混合所有制改革、联合经营等方式，充分利用合作伙伴的经营管理经验和方法，加快拓展工程建设业务，不断壮大队伍，提高专业能力，推动业务持续发展。其次，业务发展层面，通过创新业务承接模式，尽可能扩展施工业务范围，除传统的市政施工业务之外，在水利水电、公路、河湖整治等各方面要根据区域发展和自身条件，有针对性地整合资源、提高资质。最后，体制机制层面，加快推进经营机制改革和薪酬激励机制改革，建立以自主经营、自负盈亏的利润中心模式为核心的业务经营模式，建立与企业经济效益直接挂钩的新型经营责任制，建立业务竞争机制，压实责任，充分调动员工积极性，进而实现经营业绩的提升。

（三）多元布局，围绕主业创新发展全过程咨询业务

2017 年 2 月，国务院办公厅印发《关于促进建筑业持续健康发展的意见》，要求完善工程建设管理模式，发展全过程工程咨询，这是国家层面首次明确提出“全过程工程咨询”的概念。2019 年 3 月，国家发展改革委、住房城乡建设部联合颁布《关于推进全过程工程咨询服务发展的指导意见》（发改投资规〔2019〕515 号），进一步提出了全过程工程咨询服务发展一系列行之有效的政策措施，为推进全过程工程咨询服务指明了发展方向、指出了实施路径。

城投公司由于承接了大量的基础设施建设项目，一般在工程项目管理、造价、招投标方面具备一定的经验和队伍基础，但在前端的勘察、规划、设计等方面存在较为明显的短板和弱项。因此，城投公司打造工程咨询板块的主要路径为：一是应依托自身优势，重点关注前端的勘察、规划、设计等业务延伸，以全过程管理为核心，通过整合区域范围内勘察、规划、设计、施工资质的国有企业，逐步扩展、增项，培育工程项目全过程咨询服务能力；二是通过合资、

并购形式，快速发展全过程咨询业务，提升公司竞争力。

（四）借力发展，以工程施工为切入点，打造 EPC 核心竞争力

2019 年，国务院《房屋建筑和市政基础设施项目工程总承包管理办法》（建市规〔2019〕12 号）明确将“加快推行工程总承包”作为建筑业改革发展的重点。城投公司在承接大量政府性基础设施建设任务的基础上，在政策支持和自身转型发展需求的双重力量驱动下，开始尝试打造 EPC 业务能力。但由于各城投公司在资源、体量、资产等方面存在较大差异，发展进度也参差不齐，因此各城投公司需充分发挥平台优势，从以下几方面着手补齐业务短板：

一是结合公司自身条件禀赋，选择合适实施路径。从 EPC“设计—采购—施工”整个链条来看，设计工作往往发挥龙头引领作用，直接影响工程项目的投资控制。城投公司发展EPC业务首先面临E端（设计端）的明显短板，因此，在实践过程中，建议优先培育项目设计管理能力。

二是整合公司内外部资源，快速打造工程总承包能力。打造、提升 EPC 总承包能力，一要“借外力”，二要“练内功”。“借外力”可通过收购或战略合作形式，快速实现设计、施工等业务能力的提升，如收购业务能力较强的设计院或者与头部设计单位形成战略合作，提升设计管理能力。“练内力”可通过整合区域范围内行政事业单位及城投体系内相关资质公司，争取参与政府基建相关业务，自主培育相应公司并提升资质水平，形成可持续发展核心竞争力。城投公司在前期能力不足的情况下，可考虑与社会资本方组成联合体，以投标方式开展业务，积累项目经验，提升公司资质。

三是优化完善体制机制，为业务发展提供制度支撑。第一，重视专业人才的引进、培养，通过市场化招聘、内部自主培养方式，补足业务链条上所需专业人才；第二，完善市场化薪酬绩效制度及 EPC 项目利润考核分配制度，创新激励方式，充分激发人员活力，提升经营效益水平；第三，提升管理能力，包括项目计划管控能力、项目风险把控能力、设计及采购流程规范化管理能力等，将管理落实到制度，做到有章可循，提升 EPC 模式下各业务链环节的整合和控制能力。

（五）价值延伸，结合自身资源禀赋，谋划建材施工产业链

近年来，从业务多元化布局、提升公司收入水平及打造产业链等角度出发，

城投公司纷纷进军工程建设的上游领域——建材领域。但建材和建筑施工同样处于充分竞争领域，城投公司不能盲目贪大求全，需结合实际情况，综合考虑多种因素后决策。一是要充分结合当地资源禀赋。在发展之初可选择砂石、混凝土、装配式建筑、绿色建材产品中的一种或几种开展业务，待运转成熟，再沿着建材产业链上下游逐步拓展、延伸，如城投公司可通过积极争取当地砂石、矿产等采挖权和特许经营权，开展相关业务。二是以政府投资项目为切入点，为承接市场化业务奠定基础。三是通过打造集采信息化平台等方式，提高建材的采购效率，降低采购成本、保障建材供应安全。

03 城市服务类业务

一、业务概述

城市服务类业务是新型城镇化发展、城市精细化管理、城市智能化管理的必然要求，是城投公司转型发展的重要抓手。一方面，城市发展从大开发、大建设阶段逐步转向城市功能完善阶段，再到产业升级引导阶段，城投公司对应从以传统单一的开发建设类业务为主的初级阶段转向城市综合运营、多元化业务拓展阶段，再到产业投资发展阶段；另一方面，中发〔2018〕27 号文和发改规划〔2019〕617 号文均明确要求平台公司转型为在基础设施、公用事业、城市运营等领域市场化运作的国有企业。为更好地参与新型城镇化建设、服务城市发展、增强自身“造血”能力，城投公司近年来纷纷踏上从“建设”到“服务”的转型之路。城市服务水平是衡量一个地方城投公司经营质量和服务能力的关键，城投转型发展需重点打造城市服务业务板块。同时，由于城市服务业务涉及大量公共事业类业务，具有显著的规模效应和区域垄断性，有利于提升城投公司营收规模，给城投公司带来稳定的现金流。

二、相关内涵

城市服务是指“以政府采购、公私合营、混合改制为交易形式，以公共服务为载体，以城市空间运营、产业支持发展、社区民生服务为主要领域，通过数字化赋能、智慧化手段，实现规模化、一体化运营，面向城市属地政府、企业、居民提供综合服务的集合总称”。城市服务类业务内容广泛，未来有庞大的业务场景有待探索。本书从城投公司现阶段实际参与城市服务类业务的角度考虑，将城市服务类业务具体分为公用事业、城市资源及智慧城市三类。对于城投公司来说，必须要把握好城市服务的公益性和市场化双重特点，不仅要做好传统的城市服务业务，如公用事业（水、热、电、气、环保、交通等），还要积极拓展新兴的城市服务业务，如新能源业务（停车场、充电桩、光伏等）、智慧城市类业务（智慧交通、智慧环保、智慧能源等）。

（一）公用事业类业务

公用事业类业务是城投公司可持续发展的重要抓手。公用事业具有各企业、事业单位和居民共享的基本特征，是服务于城市生产、流通和居民生活的各项事业总称。城投公司通过合规手段获取城市建设项目所形成的资产，运用市场化手段盘活、运营，服务城市发展，实现国有资产保值增值。从业务开展角度来看，公用事业类业务具体包括传统能源类（供水、供热、供电、供气等）、市政服务（市政环卫、绿化养护、污水处理、垃圾清运、城市照明、道路桥梁养护、管廊管养、隧道管养等）、公共交通（轨道、公交、客运等运营维护）、新能源（光伏发电、储能、新能源汽车等）、固废处理（城市生活垃圾处理、工业固废处理等）及其他（殡葬、公墓等）。

由于公用事业类业务主要服务于民生领域，表现出公众性、公用性和非营利性等特点，所以业务性质基本为纯公益性和准公益性。同时，由于大多数公用事业类业务具有地区垄断性，因此城投公司一般通过获得政府特许经营权方式开展。

（二）城市资源类业务

城市资源的整合运营是城投公司打造核心竞争力的关键举措。城投公司逐步向城市综合运营商发展转变，承担着区域发展的重大使命，需要立足于城市发展需求，结合自身经营理念，通过整合城市资源，将政府的规划发展目标变为现实。从业务发展角度来看，城市资源类业务是指在传统的公用事业类城市服务基础上，通过进一步盘点城市资源现状，挖掘城市可持续运营的资源要素，利用市场化运营手段，深入盘活城市资产资源，为城投公司带来稳定的现金流，主要包括公共停车场、充电桩、城市广告、碳汇交易等城市资源运营业务。

（三）智慧城市类业务

中国智慧城市概念最初由住建部提出，随着智慧城市在实践上的不断深入，对其认知也在不断发生变化。2014 年，国家发改委从数字化与技术角度出发，将智慧城市定义为运用互联网、云计算、大数据、空间地理信息集成等新一代信息技术，促进城市规划、建设、管理和服务智慧化的新理念和新模式。经过近几年的发展，智慧城市建设需求爆发式增长，多地政府大力推进智慧城市建设，为城投公司转型为智慧城市运营商提供了天然土壤。

城投公司的智慧城市业务主要包含以下几个方面：第一，以基础设施为载体建设智慧电网、智慧水务、智慧燃气、智慧交通、智慧停车、智慧物流等，为公用事业和交通运输领域提供服务；第二，整合各种信息资源建立大数据中心，开发智能应用系统，如智慧政务、智慧医疗、智慧旅游等；第三，培育以信息技术为核心的新兴产业，如电子商务、互联网等，增强城市创新能力，推动产业升级及园区发展；第四，搭建公共安全、社会保障、生态环境等方面的公共服务平台，如智慧治理、智慧生活、智慧环境等，持续拓展智慧城市应用场景。通过借力智慧城市建设，实现社会效益和企业经济效益的双丰收。

三、发展建议

（一）找准方向，选择合适的城市服务细分领域作为切入点

城市服务类业务涉及多场景、多业态综合性管理，对城投公司综合服务能力要求较高，适用于少数已经发展成熟、行业内领先的头部公司。但由于城市发展状况和公司自身能力各不相同，城投公司在开展具体业务时应制定不同发展策略。市政环卫、绿化养护、公共交通等业务由于规模较大、门槛较低、点位较分散，城投公司可考虑优先布局。

（二）主动谋划，争取政府特许经营的资产资源

城市服务业务涉及大量的政府特许经营资产资源，城投公司应充分利用政府平台公司优势，向政府争取优质资源资产的注入，助力公司拓展城市运营业务，延伸产业链及开展产业投资，包括但不限于国有股权、行政事业单位服务业务以及通过合规方式获取特许经营权（供热、供电、供气、加油站、市政服务、汽车充电桩、城市停车场、户外广告、智慧城市服务项目）等。同时，要建立好市场化核算机制，与政府签订运营维护合同，明确运营管护责任及运营

服务费用。

（三）多措并举，拓展城市服务业务发展渠道

城市服务业务领域广泛，想实现业务的快速发展和多元化布局，需要充分利用城投公司的资源优势，积极拓展业务发展渠道。具体发展路径上，一是与优质的城市服务类公司合作甚至成立合资公司，共同承接当地的城市服务业务，对于一些已经被其他企业承接的城市服务类业务，可考虑采用参股的方式共同经营；二是通过公开竞争的方式拓展城市服务业务，这种方式适用于一些实力和资质良好的城投公司；三是通过投资并购方式收购专业、成熟的城市服务类企业，快速实现城市服务的多元布局。在智慧城市服务领域，由于专业技术要求较高，可通过合作方式优先布局智慧基建类业务。

（四）创新求变，打造成为城市服务综合运营商

城市服务业务经过多年发展，已从单一的市政服务一体化转向城市综合服务运营，尤其在特许经营时代背景下，城市服务也由“轻资产”模式向“轻重并举”模式转变。新阶段下，城投公司应注重城市服务业务的品牌化、精细化、数字化发展，通过坚持走市场化、专业化、标准化发展道路，打造国企品牌。同时，立足城市实际发展需求，在优化城市服务管理体制机制上下功夫，提升服务水平，完善管理制度，增强城投公司精细化管理能力。同时，要强调数字赋能城市服务。智慧城市建设如火如荼，城投公司在坚守传统城市服务业务的基础上，需开拓创新，积极布局智慧城市业务领域，通过数字化发展提升城市服务效能，通过不断优化业务布局提升城市服务能力，向城市综合服务运营商的定位迈进。

04 产城运营类业务

一、业务概述

随着土地市场降温、地方财力减弱，在债务风险管控的大环境下，城投公司围绕“土地运作”的传统经营模式受到极大冲击。此外，当前城投公司的融资难度越来越大，融资规模已经逐渐超出自身的能力范围。这些发展困境倒逼城投公司必须由从事投融资建设的“单项选手”向“融、投、建、管、运”为一体的“全能型选手”转型。在转型发展定位上，从传统的城市开发建设者逐步发展成为城市开发与产业运营相结合的综合产城运营服务商。在转型发展思路上，城投公司需要逐步摆脱地方政府投融资平台的单一职能定位，依托城市开发建设这一基础性业务，向产城运营与服务领域延伸，进而提升公司的市场化造血能力，最终实现“背靠政府、面向市场”双轮驱动的可持续健康发展。

二、相关内涵

所谓产城运营，就是将城市产业与城市建设发展联系在一起，城投公司作为产城运营商，需要协调政府、资本、产业三者之间的关系，整合三方资源，构建城市物理形态与产业生态环境，形成可循环可持续的城市产城运营发展闭环。

产城运营，既需要突出“产”的核心地位，也要从规划和建设端发力，构筑服务产业发展的生态圈，实现“产城人”的融合发展（见图 5-1）。

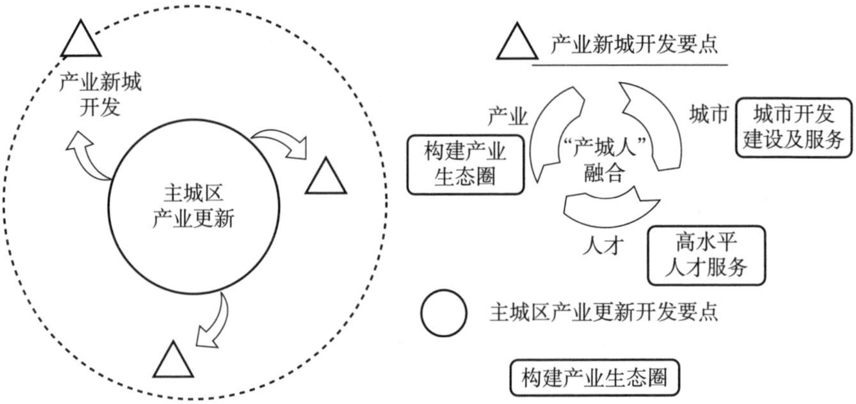

图 5-1　产城运营概念

具体到城市空间和物理形态上，区分主城和新城。主城区发展较早，人口密集，周边配套相对成熟，产业布局也相对固化，因此产城运营主要发力点在于产业更新，利用城市更新的建设发展契机，以产业培育和服务为出发点，盘活存量城市资产，搭建产业服务平台，构筑产业生态圈。随着城市的不断发展，原有主城区已经无法满足城市的发展需求。新城区作为城镇化发展的重要载体，不仅承接主城区产业和人口的外溢，更要发挥城市产业升级与拓展的引领带动作用。全国各地城市的新城、新区大多以经济开发区、高新区、工业园区和产业新区等形式存在，从这点可以看出，城市新城区的建设发展要以产业新城开发为导向，实现“以产聚人、以人兴产、以产兴城、以城留人”的“产城人”融合发展。

具体到业务开展层面上，产城运营需要围绕城市、产业和人才三方面开展业务。

（一）城市物业大管家

一是围绕城市载体提供运营服务。第一，围绕城市开发建设与服务，做好城市基础设施建设和城市服务类业务，包括建筑、水利、交通、公用事业的城市特许经营权和智慧城市等业务（详见本章第二节和第三节相关内容）。第二，围绕营造“美好生活”提供高水平城市服务，包括教育、医疗、文旅、体育和贸易消费等（详见本章第八节相关内容）。

二是城市物业大管家服务。第一，在管理模式上，通过新设区域化物业管理公司，全面打造集综合性物业服务、市政工程建设与运维、商务咨询、酒店管理、人力资源服务等业态为一体的新型城市服务体系。第二，在运营模式上，利用云计算、大数据、物联网、移动应用等技术，对城市基础设施运行状态进行智能调控，对城市管养维护、环境设施数据进行分析及挖掘，实现智慧运营和科学决策相结合的长效治理机制，打造智能化、数字化的“城市物业大管家”运营模式。

（二）产业服务大平台

一是围绕产业载体，搭建产业服务平台。第一，以产业招引为目标，推进重大项目、工业园区和创新街区（园区、楼宇）建设。第二，提升产业载体服务水平，基于产业服务盘活城市存量资产，包括不动产运营招商、租赁和物业管理等。

二是围绕产业赋能，构建产业服务生态圈。第一，创建人力资源服务体系。通过人才招聘、职业培训等手段为产业创新和企业发展输送人才。第二，建立健全商务服务配套。产业运营离不开企业的高效运作，要为企业提供政务、研发、检测、法律、会计等商务配套服务。第三，搭建产业研发与转化平台。产业创新与升级离不开科研，应为高新技术企业提供孵化器服务，整合高校和科研院所资源，搭建产业咨询平台（产业研究院）、技术研发平台和技术成果转化平台。第四，提供产业金融服务。充分发挥政府资本的引导作用，全面对接社会资本，以天使基金、产业基金、政府引导基金和小微企业贷款等多种金融产品形态为产业发展壮大提供全生命周期的金融支持。第五，配套其他服务。利用数字化技术提供产业数字化服务，包括工业互联网、软件服务等。

三、发展建议

（一）盘活存量激活增量，做大做强城市运营服务商

产城运营业务领域覆盖范围广，既有“造城”，还包括“营城”“营产”和“聚人”。城投公司过往主要围绕城市服务和产业服务两大载体开展投资开发建设工作，沉淀了大量可运营的资产，通过存量资产的盘活运营，城投公司业务领域从传统单一的“造城”向“营城”“营产”领域拓展。通过资产证券化和售

后回租等多种市场化运作方式盘活存量资产，提高资产运营效率，增加稳定现金流。

运营思路上，基于区域产业发展规划，围绕产业招商与运营，将资产盘活运营与服务产业协同。具体操作手段上，既可以通过市场化交易手段直接将资产对外承包、租赁或出售，也可以将资产作价入股与社会资本成立项目公司，依托社会资本和专业运营管理经验实现资产良性运作。同时，城投公司作为连接政府和市场的桥梁，要发挥背靠政府的战略优势，积极争取城市公共服务的特许经营权和物业管理服务，更好发挥城市和产业运营服务的作用。未来经营方向规划上，城投公司在城市建设和运营过程中积累了大量的城市和产业发展数据，要充分利用大数据技术，积极创新模式，推进资产管理运营的品牌化、数字化；对商铺、住房、园区等资产推进资产更新改造，推行品牌化运营。

（二）引领区域经济发展，做活做精产业运营服务商

围绕产业运营服务，城投公司可以在以下领域开展业务。

一是产业新城投资建设与运营。首先，做好新城产业发展的基础设施建设业务，尤其是产业园区的开发建设以及标准化厂房、人才公寓、商业服务等配套设施的建设。城投公司应从产业培育、产业园区规划和土地一级开发阶段提前介入。资金来源方面，充分利用专项债券并灵活运用市场化融资，吸引社会资本缓解融资压力。其次，做好产业新城（产业园区）的运营，为入驻企业提供良好的营商环境。从招商引资工作开始，充分了解相关政策，以及拟招引产业与企业的发展情况，做到精准招商。在此基础上，围绕供水、供电、供气、市政、物业、人才服务、安保服务等方面为入驻企业打造一整套运营服务体系。

二是实体产业经营。实体产业经营意味着市场化竞争的压力和风险。在产业领域选择上，城投公司要有所为有所不为，从自身职能定位出发，充分发挥股东优势，选择性介入部分实体产业，如在公用事业类、特色资源类、乡村振兴类等领域开展实体化产业经营。在运营模式上，城投公司要解放思想，采用混合所有制等多元股权合作模式，充分利用社会资本和成熟企业的经营管理经验，在降低经营风险、提高运营效率的同时，培育并壮大市场化经营能力。

三是产业金融服务。产业发展壮大离不开金融服务与支持。无论从产业发展与服务角度，还是从国有资本保值增值的角度上，作为地方经济发展的驱动引擎，各地城投公司都开始涉足产业金融服务。从运营模式上，城投公司需要

向产融结合模式转型，提高国有资本运作能力。在业务开展领域上，城投公司要从自身实际出发，与市场主力金融机构形成错位竞争，大力发展类金融服务业务，如供应链、商业保理、融资租赁、小额贷、融资担保等业务。同时，城投公司要建立健全产业投资体系，包括股权投资和产业基金投资等，充分发挥国有资本的杠杆和引导作用，实现以投促产、产融互动。

（三）打造五大运营能力，做实做专产城运营商

向城市产城运营商转型，离不开专业能力的打造。城投公司可以围绕服务城市、企业、人本三个方面的需求，培育以下五大能力。

一是总体策划能力。主要是在城市产业集聚与城市功能配套之间进行科学顶层设计。城市产业集聚不仅是产业在地理空间上的聚合，更是产业供应链组织、产业功能网络的融合。这就要求城市功能配套不仅仅是物理层面的平台搭建，还应包括全产业链发展赋能体系的构建，如金融、政策、技术、人才、市场要素的赋能。

二是融资投资能力。与传统围绕土地开发开展的融资投资不同，产城运营更加考验城投公司市场化融资能力。从产业新城开发建设，城市资产盘活经营，到产业招引与投资，都需要资金的投入。这就需要城投公司在地方政府的支持下做大资产和业务规模，提高融资能力，尤其是努力提升主体信用评级，拓展直接融资渠道，降低融资成本，扩大融资规模。

三是建设管理能力。主要包括产业新城建设、产业载体建设以及各种服务配套设施的建设。

四是专业运营能力。作为城市大管家，城投公司不仅要做好城市尤其是产业新城的道路交通基础设施，水、电、气、热等公用事业以及学校、医院等市政建设工作，还要提升对城市专业服务商的引进、协商和服务能力。

五是区域治理能力。作为产城运营商，城投公司受政府委托，对自己所投资建设的产业新城（区）、商业社区，以及各种城市和产业配套设施进行有力的科学管理和统筹协调，配合政府完成从社区管理到社会治理职能的外延。

05 农业类业务

一、业务概述

十九大报告将乡村振兴战略列入党和国家未来发展的“七大战略”之一。作为国家战略，乡村振兴战略是关系全局性、长远性、前瞻性的国家总布局，也是习近平新时代中国特色社会主义思想中的重要内容。在当前我国完成脱贫攻坚、全面建成小康社会的历史任务，实现第一个百年奋斗目标，向第二个百年奋斗目标进军的关键时刻，实施乡村振兴是助力共同富裕、建设社会主义现代化强国目标实现的有力途径。

在乡村振兴战略引领下，充分发挥各地农业农村天然优势，开展农业类业务是地方国资平台公司的责任，也是其业务发展的机遇。首先，农村地区具备充足且低廉的人口和土地两大生产要素。近年来，乡村人口流入城市的速度明显放缓，农村的人口优势得到有效放大。逐步推进的农村集体经营性建设用地入市改革，也将充分释放乡村土地红利，为全面实现乡村振兴打下制度基础。其次，当前我国农村地区一、二、三产发展基础薄弱，具有较大的升级与扩张空间，在加快建设农业强国、推进农业农村现代化的浪潮下，城投公司可充分参与并分享农村改革发展红利。最后，农村地区有巨大涉农闲置经营性资产盘活运营空间，如光伏发电站、水电站以及城乡供水设施等，通过申请发行专项债或者银行贷款对上述资产盘活运营，可为城投公司带来大量的经营性收入。

二、相关内涵

农业类业务主要涉及现代农业与乡村振兴。

（一）现代农业

现代农业是用现代工业装备的，用现代科学技术武装的，用现代组织管理方法来经营的社会化、商品化农业，是国民经济中具有较强竞争力的现代产业。现代农业具有广泛的内涵，从经验来看，农、林、牧、渔业都可以作为城投公司参与现代农业的切入点。

（二）乡村振兴

乡村振兴包括产业振兴、人才振兴、文化振兴、生态振兴、组织振兴五个方面，其20字总要求为“产业兴旺、生态宜居、乡风文明、治理有效、生活富裕”。

三、发展建议

（一）开展土地整治，实现土地资本化

农村土地整治大致可划分为农用地整治和建设用地整治两类，分别基于“耕地占补平衡”和“建设用地增减挂钩”政策，将农用地通过高标准农田建设等手段形成补充耕地指标，建设用地通过退耕、污染修复等手段形成建设用地节余土地指标，后通过协议定价或公开拍卖等交易形式获得收益。

完善农地“三权分置”制度，稳妥推进农地资本化。建立健全土地经营权制度，加强农地产权交易平台建设，完善农村社会保障制度，创新推进土地经营权出租、转包、信托、抵押担保、入股农业产业化经营、农村土地银行等多种形式农地资本化路径。

（二）充分利用当地资源，构建区域农业比较优势

城投公司要以区域特色化、市场化、项目化为原则选择主导产业，实事求是，立足当地特殊地理条件，结合当地自然环境各要素，以经济效益和产业链发展为核心，充分挖掘比较优势，选择附加值较高的动植物进行养殖、种植。

（三）打造产业链，推进一、二、三产业融合发展

充分挖掘地方特色资源，以本地农产品为核心支柱产业，通过引进高新技

术企业及创新产业，建设产业园区、种植基地，以单一产业为主体，融合其他产业，打造上下游产业链。

在农产品生产方面，通过对农业深加工产品市场需求的研究和分析，为企业和农民提供农产品市场信息服务，以拓展农产品深加工销售渠道。城投公司可以与高新技术企业进行合作，在乡村建设产业园区、产业基地，主打高新技术产品，提升产品技术附加值；与知名的食品厂商、轻制造厂商共同打造乡村生产研发基地，带动乡村产业发展转型，创造就业机会。

在农产品销售方面，通过电商、物流相关业务的布局打通上下游销售渠道，树立特色品牌。城投公司可以网络直播为切入点，与传媒公司合作，建立直播产业园区，集成直播机构总部、直播培训学院、食品直播基地、村播助农基地等功能，形成完整的直播电商产业生态链；建立电商平台，参加农产品展销会，拓展销售渠道，向加工园区、产业集聚区和物流节点发展，提高深加工产品市场竞争力和市场覆盖率；借助当地的文旅产业，包装当地特色农产品开展广告宣传业务，提升农产品知名度。

（四）科技赋能，打造智慧农业

城投公司要全面了解有机农业、生物农业、自然农业和生态农业等可持续农业方法的信息，并通过这些方法提高农产品的质量，减少对环境的负面影响。同时不断探索传感器、机器学习、人工智能等智慧农业技术，帮助农民更好地管理农作物，提高生产效率，降低生产成本。通过农产品的提档升级和产业链延长，增加农产品的附加值，实现农业增效、农民增收，为乡村振兴奠定坚实的农业产业基础。

（五）建立一流的农业服务体系，为农业发展保驾护航

农业综合服务是推动农业产业化、实现乡村产业高质量发展的保障。现代农业产业链条长、利益主体多、竞争强度大，城投公司要提供信息服务、技术服务、资金服务、人才服务、经营服务，还要根据产业链各个环节的特殊需求提供相应服务，比如，农业种植环节要求提供种子服务、农资农技服务等，食品加工环节要求提供资本服务、技术服务等。

06 金融类业务

一、业务概述

金融类业务是经营金融商品的特殊类业务，其实施机构包括传统金融机构及类金融机构，因此金融类业务也可以分为传统金融业务和类金融业务。

城投公司发展历史特殊，与政府关系紧密，具备资产延伸和风险联保特征，因此，较之其他行业，城投公司拥有卓越的金融势能，即城投公司由于存在资产延伸和风险联保，具有更明显的融资优势。城投公司更容易获取开展金融类业务所需资金，并可通过配合政府产业发展战略和相关政策，以提供金融服务的形式实现产融互动，也可以基于其在城建产业链的核心企业地位开展供应链金融业务。

通过开展金融类业务，城投公司可实现三个层面目的。一是助力区域产业发展，实现产融互动。以金融类业务赋能地方产业发展，助力实体经济腾飞，最终呈现产融互动的良好局面。二是增强自身“造血”能力，进一步提升可持续性融资能力。金融类业务利润较为可观，对于城投公司的财务报表有一定增厚作用，对于其提升信用评级、压降融资成本、优化融资结构以及提升可持续性融资能力具有重要意义。三是响应国资国企改革号召，深化内部管理变革。在开展金融类业务的同时，城投公司需搭建好与其相适应的内部管理制度，这对于城投公司管理变革的提升大有裨益。

二、相关内涵

（一）传统金融类业务

2010 年中国人民银行发布的《金融机构编码规范》对于传统金融类业务进

行了较为规范的区分。剔除非直接经营金融类业务的货币当局、监管当局、登记结算类机构以及明确被划分为类金融机构的小额贷款公司，其余传统金融类业务如表 5-1 所示：

表 5–1 传统金融类业务概览

序号	金融机构名称	细分业务名称
1	银行业存款类金融机构（商业银行、城市信用合作社（含联社）、农村资金互助社、财务公司）	商业银行业务
2	银行业非存款类金融机构——信托公司	信托业务
3	银行业非存款类金融机构——金融资产管理公司	AMC 业务
4	银行业非存款类金融机构——金融租赁公司	金融租赁
5	银行业非存款类金融机构——汽车金融公司	汽车融资租赁、售后回租业务
6	银行业非存款类金融机构——贷款公司	金融贷款公司
7	银行业非存款类金融机构——货币经纪公司	金融中介业务
8	证券业金融机构——证券公司	证券经纪业务、证券自营业务、证券承销业务
9	证券业金融机构——证券投资基金管理公司	私募基金公司、公募基金公司
10	证券业金融机构——期货公司	期货业务
11	证券业金融机构——投资咨询公司	投资咨询业务
12	保险业金融机构——财产保险公司	财产保险业务
13	保险业金融机构——人身保险公司	人身保险业务
14	保险业金融机构——再保险公司	再保险业务
15	保险业金融机构——保险资产管理公司	保险资产管理业务
16	保险业金融机构——保险经纪公司	保险经纪业务
17	保险业金融机构——保险代理公司	保险代理业务
18	保险业金融机构——保险公估公司	保险公估业务
19	保险业金融机构——企业年金	—
20	金融控股公司	—

（二）类金融业务

一般认为，“类金融机构”以从事影子银行业务为主，通常被视为影子银行的一部分。国务院于 2013 年底下发的《关于加强影子银行业务若干问题的通知》（国办发〔2013〕107 号文）将我国影子银行分为三类：一是不持有金融牌照、完全不受监管的信用中介机构，具体包括新型网络金融公司、第三方理财机构等；二是不持有金融牌照、存在监管不足的信用中介机构，具体包括融资性担保公司、小额贷款公司等；三是机构持有金融牌照，但存在监管不足或规避监管的业务，包括货币市场基金、资产证券化、部分理财业务等。实践中，普遍将以上三类被认定机构的前两类视为类金融机构。

2017 年第五次全国金融工作会议后，中共中央、国务院联合印发的《关于服务实体经济、防控金融风险、深化金融改革的若干意见》（中发〔2017〕23 号）首次明确将地方金融组织的监管职能划给地方金融监管部门，监管对象具体包括小额贷款公司、融资担保公司、区域性股权市场、典当行、融资租赁公司、商业保理公司、地方资产管理公司、区域内投资公司、农民专业合作社、社会众筹机构、地方各类交易所等 11 类。2021 年 12 月 31 日央行进一步发布《地方金融监督管理条例（草案征求意见稿）》，明确将“7+4”类金融组织全面纳入金融监管（见表 5-2）。

综上所述，基本可以认为，类金融机构包括“7+4”合计 11 类类金融组织，其中“7”指的是小额贷款公司、融资担保公司、区域性股权市场、典当行、融资租赁公司、商业保理公司、地方资产管理公司，“4”指的是地方各类交易场所、开展信用互助的农民专业合作社、投资公司、社会众筹机构。类金融业务则是由这 11 类类金融机构开展的金融服务业务。

表 5-2　类金融类业务概览

类别	金融机构	业务名称
“7”	小额贷款公司	小额贷款
	融资担保公司	融资担保
	区域性股权市场	—
	典当行	典当
	融资租赁公司	融资租赁
	商业保理公司	商业保理
“7”	地方资产管理公司	地方 AMC 业务
“4”	地方各类交易场所	—
	开展信用互助的农民专业合作社	—
	投资公司	信托、私募、公募
	社会众筹机构	—

三、发展建议

（一）拓展供应链金融业务模式，增厚造血能力

利用城投公司主营业务开展供应链金融具有天然优势。城投公司是地方城镇化发展的重要平台，其城建项目具有建筑业和制造业等传统行业属性，而建筑业和制造业普遍具备产业链条长、参与方众多、行业集中度低、资金需求旺等开展供应链金融的优势特征。

城投公司通过开展供应链金融业务可以拓宽融资渠道，调整收入结构与负债结构。供应链金融将城投公司、金融机构、上下游供应商链接在一起，通过应收账款质押、保理、ABS 等供应链金融产品，为城市建设和业务开展提供新的融资渠道和发展方向。通过开展供应链金融，城投公司可以把应收账款转让给第三方金融机构，实现资金回笼。通过应收账款卖断出表，达到既实现融资又不增加负债的效果，减少自身风险和管理成本。

（二）推动产融结合，赋能地方产业

城投公司的金融类业务，按照习近平总书记“增强金融服务实体经济能力”的要求，需要增强金融业务对本地产业的支持作用，以金融资本助力技术创新和产业升级。

一是以产助融，以融促产。过去我国地方政府高度依赖土地财政，房地产的直接税收及土地出让收入贡献了超三分之一的财政收入。当前，我国处于人口见顶、房地产长周期拐点的关键时期，土地财政难以为继，发展金融类业务、推动产融互动是迈出地方财政转型的关键一步。通过金融市场活跃地方产业，为地方税收提供支撑，同时通过获取的金融服务收益反哺财政（见图 5-2）。

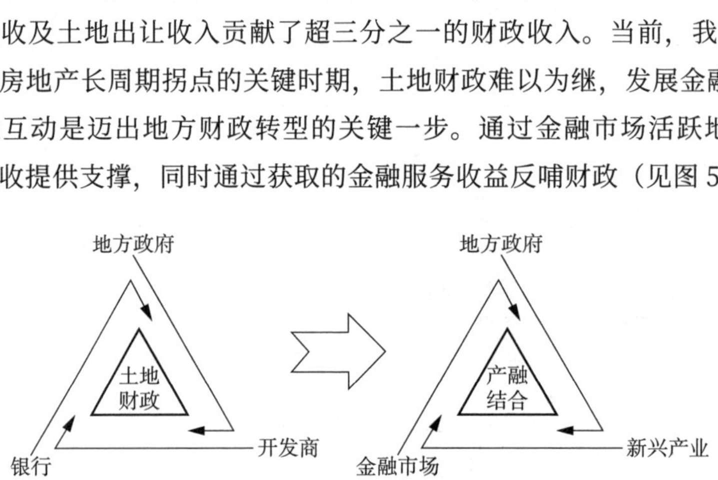

图 5-2 从土地财政向产融结合促进区域产业发展转型

二是重点关注新兴行业企业以及“小微企业”融资需求。打造综合一体的金融服务产品体系，重点对小微企业以及新兴行业企业提供金融支持。

（三）重视风险防控，实现健康发展

城投公司在开展金融类业务时，需要尤其重视风险防控。

一是有效设计风险隔离措施，健全风险管理细则。通过资金隔离、人员隔离、组织架构独立等方式，将金融类业务公司与城投母平台相隔离，有效降低金融风险突发事件对城投公司的影响。同时建立健全操作风险管理制度，结合金融市场各类型业务风险防控重点，制定差别化运营操作风险管理细则，使第一道防线的风险管理活动有据可依。

二是招聘专业金融业务人员，推动风险管理职能前移。从事金融业务需要对金融标的具有较强的把握能力，对业务各个环节可能出现的风险点进行识别防范，因此需要加强专业人员招聘。根据“三道防线”理论，金融业务交易运营的一线业务人员同时也是风险的直接承担者，运营人员需完成“操作者”向“风控者”的思维转换，使金融业务风险管理职能逐渐前移。

三是积极开展人员培训，加强风险管理知识储备。应加强业务人员风险管理相关知识培训，提升业务人员对运营活动中操作风险的识别和监控能力以及对风险事件的分析能力。同时，注重做好操作风险管理偏好的内部传导，使业务人员熟悉风险治理架构、制度等，提升人员对风险管理工作的认同感。

四是积极运用先进技术，建立金融风险预警模型。可依托数字技术和大数据，通过挖掘和分析相关企业交易数据，建立数据风控模型，实现风控效率的提升和综合成本的降低。

07 产业投资类业务

一、业务概述

产业投资类业务是城投公司出于赋能区域产业发展、获取财务投资收益等目的，开展的实体经济产业类投资。

从产业投资目的来看，城投公司参与股权投资主要包括以下三方面的动机：一是拓展业务领域，增强自身“造血”功能。城投公司通过股权投资的方式推动自身业务结构优化，开拓业务边界，推动自身向城市综合运营商、产业投资运营商转型。二是开展“资本招商”，促进地方产业转型升级。城投公司出于配合当地政府招商引资的目的，开展产业投资类业务，最终目的是未来培育地方产业集群，促进地方经济转型。三是开展国有资本运作，提升国有资本运营效率。作为区域性国有资本投资运营公司，城投公司承担着国有资本保值增值任务，开展股权投资业务可获得较为可观的财务收益。

二、相关内涵

城投公司开展产业投资的方式主要包括两种，一种是直接投资，即由城投公司直接向目标公司投资股权，具体有定增、收购股权、参股投资等多种模式，另一种方式是基金投资，通过构建全生命周期的基金投资工具，以基金的方式参与目标企业的投资。

（一）直接投资

直接投资主要包括政府主导类投资和自主性投资两种。

对于政府主导类投资，一般是以“资本招商”为主要目的。例如芯片等新兴行业项目落地，普遍要求政府配资投资，以满足企业的资金需求。资金来源方面，城投公司对于重大项目投资的资金来源一般包括政府出资（财政资金出资，而城投公司仅代表政府出资并获取投资收益）和城投公司自身对外融资两种。

对于自主性投资，在城投公司主责主业范围内的（如交通运输、公用事业资源等），被投资企业通常具有特许经营权（如供水、供热和污水处理业务等），城投公司可投资其中高价值环节公司（技术壁垒高、专业化程度高、价值链占优）。非主责主业范围内的，在参与股权投资的过程中需要更加谨慎，采取小金额投资、分批次投资方式，并严格进行投资论证，严控风险。

（二）基金投资

基金投资主要为区域内的政府引导基金集群。政府引导基金是由政府高位统筹，城投公司牵头或参与成立，城投公司代表政府出资作为 LP 方，而专业化基金管理公司则作为 GP 方，双方合资成立公司制、有限合伙制和契约制基金（以合资企业形式）。以有限合伙制基金为例，基金管理公司通过对基金的筹集、管理和运作，获取管理费和超额收益的分成，城投公司作为有限合伙人，可按持股比例获取基金的分红。由于被投资对象的分散，基金投资收益可能会低于直接投资。同时，由于投资基金具有一定债务杠杆作用，此类投资可能会在风险发生时加倍放大风险。

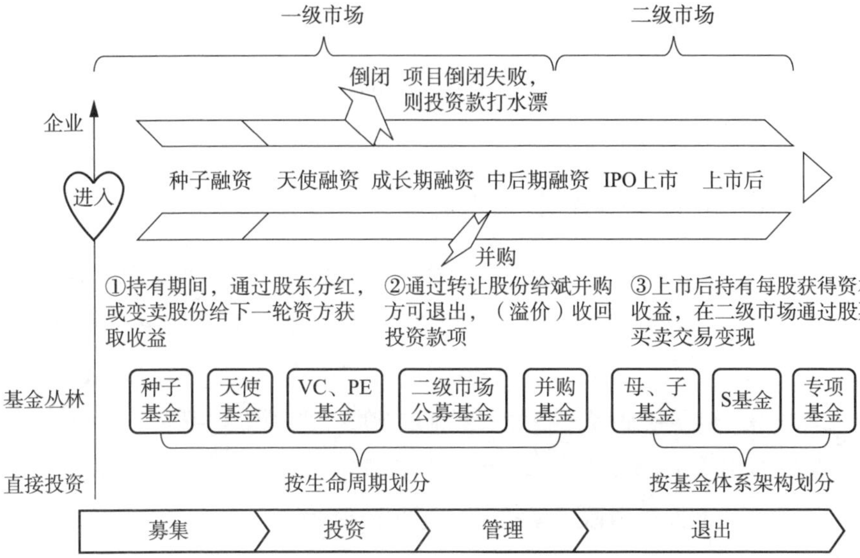

图 5-3 城投产业投资基金划分

按照生命周期划分，基金投资工具包括六大类，分别是种子基金、天使基金、VC 基金、PE 基金、二级市场公募基金和并购基金。

按照基金体系架构划分，基金投资又可以分类为母子基金、S 基金以及专项基金（包括产业基金）。详见图 5-3 所示。

三、发展建议

（一）同频共振，上位支持、容错保障

一是获取政府上位支持，与政府区域产业发展规划“同频共振”。政府上位的支持是城投公司开展产业投资类业务的重要前提。城投公司需要在政府支持下，进行区域性资产资源的政策性整合，为产业投资类业务的开展积聚资源。在实践中，城投公司开展产业投资类业务，一般应当以区域产业发展规划为基础，着重投向战略新兴产业，同时兼顾地方特色产业。

二是建立产业投资的容错机制。2016 年 1 月 18 日，习近平总书记在省部级主要领导干部学习贯彻党的十八届五中全会精神专题研讨班上的讲话中强调：“要把干部在推进改革中因缺乏经验、先行先试出现的失误和错误，同明知故犯的违纪违法行为区分开来；把上级尚无明确限制的探索性试验中的失误和错误，同上级明令禁止后依然我行我素的违纪违法行为区分开来；把为推动发展的无意过失，同为牟取私利的违纪违法行为区分开来。”城投公司开展产业投资类业务，本身是一种创新，必然会存在投资失误的情况，而健全容错机制则是公司开展产业投资的重要保障。

（二）借力聚力，多级联动、扬长避短

城投公司开展产业投资类业务时，普遍面临资金不足、专业度不够等问题，可以说从项目研判到投后管理全过程都存在困惑。为更好地解决上述问题，城投公司需更多地借力、聚力，借助外部资金、外部智囊等力量，通过跟投、参股等方式开展产业投资业务，避免采用直投开展产业投资业务。

一是参与出资上一级政府单位产业投资基金。通过省带市、市带县、县带乡镇街道的方式，多级财政联动投资，同时撬动社会资本，放大政府投资的杠杆效应。

二是跟投专业基金投资机构的项目。借助外部专业投资机构的力量，规避自身专业度不够、投后管理不足等劣势，扬长避短。

（三）稳中求胜，严密论证、谨慎实施

一是有效设计风险隔离措施，对投资风险进行隔离。目前城投公司在开展产业投资类业务的过程中，风险隔离措施设计不到位的情况比较明显。应避免以城投公司本身作为投资主体，避免母公司直投；在业务端，培育独立的主体公司，赋予其独立的组织架构运营体系；在人员端，避免城投公司与投资主体之间交叉任职，开展有效管理。

二是避免过多直投，多采用基金投资，吸引社会资本，分摊投资风险。城投公司在进行城投系上市公司的培育过程中，需要注意尽量避免直投，多采用基金投资的方式开展产业投资，积极吸引社会资本投资，分散投资风险。例如合肥建投在京东方 8.5 代线的投资过程中，通过基金产品吸引社会资本参与，稀释自身直接投资的风险。

三是加强产业投资投前论证。加强对项目可行性论证，充分沟通产业投资可能存在的风险点。

四是做好投后跟踪管理工作。在人员派遣方面，通过派遣董事 / 监事 / 高管等方式参与投后管理；在日常管理方面，加强对财务报表的跟踪、对投资协议的跟进，并进行定期评估等工作。同时，做好投资企业的服务工作，协调解决相关资源对接问题。

08 其他业务

一、文旅类业务

文旅类城投公司与地方政府之间有着较高的关联度。经过长期投资和发展，文旅领域内部也形成了大批存量资产，其中很多资产都具备巨大的开发潜力。盘活这些存量资产，能够有效提升文旅类城投公司的资产运营成效，提升国有资产的保值增值能力，为下一步国资国企改革以及市场化转型筑牢基础。

文旅类业务主要涉及商文旅、夜经济以及 IP 打造。

（一）商文旅

商文旅是指将文化、商业和旅游三个领域进行深度融合，促进彼此发展和共同繁荣的一种模式。在这种模式下，文化、商业、旅游相互渗透、相互促进，形成了一种新的发展模式，同时也为社会带来了更多的机会和福利。当前，文旅类城投所处的外部环境有所改善，业务开展情况得到恢复；旅游业中长期发展方向利好文旅类城投公司；相关政策的出台也为缓解文旅类城投的融资压力提供了一定保障。

（二）夜经济

“夜经济”是指以城市空间为载体，以本地市民和外地游客为主体，发生在当日 18 点到次日早上 6 点，涵盖购物娱乐、休闲餐饮、旅游体验等领域的现代消费经济活动。“夜经济”的繁荣程度通常被视为一座城市经济活跃度的晴雨表。

（三）IP 打造

在游客需求已从基础功能型转化为高端体验型的当下，以 IP 为核心的新一代文旅项目的诞生与迭代，正逐渐促进整个行业优化升级。

城投公司发展文旅类业务主要关注以下几点：

1. 完善文旅配套设施，打通文旅产业链条

应打造集旅行社、景区、住宿、餐饮、休闲、娱乐、购物等功能于一体的配套服务，不仅能够为游客提供更加便捷、多样化的服务，满足游客多元化的需求，也能提升项目的吸引力和竞争力，延长游客的停留时间，增加旅游消费。

2. 打造地方特色 IP，助力文旅产业成功出圈

文化 IP 已经成为文旅产业的重要驱动力，为行业带来了新的商业模式和创新形态。挖掘本地的传统文化，并从中提炼具有代表性、传播度与吸引力的文化元素，赋予其故事性，这是保证旅游 IP 长期持续运营的重要手段，如迪士尼、“长安十二时辰”街区、兵马俑、长城、岳阳楼、那拉提等。

3. 因地制宜发展夜经济，实现文旅产业和城市经济发展并驾齐驱

夜经济的繁荣程度，堪称城市经济开放度、便利度和活跃度的晴雨表，发展夜经济不仅能满足人民日益增长的美好生活需要，对于扩大内需、繁荣市场、创造就业等也具有明显的拉动作用。很多地方利用夜经济作为文旅产业的载体，不仅带动了本地经济发展，也丰富了人们的生活，如环滇池片区春城夜间经济、西津渡夜经济、回龙窝街区夜经济等。

4. 紧随“智慧城市”潮流，破局“智慧文旅”

随着国内外“智慧城市”建设的渐次展开，“智慧文旅”也逐渐从概念走向实践。一是面向消费者的创新文旅体验与消费服务的智慧化，即 TOC 业务。推动文旅资源同多样化、个性化市场需求的高效对接，实现精准的线上线下无缝服务与深度文化体验等实时、互动、个性化服务，大大提升了用户体验，推动传统的旅游观光消费方式向现代文旅体验消费方式转变。二是面向企业的文旅服务与产品的智慧化，即 TOB 业务。包括智慧移动出行、智慧住宿、智慧导游、智慧景区、智慧游乐、智慧文娱、智慧文博、虚拟旅游、OTA（在线旅游）个性化在线定制、大数据精准营销等全方位的服务。三是面向政府与行业管理的智慧化，即 TOG 业务。包括景区动态监测、信息监管、大数据统计分析、景区人流引导、安全预警等内容，通过全面了解行业与游客需求、旅游目的地动态、投诉建议等内容，推动传统旅游管理方式向现代管理方式转变，实现政府的科学决策与管理。

二、体育类业务

体育产业是指为社会提供体育产品的同一类经济活动的集合。体育产品既包括有形的体育用品，也包括无形的体育服务。从业务开展角度，体育产业包括体育赛事、体育设施建设、体育用品制造、体育培训和教育、体育媒体传播和体育旅游等产业链条形成的一系列产业活动。这些细分业务相互关联且相互支撑，共同构成了体育产业的完整链条。由于体育产业的发展兼具经济效益和社会效益双重特性，因此，城投公司参与城市体育资源整合盘活、体育产业建设，既是在新发展格局下，实现社会主义现代化建设的战略举措，也是调整自身业务结构、优化国有经济布局的重要手段。

城投公司布局体育产业可从以下几个路径实施：

1. 推进体育设施建设，夯实体育产业发展基础

体育基础设施建设是体育产业发展的基础和载体，也是提升城市公共服务体系的重要途径，城投公司参与体育基础设施建设具有独特优势。城投公司应利用好体育类基础设施建设项目专项债、体育产业投资基金等手段，破解体育领域类基建项目资金难题，通过兴建体育场馆、体育公园、训练基地、全民健身中心、户外运动公共服务设施等场地，构建高水平城市体育服务体系，满足市民健身场地需求。同时，还应聚焦体育产业高端化、品牌化发展，着力打造城市体育标志性建筑物，为承办国内、国际大型体育赛事活动奠定基础。

2. 打造精品体育赛事，提高城市知名度

近年来，国内体育赛事市场正逐步升温，迸发出前所未有的生机。城投公司可以打造精品赛事活动为抓手，积极承办一批高规格、高水平的国内体育赛事，提升所在城市的知名度。同时，城投公司可依托自身所在城市的特色场馆资源、文化资源、生态资源等，开展与当地城市特色资源相结合的富有影响力的赛事活动，如秋季马拉松、冰雪运动会、“美丽乡村”篮球赛等，服务城市体育产业发展需求的同时，进一步打造自主品牌赛事。

3. 整合体育产业资源，开展体育场馆设施运营服务

当前，我国大多数的大型体育场馆设施产权归属于政府行政部门，由于财政预算有限，对于体育场馆维护和运营投入不足，导致体育场馆内设施不完善、整体运营效率较低。城投公司可借助国资背景优势，推动城市体育资产资源整合，通过成立专门的体育发展公司或并购体育场馆运营公司，聘请专业管理团

队开展体育场馆运营服务。一是结合体育场馆实际特征和用途，对其进行升级改造、完善业态、招商引流，充分盘活沉睡体育资产，打造当地体育名片；二是完善经营模式，坚持链式发展思维，不仅注重体育赛事、竞赛表演、体育健身等主业，同时还可延伸体育产业服务链条，提供体育培训、体育用品销售等服务内容；三是搭建体育场馆智慧化管理平台，提供场地预定核销、经营分析等多元化体育健康服务，拓展在线健身、网络赛事等数字体育生活新图景。通过经验积累，城投公司可逐步推进体育场馆管理服务输出。

4. 拓展“体育 +”模式，提升经营发展质效

以体育为基础整合相关产业资源，多种业态融合发展的“体育 +”模式逐步成为体育产业新的发展方向，即以体育为主题，有效组合体育、健康、文化、休闲、商业、娱乐等功能，提供多元化、多功能、高效益的体育服务综合体。城投公司探索“体育 +”模式应充分考虑体育产业特色和城市资源禀赋，如“体育 + 旅游”模式，依托优质文旅和体育资源，将赛事组织、IP 打造、体育用品销售等更多产业纳入到产业链中，加速体育和旅游产业的发展；“体育 + 医疗”模式，通过体育与医疗卫生系统的资源整合与相互协同，优化健康资源配置，开展健康管理、康复咨询等业务；“体育 + 商业”模式，打破体育场馆单一形态模式，丰富经营业态，拓展展览展示、休闲购物、文化演出等综合配套服务，满足用户多元化需求。同时，还可探索“体育 + 研学”“体育 + 科技”等多种产业融合方式，打好“体育、发展、融合”三张牌。

三、医疗大健康业务

十九大报告首次提出“健康中国”和“医养集合”战略。医疗康养产业包含了医疗、养老、旅游、文化、休闲等服务，是现代化服务业的重要组成部分。伴随《“健康中国 2030”康养规划纲要》的发布，中央政府出台了一系列政策，从多个方面鼓励地方开展“康养产业”建设，“康养产业”将成为下一步各地健康水平整体提升和经济发展的重要支撑。

《2017—2020 年中国健康养生行业市场发展现状及投资前景预测报告》指出，国内医疗康养产业市场空缺依然严重，发展空间广大，前景可期。人口老龄化和环境污染加剧了公众的健康需求，居民健康意识的提升也带动了康养支出的扩大。

城投公司发展大健康业务需考虑以下几点：

1. 明确发展定位，进行业务战略规划

站在公司整体发展的全局角度去把握未来，通过强化自身优势，实现企业内部资源与外部环境的动态平衡。城投公司应当对公司的历史和发展现状进行评估，对布局大健康产业的区位优势、资源与能力价值、功能任务、愿景目标、项目建设与选择、市场取向、运作模式等方面进行系统思考。运用分析模型，针对城投公司自身优势、劣势进行系统分析，并进行比较分析，将布局大健康产业的比较优势做大做强，对劣势作出改进提升。

2. 整合外部资源，搭建综合服务平台

关注医疗机构与医药企业的动态，计划性地与其达成合作。合作前期以盘活国有资产为目的，充分利用已有资产的条件，延伸全产业链，进而逐步完善城投公司有关大健康产业的业务布局，形成规模效益。比如黄山城投利用自身丰富的旅游资源，已与东软集团就大健康产业和黄山本地特色旅游达成了深度合作；云南城投借助医疗机构优质的平台与资源优势，成功并购昆明市第一人民医院，以此来拓展大健康产业。

3. 布局“新基建 + 医养”，提升服务能力

当前，新基建已成为推动经济发展的新战略。以 5G、人工智能、大数据、物联网、互联网等为代表的高科技新型基础设施领域有着广阔的发展空间，为城投公司布局医养领域提供了新机遇和新方向。新基建可以对医养产业各要素进行有效的整合，比如健康大数据、“医养 + 互联网”信息共享平台、远程健康服务、智慧养老服务等，信息技术的应用能够促进医养产业技术的进步、效率的提升及商业模式的变革，让医养服务更加高效、便捷、优质。例如，荆门市城投公司推行居民电子健康卡，由荆门市智慧城市建设运营有限公司投资建设，荆门市民卡公司服务运营。居民电子健康卡集智能导诊、预约挂号、扫码就医、在线支付、家庭医生、健康档案和电子病历查询等应用为一体，能在全市各医院通用。

4. 建设医养小镇，推进区域综合开发

医养机构一般很少建设在成本高且环境一般的城市中心地带和交通不便利的偏远地带。因此，把老年人更适合居住在中小城镇这个需求与医养服务结合起来，十分重要。随着乡村振兴战略的实施以及农村土地制度改革，城投公司可以充分利用城乡融合发展时代的优势，在核心城市周边筛选具备条件的城郊

建设医养小镇。比如，杭州市富阳区大力推进以药谷小镇、杭黄未来社区、银湖科技城、黄公望金融小镇等为代表的特色智慧健康小镇的建设，依托富春大地丰富的山水资源和文化内涵，以智能化促进传统养老服务的模式和水平升级。

四、教育类业务

“十年树木，百年树人”，教育不仅是对全体国民素质的保障，更关系国家的前途和命运。近年来，我国教育行业发展迅速，发展的深度广度均呈现出崭新的局面。教育行业市场广阔，盈利能力强，业务可开发空间较大。城投公司作为地方发展的主力军和排头兵，在发展自身经营性业务的同时，通过投资、与社会机构合作、自主建设运营等方式布局教育板块，不仅能对城投公司经营性现金流形成有力补充，也有助于推动区域教育产业的转型升级，实现区域教育行业的进步。

城投公司发展教育业务可参考以下几点：

1. 公益性与市场化并举，助力区域教育高质量发展

城投公司作为城市的建设运营主体，肩负着一定的公益性任务。因此，城投公司在开展教育业务时，要立足实际，保持公立学校的占比，体现国企担当。在开展市场化业务时，城投公司可以市场化承接区域内各类学校的建设运营管理，比如与地产开发商合作建设地产周边学校，并通过引入名校优质资源，优化教育资源配置，逐步满足人民群众对教育资源的高品质、多元化需求。

2. 以实体教育为主，稳扎稳打

以实体教育、线下教育为主，稳扎稳打，降低投资风险，防止国有资本流失。同时，根据自身国有企业的定位，秉持审慎布局的原则，在教学开展过程中合理使用在线教育模式，未来可通过与第三方机构合作的方式尝试在线教育。

3. 优化运营模式，打造教育产业链

城投公司在开展各类教育业务时，要注重各项业务之间的联动，实现资源优势互补，形成完善的上下游产业链，不仅要提供各类学校的建设运营和合作办学，还应推进与知名高校共建产业教学研发中心，构建“多元参与、校企双主体、动态灵活”的产教融合模式，服务于产业转型。

五、贸易类业务

近年来，部分城投公司出于业务多元化发展、提升公司营收和现金流水平以及业务协同发展等因素的考虑，纷纷涉足贸易类业务。

商品贸易业务具备交易金额大、资金流转快、交易时间短等特点，能够有效改善城投公司的收入结构和现金流短缺的情况，不仅可以满足监管机构对城投公司的监管要求，还能迅速做大公司的收入规模，因而得到部分城投公司的青睐。城投公司根据所在区域的资源禀赋、产业优势等开展贸易业务，主要贸易品类为煤炭、矿石、有色金属、粮食、建筑材料、水泥、混凝土、钢材等。

商品贸易业务的特点是毛利率很低、大宗商品价格波动频繁，如果没有专业人员进行操作和风险把控，很容易会因价格波动给企业带来较大的损失。因此，在市场环境不确定性极大的情况下，从事贸易类业务可能会给城投公司带来一定挑战，成为城投公司新的风险点。

城投公司发展贸易类业务需注意以下几点：

1. 做好尽调，防范风险

城投公司在开展贸易业务前，应对拟开展业务的合理性和逻辑性进行可行性分析研究，对合作对象进行充分的尽调（商务、财务、法务），对交易标的物的价格和需求进行详尽的研判。城投公司应关注并定期分析贸易业务的上下游供应商、客户的集中度和信用状况，以防出现因供应商、客户资金链断裂导致城投公司往来款项出现损失的情形。

2. 丰富外贸产业结构，培育外贸发展新动能

坚持贸易品类多元发展，综合研判市场行情，形成多产品齐头并进的贸易体系，增强抗风险能力；立足传统贸易业务，密切衔接产业链上下游高端制造企业，探索建立集“采购、仓储、物流、加工”为一体的全产业链特色业务体系，助力外贸跑得“更快更远”。

3. 合规经营，杜绝融资性贸易

从中央到地方，对于城投公司、国有企业的贸易监管趋严，杜绝走单类、融资类贸易，虚增收入。融资性贸易一直以来是国务院国资委高度监管的违规行为之一，从适度压缩、全面清理到严禁开展，监管口径不断收紧。2021 年，国务院国资委发布《关于加强地方国有企业债务风险管控工作的指导意见》，明确“严禁融资性贸易和‘空转’‘走单’等虚假贸易业务，管住生产经营重大风

险点”。2022 年，国务院国资委出台《关于推动中央企业加快司库体系建设进一步加强资金管理的意见》，明确“要严控供应链金融业务范围，严禁提供融资担保，严禁开展融资性贸易业务和虚假贸易业务”。照此下去，城投公司在依托贸易转型的路上，会越来越规范。

6

第六章

城投公司的运营管理和提升建议

企业管理的终极目的是基于企业性质实现企业目标、发挥企业功能、履行企业使命。因此，加强管理是企业发展的永恒主题。企业必须向管理要效益，切实提升经营管理效能。作为国有企业的城投公司，是地方政府促经济、保民生的有力抓手，是中国特色社会主义的重要物质基础和政治基础，是推进现代化、保障人民共同利益的重要力量。因而，提升城投公司的运营管理能力势在必行。

自 2013 年党的十八届三中全会揭开深化国企改革序幕以来，从系统谋划形成顶层设计，到 2015 年试行蓄势推进全面实施，再到 2020 年纵深推进狠抓落实见效，改革从未止步。2023 年，改革转入深化提升阶段，城投公司需主动拥抱新时代、标定新方位，积极响应打造“现代新国企”要求，把握国企发展规律所在，围绕做强做优做大、提升核心竞争力、完善中国特色现代企业制度、建设世界一流企业等发展目标，切实做好“五个要”，即要始终坚持“两个一以贯之”原则、要清晰把握“六个力量”发展定位、要践行“三个有利于”的价值标准、要深化落实国资国企改革政策、要重构管理体系实现提质增效。

基于方达咨询所提出的城投公司高质量发展“1+6”维度、打造“八型”城投、“十大能力”提升等基本框架，落实新一轮深化改革提升行动内容，本章从战略与经营计划管理、党建与企业文化管理、组织与集团管控管理、人力资源管理、财务管理、业务管理、风险和合规管理、审计和纪检监察管理 8 个方面展开介绍，旨在让城投公司能够全面掌握国有企业运营管理的通识性知识，为城投公司管理变革提供基本思路。

01 战略与经营计划管理

一、概念内涵

“五年规划”是中国国民经济计划的重要组成部分，对我国经济的管理具有决定性作用。从 1953 年第一个“五年计划”开始，我国目前已经进入第十四个“五年规划”。城投公司顺应政府上位规划，每五年也需要紧跟国家经济政治形势出台国企层面的发展规划，用于明确未来发展目标和方向并提出具体实施路径。我们知道，企业的战略管理就是基于所确立的企业使命远景，通过战略分析、战略选择、战略实施获取竞争优势，实现企业发展目标的管理过程，其中企业使命是由企业性质决定、由创立者赋予、具有不同时代特征的重大责任和重大任务。而国有企业是中国特色社会主义的重要物质基础和政治基础，结合习近平总书记在 2016 年全国国有企业党的建设工作会议上提出的新时代国企使命新内涵，可以看出，城投公司作为推动中国式现代化伟大目标实现的重要一分子，应当饱含中国基因、体现中国特色。与一般意义上的企业战略管理不同，城投公司发展战略是国家整体战略密不可分的一部分，必须充分体现国家意志、有效满足国家需求、实现国家战略意图。

基于此，城投公司在制定发展战略和规划时，必须从三个层面予以把握：一是从站在国家战略全局的高度加以谋划，落实重大国家战略，发挥国有经济对国家战略的支撑作用；二是从推动国有经济发展角度加以考虑，聚焦主责主业，推进国有经济布局优化和结构调整；三是从立足所在区域经济社会环境并结合城投自身发展加以设计，确保多个板块业务协同发展，培育核心竞争优势。综上所述，贯彻落实国家战略、推动国有经济发展、促成企业转型发展这三个维度，一个都不能少。

二、管理目标

城投公司作为地方经济的顶梁柱，肩负着实现高质量发展、助力中国式现代化建设的历史使命。高质量发展最终体现为核心竞争力的提高，体现为一批产品卓越、品牌卓著、创新领先、治理现代、经营合规、管理高效的世界一流企业的培育和形成。围绕建设“现代新国企”、构建企业“有机生命体”的重要目标，通过科学制定公司五年或是中长期发展规划，一方面把握“向上沟通”重要时机争取更多支持，另一方面全面“向下贯彻”发展理念统一全员思想，以战略目标为牵引，以深化改革为抓手，做足充分准备，抓牢发展机遇，推动各项目标任务落地落实，促进城投公司提高核心竞争力和增强核心功能，有效发挥国有企业“压舱石”的作用。

三、提升建议

（一）健全战略组织体系，强化专职人员配置

完善战略管理三级组织架构体系，第一层级是战略决策制定层，集团董事会是公司战略管理的最高决策机构，负责提出公司经营宗旨、确定公司中长期发展方向和发展目标、审定和最终签发公司战略规划，同时下设战略委员会作为决策咨询与支持机构，负责对公司重大战略问题组织开展研究、对公司战略规划和经营计划提出专业建议；第二层级是战略实施管理层，经理层下设战略规划小组，由总经理或分管领导任组长，其他领导任副组长，成员由各部门及下属企业负责人共同组成，负责制订组织战略规划、统筹协调战略管理实施相关事宜；第三层级是战略任务执行层，由具有战略发展管理职能的主管部门牵头，相关部门及人员参与，负责制订战略管理工作流程及有关制度、拟订公司战略规划报告、落实各项战略分解任务及具体工作。

待健全战略管理机构之后，需按照“配齐、配专、配优”原则强化专职人员配置，以保障战略管理的重要支撑。其中要特别注意两类人员的配置：一是完善战略委员会成员，优化成员构成，提升专业水准，以加强战略指导和决策支持的专业性；二是优选战略管理部门负责人，作为一个发挥基础核心作用的重要岗位，负责人需熟悉业务、经验丰富，并具备战略管理能力、统筹协调能

力等任职要求。

（二）明确战略监管策略，保障战略合理统筹

按照集团化运作的要求，城投公司对下属企业选择战略管理的监管方式时，需结合母子公司管控逻辑同步考虑。我们知道，集团管控模式一般分为运营型管控、战略型管控、财务型管控，其对应的监管下属企业战略管理的方式便是行政管理型、治理型和自主管理型。其中，行政管理型为输出型导向，对于介入下属企业生产经营活动的集团公司来说，该方式是在集团层面直接制定下属企业战略规划，并将其作为完全融入集团战略规划的重要部分，下属企业按此执行，属于集中式管理；治理型为平衡型导向，是把握战略方向，抓住核心重点，在集团战略规划指引下属企业自行制定战略规划，体现集团公司战略意图和目标即可，属于适中式管理；自主管理型为适应型导向，由于对参股企业没有实际控制权，在监管时采用间接管控方式，一般情况下充分尊重控股股东意见或董事会决议结果，属于分散式管理。城投公司通过对不同股权和管控关系的下属企业区分战略监管策略，同时建立多种方式下的战略统筹机制，加强“多略合一”，最终推动实现母子公司的战略协同发展。

此外，在业务战略方面，通常按照策略可分为集中战略、相关多元化战略、无关多元化战略。一般城投公司拥有城市建设（含片区开发）、城市运营（含公用事业）、资产管理、产业投资等传统业务板块，也不乏有招商引资、商贸物流、文旅医养、教育与人才服务、乡村振兴、林场砂石、金融服务等其他业务。从城投公司的重要属性和特定功能来看，尤其是区县级的城投公司，在布局业务时是无法采用集中战略的，或仅有部分核心业务采用集中战略，甚至业务无关多元化战略都相当常见。但在聚焦主责主业的政策要求下，城投公司应回归到相关多元化战略的选择上来，以服务城市建设运营和促进经济社会发展为大局，在聚焦主业中做好产业链延展，更有利其增强核心功能。

（三）理清战略制定思路，确保内容广度深度

首先，明确战略规划制定的基本原则。一是要具有前瞻性，城投公司发展需要对未来有所向往和预判，立足于城投公司发展现状进行谋篇布局，应与高位同频、与趋势同行，加快向城市经营实体转变；二是要具有整体性，战略规划在设计时，其各项内容要形成有机整体，一脉相承，相互融通，确保从分析

研究到谋划设计，再到实施落地的规划体系完整性；三是要具有指导性，战略规划对上要体现政府、国资监管部门对城投公司未来发展的构想和期望，对下要求真务实、贴近实际以及能够有效指导下属企业发展。因此在前期，需要细致研究、高度总结、全面设想，用科学的理念、方法和理论工具编制规划报告，力求对城投公司未来发展起到方向指引和路径导向的作用。

其次，战略规划制定需要站在不同视角、考虑不同维度，唯有以全面、丰富的内容作为载体，才能将战略规划报告支撑得更加立体。简单来说，报告按照战略管理环节可分为战略分析、战略制定、战略实施、战略评价等，按照战略管理层次可分为总体战略、经营战略、业务战略、职能战略。此外，一份较为完整的发展规划报告，具体内容应包含但不限于宏观环境分析、行业发展分析、产业发展分析、企业现状分析、标杆经验借鉴、SWOT 综合分析、使命愿景价值观、总体发展战略、战略目标、主业确定、业务布局与协同关系、业务发展规划（可分为基础性业务、关键性业务、探索性业务）、职能发展规划、专项规划（如核心资产上市、投融资管理、ESG 建设、国际化经营等）、赋能支持、保障措施等。

最后，在战略规划报告编制完成后，为进一步推动战略规划有效落地，需要明确战略实施路径和具体工作任务，形成详细的三年行动计划作为战略规划实施的指导性文件，并且每年进行滚动调整，以此强化城投公司的年度经营计划和预算管理。

（四）重视战略实施管理，有效推动落实落地

战略实施是指对企业战略制定和运营控制的组织活动，是将企业战略经营落实到行动中并兑现预期成果的一系列管理工作过程。因此，战略实施是企业战略管理的关键环节，要比战略制定困难得多。由此可见，良好的战略制定仅是战略成功的前提，而有效的战略实施才是企业战略目标顺利实现的核心保障。

战略规划实施有两方面重要工作，一方面是要对战略规划的意义、目的、内容、实施步骤等进行广泛的宣传，使得战略实施成为全公司上下统一的自觉行动；另一方面是要不断进行战略目标分解、反馈与调整，要对战略目标进行层层分解，注重保持目标的横向一致性和纵向一致性，形成一个支持总体目标的网络，并对各层级目标进行及时跟踪、定期反馈，根据目标完成情况以及外部环境变化适时、灵活调整，保证目标的有效性。

在战略实施过程中要加强动态管理，那就必须做好事中控制。城投公司需要采取有效控制手段，通过建立目标考核体系和奖优惩劣机制，鼓励、引导被

考评者实现其考核目标。其中有三项管理活动要做：一是制定战略控制的标准，二是将战略实际成效与控制标准进行对比分析，三是采取一系列纠偏措施以保证行动与计划的一致。

为了更有效推动战略规划落实，城投公司还应注意将战略责任从经营层向管理层和执行层责任转移、制定与战略相吻合的配套政策、制定资源配置计划引导战略目标实现、解决和处理各类矛盾冲突、匹配优化组织结构与战略、获得多方支持等相关事项，来适应企业战略的发展，真正保障战略落地。

（五）开展战略评价反馈，做好中期调整修编

一般来说，当企业战略决策确定之后，城投公司经营层需要尽可能保证公司战略在较长时期内保持相对稳定，但同时我们也深刻认识到城投公司属性和功能的特殊性。由于国内外宏观形势风云变幻，城投公司在功能、价值和运作思路等方面会受到经济环境和政府治理环境等影响而不断变化，因此必须结合上位发展要求和内外部诸多因素，在步入五年战略规划中期时，先“回头看”再“向前看”，要对政府上位规划重新思考，对外部新的形势准确研判，更加主动地打开对话窗口，做个全面的自我“诊断”，找出优势，发现短板，及时做出行动调整，特别要在战术和策略层面进行不断优化。此外，在做调整时要有一定宽容幅度，充分考虑资源配置，注意多方关注和支持、连续性和可持续性、执要调整等相关事项。

战略评价工作应当遵循“全面、客观、求是”的原则，在实施过程中不断监测、评估规划实施进展。特别是重大任务执行情况，由公司战略管理部门负责对公司战略执行情况进行综合分析，并提出战略执行评估意见报送经理层和战略委员会，由战略委员会主任召集专项会议对战略执行结果进行研究，提出战略继续执行或战略规划调整的建议，提交董事会决策。为此，方达咨询提出“三个三”中期评估与规划修编方法，即“三评估、三修正、三落实”，并强调战略规划修编的目标是让城投公司通过认识企业外部环境和内部资源，找到企业发展壮大的平稳路径，其策略是通过全面调研评估、战略规划修编、辅导落地实施三个环节形成完整闭环，其目的不是彻底推翻重建，而是对已有战略方针进行补充与完善，确保企业沿着正确的方向发展。

02 党建与企业文化管理

一、概念内涵

自党的十八大以来，党中央高度重视国有企业党的建设工作。习近平总书记发表的一系列重要讲话，作出的一系列重要指示批示，都为加强新时代国有企业党的建设指明了方向。党的建设主要包括政治建设、思想建设、组织建设、作风建设、纪律建设、制度建设等内容，坚持和加强党的建设是国有企业的“根”和“魂”，是国有企业的光荣传统和独特优势。而企业文化是一个企业或全体员工共同认同和遵循的价值观与理念，是公司战略落地的重要保障措施和支持要素，主要包括精神文化、制度文化和物质文化三个层面。

城投公司作为支撑地方经济发展的国有企业，应坚持和加强党的建设，并以党建引领企业文化建设，保障公司持续高质量发展。

二、管理目标

以习近平新时代中国特色社会主义思想为指导，深入贯彻习近平总书记关于国有企业改革发展和党的建设重要论述，全面落实党的二十大精神，坚定不移坚持党的全面领导、加强党的建设，建立贯彻落实习近平总书记重要指示批示精神工作机制，严格执行“第一议题”制度，把做到“两个维护”作为最高政治原则和根本政治规矩，把坚持党的领导有机融入公司治理，以党的建设为指引，以企业文化为支撑，建成具有中国特色现代企业制度的城投公司。

三、提升建议

（一）加强党的政治建设，保证公司国有企业属性

党的政治建设是党的根本性建设，决定党的建设方向和效果。党的十八大以来，以习近平同志为核心的党中央高度重视加强党对国有企业的领导，把国有企业党的政治建设摆在首位。作为国有企业，城投公司应当加强党的政治建设，以政治建设统领党建各项工作，确保公司在政治立场、政治方向、政治原则、政治道路上同党组织保持高度一致。

一是坚持不懈用新时代中国特色社会主义思想凝心铸魂，全面加强公司党的思想建设，加强理想信念教育，引导公司党员牢记党的宗旨，自觉做共产主义远大理想和中国特色社会主义共同理想的坚定信仰者和忠实实践者。

二是要牢固树立“抓好党建工作是最大的政绩”观念，坚决捍卫“两个确立”，做到“两个维护”，不折不扣落实党中央和上级单位的决策部署要求。

三是要坚持两个“一以贯之”，严格落实“三重一大”制度和议事规则，把党的建设摆在更加突出的位置。

四是要着力提升政治能力，强化政治担当，认真履行“一岗双责”，不断提高政治判断力、政治领悟力、政治执行力。

（二）加强党的组织建设，增强公司党组织战斗力

组织建设是党的建设的重要基础。2021 年 5 月 22 日党中央发布实施《中国共产党组织工作条例》，明确要求各级党政机关、人民团体、国有企业和事业单位党组织设置组织工作机构或者专职工作岗位，专门负责组织工作。城投公司应加强党的组织建设，强化作风纪律建设，不断增强公司党组织战斗力。

一是健全党的组织架构。根据《中国共产党国有企业基层组织工作条例（试行）》规定，集团总部成立党组织，设党组织书记 1 名，由董事长兼任；设党组织副书记兼任总经理 1 名，专职副书记 1 名；再按需配置 2~6 名党组织委员，发挥领导作用，把方向、管大局、保落实，依照规定研究讨论企业重大经营事项。党组织可下设党组织办公室，负责集团总部党建具体工作并指导监督下属企业的党建工作。同时，下属企业正式党员人数 3 人以上的应当成立党支部，7 人以上应成立党支部委员会，50 人以上应成立党总支部委员会，100 人

以上可以成立党委。根据党建工作需要及下属企业人员规模，可成立单独的办公室负责具体党建工作，也可以与综合管理部合署办公，但必须有专人负责党建工作。

二是加强党员干部选拔培养。围绕“信念坚定、为民服务、勤政务实、敢于担当、清正廉洁”的干部标准，组建一支“对党忠诚、敢于担当、作风优良”的干部队伍，不断引导企业员工队伍中的先进力量、高尖人才向党组织靠拢，把优秀人才吸纳到党员队伍中，为基层党组织增添富有活力的新力量。同时，利用党组织例会、城投大讲堂、内部培训、外部培训等方式，加大党员干部培训力度，提升党员干部能力，真正让干部做到学以致用、学以能用、学以管用、学以会用。

三是加强党风党纪培训。集团党委、纪委将党的作风建设、纪律建设列入年度教育培训计划，通过各种教育培训形式，采用自我剖析、案例分享等方式，定期或不定期开展党风党纪培训，帮助广大党员干部树立良好的思想作风、学风、工作作风、领导作风和生活作风，形成遵规守纪的底线意识，突出党员干部示范带头作用，促进公司打造务实清廉、纪律严明的经营环境。

四是加强党风党纪监督处理。首先，加强党风党纪监督力量，集团总部设立纪委办公室，各下属企业可根据实际设立专职纪检人员或兼职纪检联络员，组织开展党风党纪监督；其次，健全监督方式，在节假日、工程项目款项支付阶段等关键时间节点，通过短信、微信、办公平台、谈话等渠道方式向党员干部及相关人员进行事前警示提醒，平时则根据需要进行定期、不定期党风党纪监督检查；最后，本着“惩前毖后、治病救人”的原则处理党风党纪问题。对于党风问题，纪委引导相关党员对标党风要求明差距、对标党性要求寻根源，找出真正问题并分析根本原因，最终提出针对性整改措施，提高纠风实效。对于违反党纪人员，严格按照党内法规及相关政策进行处理，若涉及违法犯罪的，在党组织处理后按相关法律法规规定移交司法机关处理。

（三）加强党的制度建设，提升公司经营管理能力

党的制度建设是党的建设的根本保证。城投公司应完善党的各项管理制度，将党建嵌入企业经营管理的各个环节，改进其内部管理，推动党建工作与生产经营相融合，以党的制度建设为“软实力”助推公司健康发展。

一是将党建工作要求写入公司章程，写明党组织的职责权限、机构设置、

运行机制、基础保障等重要事项，明确党组织研究讨论是董事会、经理层决策重大问题的前置程序，落实党组织在公司治理结构中的法定地位。

二是坚持和完善“双向进入、交叉任职”领导体制，符合条件的党组织班子成员通过法定程序进入董事会、经理层，董事会、经理层成员中符合条件的党员依照有关规定和程序进入党组织。进入经理层的党组织成员和党员要体现党组织的意见，进入董事会的党组织成员和党员要按照党组织意图在董事会发表意见，切实保证党组织“把方向、管大局、保落实”的领导作用。

三是坚持和完善“三重一大”事项党组织前置研究机制，城投公司“三重一大”事项必须经党组织研究讨论后，再由董事会或经理层决策。“三重一大”事项范围包括：贯彻党中央决策部署和落实国家发展战略的重大举措；企业发展战略、中长期发展规划，重要改革方案；企业资产重组、产权转让、资本运作和大额投资中的原则性方向性问题；企业组织架构设置和调整，重要规章制度的制定和修改；涉及企业安全生产、维护稳定、职工权益、社会责任等方面的重大事项；其他应当由党组织研究讨论的重要事项。

四是坚持党建评价与业务考核相结合、定性分析与定量测评相结合、激励与约束相结合，着力突出考核全面化，坚持用发展业绩来检验党建工作成效。

（四）党建引领国企文化，系统塑造企业文化体系

企业文化是企业的灵魂，而党建是塑造国有企业文化的基础、底色。城投公司应塑造中国特色的国有企业文化，包含了精神文化、制度文化、物质文化三个层面。

一是打造精神文化。企业的核心价值观是企业文化的灵魂，是企业发展的基石。城投公司应基于“建设城市、经营城市”的使命，结合城市及企业的特点，确定自身的愿景和发展目标，打造员工共同信仰、共同遵守的企业精神文化。

二是优化制度文化。制度文化是企业精神文化与企业制度结合的产物，是精神文化的基础和载体，是企业文化的重要支撑。城投公司应将企业精神融入企业生产经营的各项管理制度，倡导鼓励符合企业精神的行为，将企业的制度文化落实到员工的工作行为中，促进精神文化转换为行为文化，保障企业文化真正落地。

三是完善物质文化。物质文化是企业文化的外在表现，是肉眼能够看得见、摸得着的东西。城投公司应以公司的精神文化为指引，以制度文化为支撑，打

造公司的物质文化。如设计与城投公司的经营特点及企业精神契合的logo标志、企业文化墙、文化宣传栏、产品展示厅，打造嵌入公司精神文化的办公环境，定制印有公司标志的统一工服，放置体现公司文化标识的办公设施设备，组织开展企业文化活动等，将企业的物质文化完全融入员工的工作环境中。

（五）党建文化融合建设，通过企业文化带动发展

城投公司应将党建工作融入企业文化，把搞好企业文化建设作为党建工作的重要载体，以企业文化建设支撑党建工作，传承红色基因，打造先进的党建文化和国企文化，推动公司持续健康发展。

一方面，要将党建工作内涵深度融入企业精神。城投公司要充分发挥党建引领作用，不断丰富内涵、拓展领域，使得党建文化更加体现时代性、把握规律性、富于创造性，把党建文化植入城投公司顶层设计之中，找准党建文化与企业文化的结合点和着力点，确保企业文化理念的稳定性、载体的丰富性和推进的有效性，促进彼此深度融合，从而引导广大干部职工形成先进的价值观，武装头脑，不断激发工作干劲。

另一方面，要统筹开展党建活动与企业文化活动。一是在党课、主题党日等党建活动中进行文化宣贯，学习企业文化精神，让党建活动成为企业文化宣传的重要阵地；二是在党员大会、支部委员会、党小组会、民主生活会等会议中研讨企业文化，分享企业文化故事，总结企业文化实施经验，增强党员干部的使命感和责任感，营造良好的企业文化氛围。

03 组织与集团管控管理

一、概念内涵

组织与集团管控管理是指在企业集团总体发展战略的指导下，在一定的产权、法人治理及其组织架构的框架内，综合运用战略、财务、人事、绩效、分配等手段，整合集团可支配的所有资源，对集团成员的行动进行协调，从而实现集团战略目标的活动过程。

《关于深化国有企业改革的指导意见》（中发〔2015〕22 号）提出要完善现代企业制度，这是以市场经济为基础，以企业法人为主体，以公司制度为核心，以产权清晰、权责明确、政企分开、管理科学为条件的新型企业制度。《关于进一步完善国有企业法人治理结构的指导意见》（国办发〔2017〕36 号）明确了党组织在国有企业法人治理结构中的法定地位更加牢固，充分发挥公司章程在企业治理中的基础作用等。随着国企改革不断深化，城投公司作为地方国有企业必须适应新形势新要求，进一步推动企业转型发展，重点关注企业内部治理结构、集团管控、决策机制等因素，通过构建公司现代企业制度，提升内部运营管理水平，激发公司经营发展活力，为推动我国现代化经济体系建设发挥更大作用。

二、管理目标

城投公司全面建立现代企业制度和市场化经营机制，把提高公司效益、增强公司实力、提升公司运营管理水平、实现国有资产保值增值作为工作出发点和落脚点，增强公司经济活力、控制力、影响力和抗风险能力。具体体现在完善公司法人治理结构，加强“三会一层”建设，将党组织决策前置，人员交叉任职，全面加强党的建设，巩固国有企业党组织在公司治理中的法定地位，充分发挥政治核心作用；完善企业组织架构，优化部门职责分工，强化岗位人员配备，为公司发展奠定良好基础；提升集团化运作与管控能力，梳理关键事项审批流程等，增强母子公司管理链接，发挥整体效能，增强综合竞争力。

三、基本举措

（一）完善法人治理结构，厘清主体权责边界

完善国有企业法人治理结构，是深化国有企业改革的重要任务和目标，也是全面推进依法治企、完善国家治理体系以及治理能力现代化的内在需求。推进完善公司治理体系主要从法人治理结构、党组织前置研究、人员交叉任职、权责边界以及下属企业法人治理等方面进行展开。

1. 完善企业治理结构，界定主体权责边界

对于治理主体权责边界的界定，《国企改革三年行动方案（2020—2022 年）》《关于中央企业在完善公司治理中加强党的领导的意见》等文件明确指出，党组织负责把方向、管大局、保落实，董事会负责定战略、作决策、防风险，监事会负责强监督、查风险、纠偏差，经理层负责谋经营、抓落实、强管理。

完善治理结构的重点是推进董事会建设，切实落实和维护董事会职权，加强董事会内部的制衡约束，避免形同虚设、“一把手”说了算等问题。完善公司法人治理还需要加强和改进党对国有企业的领导。统一加强党的领导和完善公司治理，将党建工作总体要求纳入企业章程，明确党组织在公司法人治理结构中的法定地位，加强领导班子建设和高级人才队伍建设。同时，城投公司应健全以公司章程为核心的企业制度体系，充分发挥公司章程在企业治理中的基础作用，坚持权责法定、权责透明、协调运转、有效制衡等公司治理结构，推动制度优势更好地转化为治理效能。

2. 规范党委前置程序，融入企业治理体系

党组织在公司治理结构中具有法定地位，在企业中发挥把方向、管大局、保落实的领导作用。应明晰党组织讨论和决定重大事项的职责范围，规范党组织前置研究讨论重大经营管理事项的要求和程序。

一是制定前置清单，厘清权责边界。针对企业前置研究范围不明确，党组织前置研究缺位、越位等问题，需要在厘清权责边界的基础上，出台党组织前置研究清单及程序。在把董事会决策的重大事项纳入前置范围的基础上，重点对经理层决策事项进行区分，做到“非重大不议”。二是规范前置程序，提高研究决策效率。规范党组织前置研究程序有利于进一步处理好党组织会议与董事会、经理层办公会的关系，实现无缝衔接、运转协调，提高决策效率。三是完善保障机制，提升党组织前置研究质量。加大对党组织班子成员专业培训的力度，提升企业党组织在宏观层面对企业经营重大事项进行研究、判断和建议的能力。四是强化研究探索，积极破解各种难题。加强调查研究，针对企业的股权结构和治理模式，积极探索党组织发挥作用的方式。

3. 完善交叉任职体制，坚持人员双向进入

城投公司应将党管干部原则与董事会选聘经营管理人员制度进行有机结合，坚持和完善双向进入、交叉任职的领导体制，符合条件的党组织领导班子成员可以通过法定程序进入董事会、监事会、经理层，董事会、监事会、经理层成员中符合条件的党员可以依照有关规定和程序进入党组织；党组织书记、董事长一般由一人担任，党员总经理担任副书记。确因工作需要由上级企业领导人兼任董事长的，根据企业实际情况，党组织书记可以由党员总经理担任，也可以单独配备。

4. 加强下属企业治理，强化集团监督管理

城投公司应建立健全下属企业法人治理结构，按照“精简效能”的原则，明确职权和责任，形成各司其职、各负其责、规范运作的公司治理机制。按照“一企一策”原则，根据下属企业规模、业务、管理成熟度等因素确定具体法人治理结构。例如对企业规模大、业务类型广、管理成熟度较高的下属全资企业，建立较为完善的法人治理结构，董事会应建尽建，视情况全面或精简设置。参股企业对公司没有实际控制权的，则可通过委托股东代表或董事代表参与公司重大决策。

此外，完善党组织、股东会、董事会、监事会、经理层等人员配备和履职机制，形成权利机构、决策机构、监督机构和经营者之间的有效制衡机制，并在适当授权的基础上，及时掌握下属企业的经营决策和财务状况，有效保障集团公司实现经营目标。

（二）搭建高效组织架构，科学合理定岗定编

1. 科学设计组织形式，承接公司发展目标

城投公司应综合考虑自身战略规划、职能业务、集团管控、发展阶段等情况，设计符合集团化运作需求的组织形式，并对组织架构进行动态调整。城投公司组织架构设计首先应承接公司战略，公司战略不同决定了组织设计模式和承担职能的差异，在一定程度上体现了契合目标原则。其次要体现精简、高效原则，部门过多容易导致组织臃肿，产生信息差，扩大沟通成本。组织架构应响应政府和市场需求，组织内部分工明确，沟通协调信息传递顺畅，尽量避免出现部门职能重叠或缺失现象。最后，组织架构应考虑国有企业内控要求，参照中央企业全面风险管理和合规管理办法等相关要求建立体系，加强监督机构职责及发挥作用。

2. 明确部门架构设置，优化部门职责分工

首先，城投公司需要梳理企业各部门设置与具体职责，分析各部门在组织架构中的作用、分工、隶属关系、合作关系，判断各部门的职能是否缺失、交叉、冗余、错位。注重职能配置的连接关系，结合企业价值链，逐个分析价值链上各环节、各部门的职能。其次，从城投公司是城市综合运营服务商的功能定位考虑，按照“承接战略、精简高效、负荷适当、责任均衡、价值最大化”原则设置部门，城投公司应适当增加如金融资本部、战略发展部（产业研究部）、投资管理部等对公司未来发展较为重要的部门，同时综合考虑未来公司的业务重点和发展要求，进一步明确各部门管理范围和职责分工，以满足多元业务运作和拓展需要。

3. 科学规范设置岗位，合理规划人员编制

首先，岗位设置应以战略为导向，注重岗位、组织与流程的有机衔接，岗位设置配合流程速度与效率的提升。其次，岗位设置必须以岗位的现实状况为基础，充分考虑岗位价值发挥的基础条件以及组织的内外部环境的变化、组织变革与流程再造、工作方式转变等一系列变化对岗位的影响和要求。最后，岗位设置不是对职责、任务、业绩标准、任职资格等要素的简单罗列，而是要在分析的基础上对岗位价值链每个环节应发挥的作用的系统思考，包括该岗位对组织的贡献、与其他岗位之间内的在关系、在流程中的位置与角色、内在各要素的互动与制约关系等。

人员配备需根据企业当下业务方向和规模，在一定的时间内和一定的技术条件下，根据“精简机构、节约用人、效率优先”的原则，规定各类人员配备数量，合理配置各类人员结构，从而通过“人、岗、事”三者之间合理匹配，达到“人尽其才、才尽其用”的目标。

（三）构建集团管控体系，加强集团总部赋能

1. 注重价值型总部建设，赋能集团管控治理

价值型的集团总部建设需首先厘清集团公司在关键业务和管理流程中的功能定位，将母子公司责权的界限划分清晰，通过适度的集权和分权，来兼顾对下属企业的有效控制和提高集团整体的运作效率，最终确保集团战略意图得以贯彻、经营目标得以实现、重大任务得以落实。同时，建立统一规范的集团管控制度体系，一方面是向上厘清与国资监管机构的权责，明晰城投公司自身职能；另一方面是向下划分与下属企业权责界面，集权有度，授权有章，在满足国有资产监管要求的前提下，积极释放下属企业经营活力。

2. 综合分析影响因素，建立差异化管控模式

影响管控模式选择的因素多种多样，包括集分权方式、高层管理风格、多元化经营程度、业务经营重点、集团总部管控能力等。城投公司集团总部应综合考虑下属企业战略主导度、主业关联度、业务成熟度、管理成熟度、持股比例、管理关系、行权能力等因素设计具体管控模式。

集团管控一般包括操作型、战略型和财务型三种基本模式，针对不同下属企业采用模式并非单一或一成不变，根据从集权到分权的演变程度，可扩展为操作型、战略操作型、战略型、战略财务型、财务型五种应用模式。对于不同管控模式其管控重点有所区别，城投公司可根据自身发展目标和经营实际选择符合自身需要的管控模式，同时基于集团发展进程进行适应性调整，实现下属企业管理的一致性、延续性、可复制性。城投公司对下属企业实行区分管理，即按照下属企业战略定位、股权结构、管理成熟度等实际情况，建立差异化管控模式，比如针对新设立、管理体系尚不健全的下属企业，在孵化期可考虑适当收权，待公司发展成熟后再进行动态调整。

3. 完善集团管控机制，形成清晰制度流程

通过梳理关键事项审批流程，明确重要控制节点，完善公司管控机制。从党群工作、公司治理、经营计划、组织架构、人力资源、财务管理、融资担保、

投资经营、招标采购、资产运营、合规风控等维度，按照下属企业对应的不同管控模式，梳理集团公司与下属企业关键事项上的权责界面，明确关键事项审批流程的流转时序和重要控制节点，具体包含关键事项及标准、主办部门、最终审批机构、集团公司部门及管理机构审核、审批节点等，最终形成可操作性的“白纸黑字”制度，为管控实施落地提供支撑。

我们知道，管控意图的实现需要“组织—责权—流程”三位一体的管理体系支撑，重点制定好集团总部管理制度、战略管控制度、项目投资管控制度、财务管控制度、经营管控制度、人力资源管控制度、信息化管控制度、风险合规管控制度和审计监察管控制度等内容，最后形成完整的制度手册和标准化流程图、表单等，以实现顺畅管控。

04 人力资源管理

一、概念内涵

人力资源管理是指在经济学与人本思想指导下，通过招聘、甄选、培育、报酬等管理形式对组织内外相关人力资源进行有效运用，满足组织当前及未来发展需要，保证组织目标实现与成员发展最大化的一系列活动总称。人力资源管理一般分为人力资源规划、招聘与配置、培训与开发、绩效管理、薪酬福利管理、劳动关系管理六大模块。

2015 年 8 月，中共中央、国务院印发《关于深化国有企业改革的指导意见》（中发〔2015〕22 号）提出建立国有企业领导人员分类分层管理制度，实行与社会主义市场经济相适应的企业薪酬分配制度，深化企业内部用人制度改革。2016 年 3 月，中共中央印发《关于深化人才发展体制机制改革的意见》，针对人才发展体制机制和管理体制机制等全方面提出改革指导意见。2018 年 5 月，国务院印发《关于改革国有企业工资决定机制的意见》（国发〔2018〕16 号），强调工资总额预算管理概念，明确工资总额确定机制，使得工资总额管理涌现出了新气象、新思路。2020 年 2 月，国务院印发《“双百企业”推行经理层成员任期制和契约化管理操作指引》和《“双百企业”推行职业经理人制度操作指引》，为双百企业高级管理人员及职业经理人管理提供了系统性操作指南，并提出针对性的激励要求。2023 年 5 月，人力资源社会保障部办公厅印发《国有企业内部薪酬分配指引》，为国有企业建立完善内部薪酬分配机制提供了可借鉴的原则、规范、流程和方法。

对于城投公司来说，人力资源管理作为企业内部管理提升的重要部分，具有更广泛的含义，主要包括市场化劳动用工机制、任期制契约化管理和职业经理人制度、薪酬分配体系、绩效管理与考核激励、人才体系建设等模块，通过强化人力资源管理理念，完善人力资源相关制度，培养和激励多层次人才，从而提升企业综合竞争力。

二、管理目标

通过持续深化国有企业三项制度改革，在人才发展体系建设、薪酬绩效体系建设、推行任期制契约化管理和职业经理人制度等方面提升城投公司人力资源管理水平。一方面建立多层次、差异化的考核激励与收入分配格局，特别对城投公司领导人员实行与选任方式相匹配、与企业功能性质相适应、与经营业绩相挂钩的差异化薪酬分配办法；另一方面继续深化企业内部用人制度改革，合理增加职业经理人及市场化选聘人才比例，完善企业各类综合管理人员、专业技术人员的人才梯队建设，并实现人员合理流动。

三、提升建议

（一）全面构建人才管理体系，打造企业人才高地

1. 建立引智引才体系，加强各类人才引进

建立健全公司招聘体系，对招聘人才结构进行策略分析，合理提高国有企业经营管理人才市场化选聘比例，通过多种招聘渠道开展人才招聘。为充分汲取外部智慧和社会力量，可以聘请企业家、专家学者、专业人士为独立董事进入董事会，以其专业能力为董事会科学决策带来帮助，也可聘请行业专家作为公司顾问，在公司日常经营管理中特别是针对重大决策事项提供专业建议，通过外聘机制使得企业人才管理体系更加多元化、精细化、科学化。

2. 完善人才流动机制，提供多种晋升通道

城投公司应对每个岗位所需素质能力进行梳理和分析，明确任职资格，构建岗位职级体系。通过选拔任用或者岗位竞聘方式实施内部人员调整，形成人才合理布局。建立健全公司内部人才流动管理机制，为员工提供业务实操和提升业务能力的机会，使得“人岗相适、用当其时、人尽其才”，建立并完善“能上能下、能进能出”的合理流动机制，同时打造员工职业发展的双通道，即管理晋升通道和专业晋升通道，为员工职业晋升开拓更广阔的空间。

3. 打造人才培养体系，满足企业发展需求

为满足企业发展对人才的需求，从根本上保证组织生存发展优势，城投公司需建立人才培养与发展机制。一方面，根据业务发展要求及员工个人发展需要，对员工进行培训，提高员工专业技术水平，使员工适应未来岗位的规划；另一方面，重视后备人才队伍，特别是对关键职位继任者和复合型人才的培养，通过选拔素质高、有潜力的后备人才并有计划地对其进行重点培养，逐步形成核心骨干员工队伍的阶梯式结构，打造一支既具较高专业技术知识，又有较强的组织协调能力和创新意识的复合型人才队伍。

4. 建立人才目标责任制，加强人才工作领导

建立党政领导班子和领导干部人才工作目标责任制，细化考核指标，加大考核力度，将考核结果作为领导班子评优、干部评价的重要依据，将人才工作列为落实党建工作责任制情况述职的重要内容。进一步明确公司人才工作领导小组职责任务和工作规则，健全领导机构，配强工作力量，完善宏观指导、科学决策、统筹协调、督促落实机制。理顺党委的人才工作职能职责，将行业、领域人才队伍建设列入相关职能部门“三定”方案。

（二）开展任期制契约化管理，推行职业经理人制度

经理层成员任期制和契约化管理作为三项制度改革一项重要内容，是国有企业破除深层次矛盾，构建市场化人才管理体系的重要手段，具有极其深远的意义。经理层成员任期制和契约化管理，是指对企业经理层成员实行以固定任期和契约关系为基础，根据合同或协议约定开展年度和任期考核，并根据考核结果兑现薪酬和实施聘任的管理方式。职业经理人是指按照“市场化选聘、契约化管理、差异化薪酬、市场化退出”原则选聘和管理，在充分授权范围内依靠其专业的管理知识、技能和经验，实现企业经营目标的高级管理人员。经理层任期制契约化管理是推行职业经理人制度的基础和前提，而职业经理人制度是开展经理层任期制契约化管理的进一步市场化改革延伸，推行职业经理人制度特别是要完善“市场化进出”机制，这是两者间的重要区别。

1. 推行任期制契约化管理，转变选人用人机制

城投公司实施任期制和契约化管理要去行政化、破除身份执念，真正实现以岗定人、以岗考核、以岗定薪、岗变薪变。因此，任期制和契约化管理首先要规范岗位定位、核心职责、任职资格等，明确聘任岗位是什么、职责要求和

任职标准是什么，并形成明确的岗位说明书。

在明确岗位职责的基础上，要明确岗位的权力。因此，在任期制和契约化管理中应该以授权清单形式明确经理层成员的权利，规范董事会与经理层、总经理与其他经理层成员之间的权责关系，并通过制度化、规范化的方式对经理层成员行权提供保障，形成相关文件。

此外，明确经理层经营业绩考核体系和刚性退出机制。依照岗位说明书、经营业绩责任书，实行"一岗一考核""年度＋任期"考核模式，确保经营目标有效达成。做好刚性退出管理，通过聘任协议、薪酬与业绩考核办法等制度，明确从签订契约到任期结束内运行的整个过程，让所有管理行为有据可依。

2. 推行职业经理人制度，构建市场化人才体系

城投公司推行职业经理人制度，不仅要从公司内部培养重点对象，也要和外部人才的引进相结合，保障现有经营管理者与职业经理人身份转换通道畅通，按照市场化方式选聘和管理职业经理人，逐步增加市场化选聘职位比重，最终达到公司经理层成员的完全职业化。

通过建立合理、规范、多元化的薪酬体系，对职业经理人进行物质和精神双激励。城投公司在对职业经理人考核时，考核评价机制方面不可沿袭党政领导干部考核评价办法，注意摆脱原有工资体系禁锢，避免分配制度上的平均主义和"大锅饭"烙印。坚决执行业绩考核与企业效益挂钩，制定详细的激励和约束机制，同时健全监督机制，预防职业经理人不廉洁的行为。通过任期制管理实现职业经理人的退出机制，所谓任期制指的是对经理人的考核应当参照其任期工作情况，最终确定是与其延续合同还是终止合同，该制度的实行，将有利规避国有企业"铁饭碗"的传统。

（三）完善工资总额管理机制，优化薪酬考核体系

1. 加强工资总额管控，优化人工产出效率

城投公司工资总额设计需坚持分类管理原则，按照"效益决定、效率调节、水平调控"三个环节，以效益决定增长范围、效率调节增长幅度、水平调控增长目标，职工工资水平确定以及增长与企业经济效益和劳动生产率提高相联系，实现职工工资能增能减，充分调动职工提升效能的主动性和积极性。工资总额每年年初按照国家和本地区工资分配宏观指导调控政策要求，根据企业发展战略和薪酬策略、年度生产经营目标和经济效益，综合考虑劳动生产率和人工成

本投入产出率、职工工资水平市场对标等情况，结合政府人力资源社会保障部门发布的当地工资指导线和调控要求，最终合理确定年度工资总额。

城投公司一般分为商业一类（竞争类）、商业二类（功能类）和公益类企业，例如主业处于充分竞争行业和领域的商业一类企业的职工工资总额主要与企业利润总额、净利润、经济增加值、净资产增长率、净资产收益率等反映经济效益、国有资本保值增值和市场竞争能力的指标挂钩。同时，工资总额预算与经济效益考核目标值挂钩，并且根据目标值的先进程度确定不同的预算水平。例如企业经济效益增长目标值落在第一档的，工资总额增长可以与经济效益增幅保持同步。除此以外，工资总额预算在按照经济效益决定的基础上，还应当根据劳动生产率、人工成本投入产出效率的对标情况合理调整。

2. 科学设计薪酬体系，体现中长期激励导向

城投公司内部薪酬设计应坚定市场化改革方向，坚持按劳分配、效率优先、公平合理、差异分配等原则，发挥市场在薪酬分配中的决定性作用，探索多种分配方式，创新薪酬分配机制，推动劳动、知识、技术、管理、数据等生产要素按照贡献通过多种分配形式参与分配，实行与人员选任方式相匹配、与企业功能性质相适应、与经营业绩相挂钩的差异化薪酬分配方法。因此，需建立既有激励又有约束、既讲效率又讲公平的分配机制，实行“业绩薪酬双对标”的市场化激励机制，结合行业和企业特点以及国有资产产权隶属关系，实行分类管理，体现不同岗位要素差别，充分反映职工能力高低和贡献大小，形成收入能增能减的差异化薪酬分配格局，进一步破除平均主义。

薪酬模式是城投公司薪酬体系的核心，不同薪酬模式激励效果与导向各不相同，根据不同岗位职责、提升经营专业化以及市场化人才引进需要，对不同人员进行分类管理并区分薪酬模式，可分为年薪制、岗位绩效工资制、协议工资制、劳务工资制等。现以岗位绩效工资制为例，薪酬结构通常包括基础部分、绩效部分、专项奖励及福利部分，城投公司在确定薪酬结构时，应考虑业务差异性及各类人员工作特点，在系统分析前提下，既考虑薪酬的保障作用，又考虑薪酬激励作用，选择适用于城投公司发展特点和发展规划的薪酬结构。

此外，与企业薪酬分配的普适性不同，中长期激励更加有针对性和聚焦性。城投公司要塑造风险共担、利益共享的中长期激励文化氛围，尽可能将员工利益与公司利益联系起来，形成利益共同体，提升经营管理者以及每一位基层员工的认同感与参与感，健全内部选聘机制、人才引进机制，做好公司内部的人

才梯队管理，打好物质激励和非物质激励的“组合拳”，才能充分发挥员工的积极性和能动性，真正做到激励传承于战略而服务于战略的作用。目前，中长期激励方式主要有股权激励、岗位分红和员工持股模式。对于中长期激励的实施，政策要求企业有严格的约束机制与激励依据，如岗位设置、流程建设、考核实施等，激励机制的系列改革也在促使公司完善治理体系、夯实基础管理、优化集团管控，确保企业自身对于中长期激励政策拿捏准、行得稳。

3. 构建公司绩效体系，实现价值合理分配

根据城投公司自身的战略定位和发展目标，对不同功能和类别的企业，结合企业实际和发展阶段，突出不同考核重点，合理设置经营业绩考核指标及权重，确定差异化的考核标准，实施分类考核。例如，商业类企业绩效考核一般应突出经济效益类指标，文化类和公益类企业应按照宣传、文化等部门有关规定同时突出社会效益等指标考核，金融类企业应按照财政、金融等部门要求同时突出合规经营、风险控制等指标考核。

通过建立面向全员的绩效管理制度，设计多维度的综合指标体系，让考核工具在企业价值创造中发挥牵引、激励和价值分配的杠杆作用，注重绩效管理闭环，加强考核结果应用，不断提升个人绩效水平从而促进组织绩效提升，进一步激发内生动力，增强组织和个人发展活力。需要注意的是，不同类型岗位考核侧重也有所区别，如管理、市场序列岗位一般应重点考核利润、销售收入、重点工作任务完成率等指标，技术、职能序列岗位一般应重点考核各类技术技能人才的专业性、创新性和履职绩效、创新成果、实际贡献等指标。

对于下属企业的业绩考核管理中，要实行与企业功能定位相符的分类考核制度，根据集团总体目标及下属企业行业、主业特点等合理设置考核指标及权重。按照责权利相统一要求，推动下属企业全面考核，建立重激励与硬约束相并重机制，实现激励与约束相结合。同时，立足当前、着眼长远，建立考核结果与过程评价相统一机制，增强下属企业可持续发展能力，实现短期目标与长远发展相结合。

05 财务管理

一、概念内涵

企业的一切生产经营活动最终都会反映到财务成果上来，因此财务管理是企业管理的核心。财务管理包括资金管理、会计核算、预算管理、财务分析、成本管理、税务管理等内容，其中，资金管理是财务管理的核心，会计核算是财务管理的基础，预算管理、财务分析、成本管理、税务管理是财务管理的重要工具。财务管理本质上是通过价值形态对企业的资产、资源、资金的运动进行计划和控制，其手段是找出企业生产经营中存在的问题并提出针对性的解决建议或措施，最终目的是为企业生产经营提供决策依据，帮助企业实现价值最大化的经营目标。

城投公司作为市场经营主体，应逐步完善财务管理体系，持续提升财务管理质量，为公司高质量发展提供科学高效的财务管理支撑。随着数字信息、应用统计、优化理论等先进技术与方法的逐步应用，城投公司的财务管理也正在向数字化智能化转型。

二、管理目标

城投公司作为国有企业，应深刻理解习近平总书记关于国有企业改革发展的重要论述，全面贯彻党的二十大精神，完整、准确、全面贯彻新发展理念，以高质量发展为主题，推动企业财务管理理念变革、组织变革、机制变革、手段变革，更加注重质量和效率，更加突出“支撑战略、支持决策、服务业务、创造价值、防控风险”的功能作用，以“规范、精益、集约、稳健、高效、智慧”为标准，以数字技术与财务管理深度融合为抓手，加快构建一流财务管理体系，支持企业高质量发展。

三、提升建议

（一）优选财务管控模式，支撑公司实施战略规划

财务管控是公司实施战略的重要手段。为了充分发挥集团总部与下属企业之间的母合优势，城投公司应以公司战略为基础，综合考虑下属企业发展定位、资源相关度和自身发展阶段等因素，为下属企业选择针对性的财务管控模式，确保下属企业的发展方向与公司战略目标保持一致。

一是集权型财务管理模式。这种模式下城投公司对下属企业的筹资、投资、利润分配等财务事项拥有绝对决策权。会计核算、资金调度、资产管理、投资决策、内部控制、人事任免等重大财务事项都由集团总部统一管理。集团公司对下属企业财务负责人实现垂直领导，其工资福利待遇由总部决定。这种模式的优点是有利于集团总部决策的贯彻和实施，在实现规模效应、协同效应的同时，最大限度地降低代理成本，提高资金使用效率，降低经营和财务风险，达到优势互补，保证公司战略目标的实现；缺点则是下属企业没有财务决策权，抑制了下属企业的自主性、灵活性和创造性。

二是分权型财务管理模式。这种模式下城投公司主要以股权关系为纽带，以管资本为主要管控手段。集团总部只保留对重大财务事项的决策权或审批权，其他管理权限全部授放给下属企业。这种模式的优点是下属企业对市场行为反应快速，容易捕捉盈利机会，减少集团总部决策的压力；缺点则是下属企业有时可能从利己角度出发，追求局部利益而忽视整体利益，不利于公司整体资源的整合和利用，导致公司内部资源配置上的重复浪费，影响规模经济效益。

三是集权与分权结合型财务管理模式。这种模式是将财权在集团总部与下属企业之间适度分配，形成适度分权或适度集权的组织结构。在实际工作中，集团总部对部分重大财务事项决定权收归总部，而把其他决定权授权给下属企业。集权与分权相结合的模式，有利于将重大财务事项决策权进行集中管控与一般管理事项决策权适度分权相结合。

（二）健全预算管理机制，促进公司聚焦经营目标

预算管理是财务管理的重要内容，是公司实现经营目标的重要手段。城投公司普遍下辖多家企业，为了统筹公司及各下属企业的资源、业务，公司应建立全面预算管理体系，确保公司完成经营目标。

一是建立全面预算管理组织体系。全面预算管理的组织体系由公司董事会、预算管理委员会、预算管理办公室、预算管理归口部门及各预算责任单位构成。其中，董事会是预算管理的最终决策机构，预算管理委员会为董事会决策提供支持的议事机构，预算管理办公室负责组织开展预算管理各项工作，预算管理归口部门负责对具体业务预算统筹编制、审核、汇总、执行监督与考核，而预算责任单位则是预算的执行单位，即公司各部门及下属企业。

二是编制科学合理的整体预算。集团总部财务管理部门按照公司整体发展规划，提出年度计划，将各项指标分解下达给下属企业，下属企业根据分配的指标和自身情况编制本单位下一年度整体预算，上报集团总部审批。集团总部依据批准后的各下属企业预算汇总编制集团总体预算，据此指导下属企业各项经营活动，确保公司年度经营目标达成。

三是加强预算执行监督，严格预算考核。预算考评是对公司内部各责任单位预算执行情况和绩效的考核与评价。通过预算执行情况与目标的比较，找出差异并查明差异产生的原因，据此考核各责任单位和个人的工作业绩并与相应的奖惩制度挂钩，充分调动各级责任单位和个人的工作积极性。

（三）加强企业资金管理，保障公司运营资金安全

资金是企业的血液，是企业生存和发展的基础，资金管理则是企业财务管理的核心，是公司实施战略的重要保障。作为资本密集型企业，城投公司资金管理水平不仅决定其经营效益，更直接影响其生存。因此，城投公司必须加强企业资金管理，为公司持续经营发展提供充足的资金，保证公司资金安全。

一是加强资金管理体系顶层设计，科学制定总体规划，成立资金管理中心，完善管理架构和制度体系，建立总部统筹、基层执行的组织体系和“统一管理、分级授权”的管理模式。

二是加快推进司库管理体系落地实施，将银行账户管理、资金归集、资金预算、资金结算、票据管理等重点业务纳入司库体系，强化信息归集、动态管

理和统筹调度，实现对全公司资金的集约管理和动态监控，提高资金运营效率、降低资金成本、防控资金风险。

三是切实加强应收账款与存货管控，强化公司现金流管理，优化客户和供应商信用风险管理，减少资金占用，做到应收尽收、“颗粒归仓”，实现收入、效益和经营现金流的协同增长。

四是完善资金内控体系，将资金内控规则嵌入信息系统。建立健全资金舞弊、合规性、流动性、金融市场等风险监测预警机制。加强对担保、借款等重大事项的统一管理，严格落实各项监管规定。

五是强化下属企业资金管理。资金管理作为公司全面预算管理的重要组成部分，下属企业应根据自身的投资经营情况编制年度资金预算，同时还应逐月逐季编列资金计划表上报集团总部并由其进行拨付。集团总部根据资金计划表的执行情况，区分预算内与预算外的资金活动，实现对下属企业资金活动的管理。

（四）强化财务合规管理，提升公司财务管理水平

合规是财务管理的基本要求，核算是财务管理的数据基础，分析是财务管理的重要工具。因此，城投公司应加强财务合规管理，提升会计核算质量，强化财务分析能力，提高财务管理水平，支撑公司高质量发展。

一是加强财务合规管理。在公司财务管理制度的基础上，设计相关财务管理流程，分析管理流程及相关节点的合规风险点，形成针对性的合规风控措施，搭建财务管理合规风控体系，将财务合规管理嵌入公司战略、投资、项目评估、合同评审等生产经营业务中，增强公司合规管理能力，保障公司持续健康发展。

二是建立会计核算体系。集团总部统筹制定会计政策、会计科目、统一核算的标准和流程，确保会计核算规范化、标准化。下属企业原则上需执行集团总部的会计政策、会计科目、标准与流程，经过集团总部审批可制定并执行适用于自身特殊经营领域的会计管理办法。

三是强化财务分析能力。在对营业收入、利润总额、净利润、净资产收益率、国有资产保值增值率等财务指标开展分析时，不仅需要同比或环比分析，还应结合企业的内外部环境进行分析，对重点项目、重点业务数据及管理层关注的着重点从多维度、多层次综合分析，从企业的偿债能力、运营能力、筹资能力和投资能力等角度进行深层次分析，为公司决策提供高质量的财务报告。

（五）完善财务信息系统，提高公司财务管理效率

数字经济时代，信息系统已经成为企业管理的重要工具。城投公司作为市场经营主体，应树立数字化信息化管理意识，建立并完善财务信息系统，推动公司及下属企业财务管理工作向数字化智能化转型，持续提升公司财务管理工作的质量与效率。

一是统筹制定公司财务数字化转型规划，完善财务制度体系、组织体系和管控体系，在统一底层架构、流程体系、数据规范的基础上，引进专业财务信息系统提供商，建立符合公司发展实际和需要的财务信息系统，推进财务管理线上操作，提高财务管理效率，并纵向贯通下属各级企业，推进系统高度集成，避免数据孤岛，最终实现全公司“一张网、一个库、一朵云”。

二是推动公司业财信息全面对接和整合，构建因果关系的数据结构，对生产、经营和投资活动实施主体化、全景化、全程化、实时化反映，实现业、财、技一体化管控和协同优化，推进经营决策由经验主导向数据和模型驱动转变，提高财务分析质量。

三是积极探索依托财务共享实现财务数字化、智能化转型的有效路径，推进共享模式、流程和技术创新，从核算共享向多领域共享延伸，从账务集中处理中心向企业财务数据中心演进，不断提高共享效率、拓展共享边界，持续提升财务管理工作效率。

06 业务管理

一、概念内涵

城投公司从成立伊始就承担着城市基础设施建设的职能，然而一项基础设施从生产建设到投入使用要经过投资立项、资金安排、施工建设、资产移交、运营管理等一系列管理流程，我们将与城投公司业务开展紧密联系，并对业务起到促进推动作用的管理手段称为业务管理。根据城投公司的业务定位，其基本业务管理包括投资管理、融资管理、项目建设管理、资产管理。

投资管理，是指围绕资产投资的资金来源、投资方向和规模以及资金的用途等事项开展工作，对投资项目进行具体管理。对城投公司而言，其投资管理主要包含两个部分：第一部分是投资计划管理，根据城投公司战略规划编制年度投资计划，主要包括年度重点投资业务领域、总投资规模、投资项目基本情况等。第二部分是对年度投资计划内项目的投资具体管理工作，包括投资事前、事中、事后管理，事前管理包含项目收集登记、预审与立项，尽职调查、可行性研究、内部决策等；事中管理包含投资项目建设、运营监控及投资事项变动的处理；事后管理包括股东权利行使和投资撤出、资产移交以及投资后评价分析。

融资管理，是指企业的资金筹集行为与过程，也称资金融通。城投公司融资管理包含融资计划制定、融资方案制定及实施、信用评级提升和债务偿还安排等。城投公司融资部门根据企业年度投资计划并结合财务状况和资金需求编制年度融资计划，待确定后可制定融资方案并实施，融资方案包括融资方式、融资对象、拟融资的金额、期限及资金成本等。资金到位后融资部门需要定期与融资机构核对借款、还款明细，支付每期融资利息，并及时办理融资本金偿还。其中，融资方式及融资成本是融资管理的重要课题，可以通过提升信用评级解决多元融资和降低成本的需求，而信用评级提升需根据评级提升目标制定评级提升方案，对接评级机构开展尽职调查，确定信用等级。

项目建设管理一般包含投资决策、立项审批、项目实施和竣工投用等阶段。在投资决策阶段，需要出具项目建议书、投资分析报告并履行投资决策流程。在立项审批阶段，需要完成项目可行性研究报告，还有方案设计、初步设计、概算编制以及土地的招拍挂或划转及立项审批手续。在项目实施阶段，包含招投标、工程规划证和施工许可证的办理、具体施工管理以及六方主体验收，主要由工程、开发、质量安全等部门及在建项目部协同配合完成。在竣工投用阶段，则涉及竣工验收备案、工程结算、财务决算、项目审计、资产移交及投资评价等。

围绕资产的全生命周期，资产管理内容涵盖资产取得与登记、资产使用、资产清查、资产处置和资产评估。城投公司资产取得的主要方式是政府无偿划转、自主投资和购置，资产取得后办理验收、登记，建立资产卡片和登记资产账目。资产使用主要包括资产自用、资产运营，近年来，存量资产盘活成为城投高质量发展的关键路径，因而资产招商也成为资产管理的核心内容。资产清查是对资产进行全面的清理、核对和查实，包括实物盘点、核实账务等。城投公司对其占有、使用的国有资产进行产权转让或注销的行为称为资产处置，包括无偿划转、交易、资产损失核销、捐赠等。当资产进行转让、租赁或企业出现破产清算等情况时，需进行资产评估，国有资产评估工作应当委托具有资产评估资质的机构进行。

二、管理目标

城投公司建立以“投资管理”为目标，以“融资管理”为核心，以“项目建设管理”为手段，以“资产管理”为依托的一体化业务管理体系。“做优”投资平台，保证投资决策水平，把控投资风险，强化投后管理，做强做优主业，优化国有资本布局和推动地方产业升级转型，提升国有资本运营效率和提高国有资本回报。“做强”融资保障，提升融资能力，拓宽融资渠道，降低融资成本，为项目投资和运营提供充足的资金支持，防范隐债风险，提高资金使用效益，推动地方社会经济和城市的健康发展。“做细”项目管理，规范和提高工程项目的管理水平，促进工程建设管理行为的标准化、规范化，确保工程进度能按计划有效实现、工程质量持续改进和提高、工程安全得到稳定保障、工程成本得到有效控制。“做专”资产运营，通过科学配置、有效使用、规范处置及严格监督资产，保护国有资产安全，促进国有资产良好运作，防止国有资产损失，进而实现国有资产保值增值。

三、提升建议

（一）建立科学投资管理体系，提高投资实力

1. 明确投资战略规划，突出目标引领

投资行为是国有资产布局的重要手段，投资目标更是企业战略目标的直接体现，因此城投公司应精准把握国家战略、产业政策和区域重点产业发展要求，开展企业战略规划并据此制定投资规划，确定企业投资的目标、原则、规模、方式等重大问题。对于股权投资，还需合理评估和选择投资战略，将直接投资、间接投资、长期投资、短期投资等不同的投资战略进行组合，并随着环境的变化对投资战略做出及时调整。此外，企业投资活动需纳入年度投资计划并严格执行，确需追加投资或企业生产经营环境发生重大变化等情况应调整年度投资计划。

2. 加强投资过程管控，严格合规执行

城投公司建立投资管理制度体系，通过制定和实施一系列管理办法、操作程序与控制措施，确保投资活动合法合规有效开展。投资决策前需审查立项项目是否符合年度投资计划、企业功能定位、主业管理规定和发展战略规划，需从政策、市场、技术、效益、环境等方面做好尽职调查、可行性研究、风险评估等前期工作，做好项目融资、投资、管理、退出全过程论证。投资决策时要严格履行“三重一大”决策流程，审核项目立项、尽职调查、可行性研究、风险评估、审查论证等关键环节相关材料，设置投资决策、风险控制等专门委员会的，发挥外部董事的专业作用。投资决策后要加强项目管理，全面掌握投资项目进展，做好跟踪管理和信息统计分析工作，已完成的重大投资项目需开展投后评价，重大投资项目有必要开展专项审计。

3. 注重投资风险管理，及时规避损失

将风险管控内嵌到投资全流程之中，形成项目投前、投中、投后一体化投

资风控监督模式。一是“投前”风控提早介入，要求风控部门参与项目立项决策环节，配合业务部门深入开展尽调，充分收集信息，识别投资项目风险，设计风险控制方案。二是“投中”落实保障措施，充分考虑投资项目前期尽调揭示的相关风险点，在投资协议条款中协商相关保障性条款，将风控措施落实到合同条款之中，最大可能避免相关风险导致的投资损失。三是“投后”实施重点监管，建立风险预警机制，设定个性化指标并实时监控，发现公司投资权益发生重大变动、投资项目的财务指标恶化、亏损及其他对公司投资产生重大影响的事项，及时进行重大风险提示及应对。

4. 吸收培养专业人才，提升投资水平

城投公司逐步完善专业化人才管理制度，匹配满足投资业务发展需求的岗位人员。首先，开展外部引进，针对企业紧缺的核心关键岗位采用市场化选聘，单独设立薪酬考核制度。其次，强化内部培养，一是引用实际案例对投资管理人员进行专业培训，提升人员专业技能和风险判别能力；二是让投资管理人员更多参与项目过程管理，扎实项目尽调和实地考察，提升项目运作经验；三是加强与对应领域先进专业机构的项目合作、交流，善于对标学习。最后，建立科学合理的绩效考核、奖惩、晋升等激励约束机制，提高投资专业人员主动管理意识，调动工作积极性和成就感。

（二）多措并举改善融资环境，增强融资能力

1. 建立项目信息储备，做好融资规划

以属地政府规划为指引，根据公司的主业发展、资源能力等提前筹划项目，形成项目信息储备库，同时对入库项目按照“轻重缓急、择优遴选”的原则进行合理排序，并实行动态管理，形成“建成一批、淘汰一批、充实一批”的良性循环机制。对库中项目要进行融资方式、规模、结构及时间进度等的统筹规划，与银行、券商等金融机构提前做好融资对接。对于一些重大复杂项目，如片区综合开发项目，应提前做好投融资方案设计，研究项目投融资模式及关键商务条件，充分挖掘项目潜在收益，设计项目盈利模式，开展投资测算和投入产出现金流量分析，为引入社会资本合作方做好准备。

2. 丰富多元融资模式，拓宽融资渠道

一是通过银行、非银行金融机构、信托、私募股权、政府基金等多种渠道，建立融资合作网络。二是通过股权融资、债券发行等方式拓展资本市场融资渠

道，上市融资、定向增发、企业债券发行等方式可以提高融资效率，降低融资成本，并提升公司的知名度和声誉。三是参与高质量的PPP项目，通过与民间资本合作，实现项目融资，降低公司融资压力。四是拓展跨境融资渠道，包括境外债务融资、海外资本市场融资等，通过与国际金融机构合作，可以获得更为多样化和灵活的融资方式，切实提高融资能力。五是发挥政府支持作用，争取政府的政策支持和财政资金补贴，如政府扶持资金、政府贴息贷款、政府担保机制等。

3. 提升评级优化债务，降低融资成本

良好的主体信用等级是企业利用资本市场和对接各类金融资源开展融资活动的前提条件之一。城投公司一方面要加快市场化转型，推动资产及业务整合重组，做大做实做强资产，提升公司盈利能力和综合竞争力；另一方面要利用好政府间接信用，持续获取政府在政策、资本金、经营性资产、重点资源及项目上的支持。城投公司重视债务结构的优化，可以帮助降低融资成本，根据自身财务状况和项目需求，合理安排债务期限、利率和还款方式，减少公司债务成本负担。

（三）强化项目的全过程管控，夯实项目管理

1. 完善工程管理制度，明确权责边界

建设工程项目管理是一项复杂的系统工作，涉及专业众多，从工程项目前期规划设计，到建设中的进度、成本、安全、质量等要素把控，再到竣工阶段验收检查，都须严格管理，因此需要制定工程管理制度对各项权责、流程加以明确。建设工程项目管理的制度核心内容包括两部分：一是职责分工，明确主要责任部门、配合部门及责任分工，确保工程项目建设过程中涉及的各工作模块没有遗漏；二是流程管理，明确项目管理流程的各阶段及各参与部门的工作内容、完成标准及工作时限，要求各部门在项目管理中紧密配合，保证各阶段流程衔接，资料、信息传递及时、完善。

2. 扎实项目前期管理，防范投资风险

工程项目前期包括投资决策、立项和可行性研究三个部分。投资决策是对投资项目、规模、方式等进行分析和选择，应有充分的调查研究、论证分析、风险评估等依据，有明确的目标、方案、预算、责任等内容，有书面的文件或者记录，有相应的审批或者备案程序。立项是确定工程项目建设必要性和可行

性的重要环节，立项申请包括建设背景、建设目标、建设内容、建设规模、建设地点、建设期限、初步投资估算等内容。可行性研究是确定工程项目建设方案和投资预算的关键环节，报告编制可以选择有资质经验的设计单位进行，其内容应当包括工程项目的技术方案、经济评价、社会效益、环境影响、风险分析等。

3. 紧盯项目过程管理，实现工程目标

施工阶段是工程项目实现目标的主要阶段，要做好“四个控制”，即进度控制、质量控制、安全控制和成本控制。进度控制方面，从项目前期到正式开工建设都必须有完整的进度计划、实施、检查和调整，对影响进度计划的问题要尽快排查和处理；质量控制方面，用国家规定的质量目标作为监督和控制工程质量标准的底线，用公司内部质量目标作为日常监督和控制的常规准则；安全控制方面，做好安全计划、计划实施与检查、特殊事件的处理等，督促施工单位建立安全生产保障体系，不定期对各建设工程进行安全检查，对发现的问题及时组织整改；成本控制方面，包括做好成本计划、成本计划的实施与控制、成本的核算、成本的分析和考核等。

4. 抓好项目后期管理，做细收尾工作

项目后期管理是工程项目收尾阶段，是确定项目建设成果和投资结算的重要环节，包含竣工验收、项目移交及资料归档、结算、决算、后评价等环节。竣工验收应根据工程项目特点和要求，邀请设计单位、施工单位、监理单位等相关方参与，按照国家有关规定和标准进行验收。竣工验收后，根据项目前期建设要求移交不同单位，同时对工程项目的各类文件资料、签证记录等进行整理、归类，并制作目录和清单，同步移交给使用单位或运营部门。项目移交后按流程进行结算和决算及内部审计，个别项目需执行外部审计。最后是项目后评价，对项目的技术性能、运行状况等进行效果评价，对投资回收期、投资收益率等进行效益评价，对项目的成功经验和失败教训进行总结。

（四）完善国有资产管理机制，提升资产效能

1. 完善资产管理制度，明确顶层设计

制度建设是提高国有资产管理效率，促进国有资产集中统一管理的根本保证。城投公司应制定资产管理的基本制度，明确资产管理机构与职责，资产的获取方式与登记要求，资产使用、清查及处置的要求、条件和程序。城投公司还应不断健全国有资产管理的配套制度，逐步建立健全国有资产保管、领用、

入账、交接等内控机制，形成涵盖资产的配置计划、使用、运营、处置和绩效考核等环节的相对完善的制度与标准体系，从制度规范和具体工作上实现资产集中统一管理。

2. 厘清资产权属关系，抓实分类管理

资产盘点是资产管理的前提条件。城投公司要对不同类型资产进行详细摸底与盘查，掌握各类资产业态及属性，比如资产名称、位置、面积、资源归属方、资源使用方等。根据资产的类别特性、功能用途、利用方式等因素对资产进行分类管理，以土地、房屋资产的管理为基础和重点，统筹管理好公务用车、办公设备设施、通用设备、在建工程和无形资产等。完善不同类别资产的权属登记、清查评估、报告评价等配套措施，实现资产管理规范化、精细化、专业化。

3. 坚持资产分类运营，实现保值增值

通过对各类资产的盘点与梳理，对于经营性资产，城投公司要开展资产运营规划，根据不同资产所处位置、占地使用面积、产权是否清晰、是否存在历史遗留问题等因素综合评估，统筹规划相关资产的运营次序，按照“全局思维、先易后难、先急后缓”等原则，明确哪些资产需要优先盘活、哪些资产需要重点关注、哪些资产需要维持现状，形成清晰的资产分类运营计划，指导企业资产管理提升全过程。对于明确需要盘活的闲置资产，城投公司应制定“一资一策”推进工作方案，明确相关人员职责、具体工作举措及完成时间节点，确保逐项攻坚、逐个击破，坚决打赢存量资产盘活“攻坚战”。

4. 打造智慧管理系统，提升运营效率

城投公司要推进资产管理信息化建设，强化信息化、数字化管理与应用，加强顶层设计和统筹规划。通过精准对接资产管理信息化需求，打造“数字资管系统”，加速资产管理数字化转型升级，实现从传统型资管模式向产权管理数字化、租赁经营在线化、业务财务一体化、安全管理智能化、动态数据可视化的数字化资管模式转变。城投公司借助资产全生命周期数字化管理体系，高效支撑资产管理提质增效，加强了对资产经营状态的动态监控和经营风险的主动防控，也进一步增强了公司经营管理决策的科学性和实效性。

07 风险和合规管理

一、概念内涵

国家相关法律法规和政策文件的陆续出台，为城投公司风险管理、内部控制和合规管理体系建设指明了方向，逐步形成了以风险管理为导向、内部控制为抓手、合规管理监督为重点，以“防风险、强内控、促合规”为目标的第二道风险管理防线，侧重于对风险进行事前和事中管理。

《中央企业全面风险管理指引》（国资发改委〔2006〕108 号）规定，全面风险管理是指企业围绕总体经营目标，通过在企业管理的各个环节和经营过程中执行风险管理的基本流程，培育良好的风险管理文化，建立健全全面风险管理体系，包括风险管理策略、风险理财措施、风险管理组织职能体系、风险管理信息系统和内部控制系统，从而为实现风险管理总体目标提供合理保证的过程和方法。

《企业内部控制基本规范》（财会〔2008〕7 号）规定，内部控制是由企业董事会、监事会、经理层和全体员工实施的，旨在实现控制目标的过程。内部控制的目标是合理保证企业经营管理合法合规、资产安全、财务报告及相关信息真实完整，提高经营效率和效果，促进企业实现发展战略。

《中央企业合规管理规定》（国务院国有资产监督管理委员会令第 42 号）规定，合规是指企业经营管理行为和员工履职行为符合国家法律法规、监管规定、行业准则和国际条约、规则，以及公司章程、相关规章制度等要求。合规管理是指企业以有效防控合规风险为目的，以提升依法合规经营管理水平为导向，以企业经营管理行为和员工履职行为为对象，开展的包括建立合规制度、完善运行机制、培育合规文化、强化监督问责等有组织、有计划的管理活动。

二、管理目标

以“防风险、强内控、促合规”为目标，统筹建设涵盖风险管理、内部控制、合规管理三位一体的融合管理体系，构建以风险管理为统领、以内控为支撑、以合规为底线的第二道风险管理防线，强化事前和事中风险控制管理，全面提升风险管控水平，确保实现国有资产保值增值。

完善风险管理体系，提升风险管理水平。基于风险识别、风险评估，有效应对战略、财务、市场、运营、法律等方面风险，强化企业的应变能力、科学决策能力和组织保障能力，降低和消除各类风险的负面影响，确保各项活动顺利进行，保证企业的经营目的达成。

强化内部控制体系，提高风险管控能力。统筹规划、协同推进集团公司与下属企业内部控制体系建设，规范法人治理结构及议事规则，全面优化管理制度和业务流程，明确内部控制关键节点和控制标准，健全重大内控风险预警和应急机制，提高经营管理风险管控能力，防范经营风险。

健全合规管理体系，夯实合规经营根基。基于合规风险识别与评估，识别企业潜在的合规风险，提早开展预防性合规管理工作，或积极采取必要管理措施，深入推进依法经营，防控合规风险，实现企业合规目标，提升企业品牌形象，以高效合规管理夯实高质量发展根基。

三、提升建议

（一）完善风险管理体系，着力提升风险管理水平

1. 健全风险管理架构

一是完善法人治理结构。加强党组织对风险管理工作的全面领导，明确董事会、监事会、风险控制委员会和经理层等治理主体的风险管理职责、授权体系和重大风险决策机制。二是健全风险管理部门职能。设立专门的风险管理部门，负责落实领导班子风险管理决策，统筹推进风险管理体系建设和风险管理工作开展。聘任法律顾问或总法律顾问，专门从事企业法律事务工作，健全法律风险管理职能和防范机制。三是明确其他部门风险管理职能。加强其他业务部门和职能部门风险管理职责，充分发挥其他部门一线岗位风险管理优势，切

实从源头防范风险。

2. 优化风险管理流程

一是强化风险识别。采用流程分析、历史事件分析、专家研讨等方式，收集、筛选、提炼风险信息，编制形成全面风险数据库，并完善风险数据库动态更新机制。二是强化风险评估。基于风险的影响程度、发生可能性等特征，构建符合企业发展实际的风险评估体系，确定风险排序以及重大风险，绘制风险地图。三是强化风险应对。基于企业风险偏好和风险承受度，制定风险应对策略以及具体应对措施，使风险控制在可承受范围内，编制形成风险控制清单，与公司经营管理活动进行深度融合。四是强化风险监控。完善风险预警机制和重大风险应急处理机制，明确预警标准，制定重大风险应急预案，提升公司经营发展中对各类风险的预防和控制。

3. 完善风险管理机制

一是完善风险决策机制。明确风险管理各职能机构决策权和决策程序，优化决策权力分配与制衡，提高科学决策水平。二是完善协同联动机制。加强不同部门之间的信息共享、沟通协调，在风险管理全过程中构建多部门有效协同联动的工作格局，有效形成多部门管理合力，提高风险管理质量。三是完善考核评价机制。将风险管理工作纳入绩效考核体系，完善考核结果应用，强化风险管理责任追责问责。四是完善工作改进机制。定期组织风险管理专题研讨和工作总结，对风险管理的效果和效率进行持续监督与跟踪评价，持续改进风险管理缺陷，提升风险管理成效。五是完善法律顾问工作激励、约束机制。建立科学的法律顾问薪酬制度和绩效考核制度，使得法律顾问的工作成果与薪酬、晋级挂钩，激励法律顾问不断增强自身素质，提升服务水平。

4. 建设风险管理系统

根据风险管理工作需要，系统性搭建风险管理信息化平台，逐步实现与各业务信息系统集成，借助大数据、云计算等新一代信息技术，提升风险信息收集、风险评估、风险监测、风险预警、风险控制等工作效率，提高全面风险管理的数字化、智能化水平。

（二）强化内部控制体系，不断提高风险管控能力

1. 强化内控组织体系

一是完善法人治理结构。加强党组织对内控管理工作的全面领导，明确董

事会、监事会和经理层等治理主体的内控管理权责、授权体系和决策机制。公司下属企业应基于管控模式，明确管控权限，完善下属企业授权清单。二是健全内控管理部门职能。设立专门的内控管理部门或明确内控职能的具体承担部门，有效开展企业内控体系的建设、实施、监督指导、考核评价及整改落实，充分发挥统筹推动、组织协调、监督落实的作用。三是明确内控管理岗位。明确各部门负责人是本部门的内控管理第一责任人，统筹负责本部门内控管理工作。此外，各部门应配备专人具体负责本部门内控管理工作。四是健全内部监督部门职能。由内部监督部门对内部控制的建立和运行情况进行监督检查，提出内控管理改进建议。

2. 强化内控制度体系

根据相关监管要求和企业管理需要，系统企业现行的各项规章制度，健全内控管理制度。一是系统性修复内部规章制度缺陷，全面解决职责不清、标准不明、衔接不畅、覆盖不全等问题。二是重点解决弥补重要领域和关键环节制度漏洞，有针对性地细化重要领域制度和配套流程，并明确关键环节内控的具体要求和风险应对措施。三是及时填补内控制度空白，持续加强新并入企业、新型商业模式、新兴业务领域等制度建设。四是健全内控管理制度，明确职责划分、内控程序等内容，完善内控缺陷识别、评估、监测、预警和处置等机制，强化内控数字化转型，全面指导、规范内控工作开展。

3. 强化内控专项整治

一是组织内控缺陷专项排查。根据国资委部署开展的“七个专项治理”等要求，结合企业内部控制的重难点问题，适时开展企业内部控制专项整治工作，对内控缺陷进行专项排查。二是强化内控缺陷整改。针对专项排查出的内控缺陷，分类制定专项整改方案，建立内控缺陷整改责任清单，将缺陷整改落到实处。三是严格开展追责问责。及时将发现的违法违纪线索移交责任追究部门或纪检监察机构追责问责；对专项整治工作开展不力或整改落实不到位的，严格按规定对相关单位和责任人进行通报、约谈。

4. 强化内控工作机制

一是定期开展内控风险评估。依据外部政策、行业环境以及企业发展实际，定期深入分析可能面临的内控风险，形成内控风险清单，明确责任单位和应对措施。二是加强内控风险监测预警。参照中央企业风险分类监测指标体系，定期分析内控风险，评估确定内控风险变化趋势，优化调整应对措施。三是加强重大内控风险事件报告及处置。重点加强重大内控风险事件的跟踪、评估与应急处置，严格落实重大风险报告责任。

（三）健全合规管理体系，稳步夯实合规经营根基

1. 强化合规管理职能

一是完善合规管理治理结构。基于企业原有治理结构，明确在党组织统一领导下，董事会决策、经理层实施、合规管理部门具体执行的合规管理职责分工、工作目标和具体要求。二是健全合规管理职能设置。设立首席合规官，不新增领导岗位和职数，由总法律顾问兼任，对企业主要负责人负责。健全企业主要负责人领导下，由首席合规官牵头，合规管理部门统筹具体工作开展，相关部门协同联动的合规管理组织体系和职责分工，完善合规管理三道防线。

2. 健全合规制度体系

一是建立合规管理基本制度。依据《中央企业合规管理规定》等文件要求，结合企业实际，出台《公司合规管理办法》及配套实施细则，明确合规原则、组织设置、制度建设、运行机制、信息化建设、监督问责，以及具体业务活动的合规要求、操作指引等内容，为公司合规管理提供制度依据。二是制定合规风险清单。针对城投公司重点合规领域，根据外部法律法规和监管规定，以及内部公司章程、规章制度等要求，识别各项合规风险，系统性制定合规风险清单，深入开展合规管理的监督及考核。

3. 突出合规管理重点

一是突出重点领域合规管理。基于城投公司的发展规划、业务布局、经营管理情况等，确定公司治理、投资管理、财务管理、资产管理、工程建设、招采管理、合同管理、用工管理等需要加强合规管理的重点领域，强化关键任务和关键举措以及配套制度流程、经营决策等关键环节的合规管理，确保各项工作合法合规。二是突出重点岗位合规管理。充分发挥党员和管理人员的先锋模范作用，带动各部门员工履行合规职责。通过合规风险评估，明确重点的合规风险岗位人员，加大培训学习力度，强化合规管理意识和能力，同时完善相关考核评价、激励约束机制，确保重点岗位员工行为合法合规，充分发挥重点岗位员工在合规管理方面的积极作用。

4. 完善合规管理机制

一是完善合规管理协同运行机制。是由总经理召集和主持，合规管理负责

人和相关部门负责人参加，对合规管理计划、重大合规事项、合规督导检查等工作进行沟通、协调的机制，并提出处理建议。二是完善合规风险识别评估机制。合规风险识别、评估，是合规管理工作的基础，首先根据各业务、各岗位、各流程环节工作内容，识别出存在或潜在的合规风险，并对风险发生的可能性、影响程度等进行分析、定级管理。三是完善合规考核评价闭环机制。健全合规管理体系，加强考核评价结果在员工考核、评优评先等方面的应用，突出合规管理导向，健全违规监督、整改、追责机制，提升依法合规经营管理水平。

08 审计和纪检监察管理

一、概念内涵

审计、纪检监察均是城投公司内部的监督职能，分别发挥着维护财经纪律、党的纪律和行政纪律的职责，相互独立、相互促进、互为补充，共同构成了廉洁高效的监督机制，形成了风险管理的第三道防线，侧重于对风险进行事后管理和全过程的监督。

《审计署关于内部审计工作的规定》（中华人民共和国审计署令第 11 号）规定，内部审计是指对本单位及所属单位财政财务收支、经济活动、内部控制、风险管理实施独立、客观的监督、评价和建议，以促进单位完善治理、实现目标的活动。

《中国共产党纪律检查委员会工作条例》（2021 年 12 月 24 日中共中央发布）规定，党的各级纪律检查委员会是党内监督专责机关，是党推进全面从严治党、开展党风廉政建设和反腐败斗争的专门力量。主要任务包括维护党的章程和其他党内法规，检查党的理论和路线方针政策、党中央决策部署执行情况，协助党的委员会推进全面从严治党、加强党风建设和组织协调反腐败工作等。

《中华人民共和国监察法》（2018 年 3 月 20 日第十三届全国人民代表大会第一次会议通过）规定，各级监察委员会是行使国家监察职能的专责机关，依照本法对所有行使公权力的国有企业公职人员进行监察，调查职务违法和职务犯罪，开展廉政建设和反腐败工作，维护宪法和法律的尊严。《纪检监察机关派驻机构工作规则》（2022 年 6 月 22 日中共中央办公厅发布），对各级纪检监察机关派驻机构的组织设置、领导体制、工作职责、履职程序、管理监督等做出全面规范，有利于促进派驻机构正确高效地履行职责，健全权力运行制约和监督体系，确保党中央决策部署落到实处。

二、管理目标

强化内部审计和纪检监察体系建设，形成专长互补、协同借力的良好监督格局，有效推动构建集中统一、全面覆盖、权威高效的监督体系，健全审计、纪检监察融合监督机制，充分发挥监督合力和监督效用，全面提升监督管理水平，为城投公司各项经营活动的依法合规有序开展提供监督保障。

完善内部审计体系，全面提升审计管理能力。围绕国企监管政策要求，完善城投公司内部审计领导和管理体制机制，建立健全内部审计制度，明确内部审计工作的职责分工、人员配备、经费保障、审计结果运用和责任追究等规定，充分发挥内部审计作用，提升城投公司治理水平和风险防范能力，助力城投公司加快实现转型升级、高质量发展和持续做强做优做大。

构建纪检监察体系，持续强化纪检监察水平。强化城投公司纪检监察力度，全面推进从严治党，强化党风廉政建设，深入开展反腐败工作，加强对管理人员的监督，健全系统集成、协同高效的派驻监督体制机制，增强“派”的权威和“驻”的优势，充分发挥监督保障执行、促进完善发展的作用，保障城投公司持续健康发展。

三、提升建议

（一）完善内部审计体系，全面提升审计管理能力

1. 完善审计管理体制机制

一是健全公司内部审计职能。完善党组织领导下的内部审计工作机制，加强内部审计顶层设计、统筹协调和督促落实。明确董事会、审计委员会、经理层、内部审计机构的职能定位和管理权责，逐级落实审计职责，高效开展审计计划、审计任务、监督检查、整改落实、追责问责等内部审计工作；加快建立总审计师制度，协助党组织、董事会（或主要负责人）管理内部审计工作。二是完善公司内部审计管控体制。强化集团公司对内部审计工作的统一管控，完善集团公司对下属企业的内部审计管控体制，推动健全下属企业内部审计职能，形成自上而下、上下联动的审计工作格局。三是健全内部审计制度体系。对照落实相关法律法规、国资监管相关规定以及国企改革任务中的重点事项、重点

领域、关键环节，及时弥补制度缺陷、填补制度空白，优化现有执行制度，全面完善制度体系。四是强化激励约束机制。完善内部审计工作考核评价标准，推动审计人员绩效考核结果与薪酬兑现、职位晋升等挂钩，同时对审计工作中存在失职、渎职的要严肃追责问责，涉嫌违纪违法的，按程序移送纪检监察机关处理。

2. 加强重点领域审计力度

一是加强“三重一大”审计。对重大决策、重要人事任免、重大项目安排和大额资金使用情况进行全过程跟踪审计。加强对可行性研究论证、尽职调查、资产评估、风险评估等关键环节的监督力度，强化对决策规范性、科学性的监督，提高企业经营决策水平。二是加强经济责任审计。围绕权力运行和责任落实，对掌握重要资金决策权、分配权、管理权、执行权和监督权等领导岗位或关键岗位主要人员加大审计力度，明确经济责任审计内容，完善经济责任审计计划管理、组织协调、审计程序、审计评价、审计结果运用等规定，有效落实企业领导人员经济责任。三是加强内部控制审计。围绕企业权责匹配、制度制定和执行、授权审批控制和不相容职务分离控制等开展监督，审计企业内控体系缺陷，突出重大风险防控，重点审计重大风险评估、监测、预警、报告和应急处置等工作开展情况。此外，规范开展投资决策、资金管理、招采管理、工程建设、融资担保等重点环节、重要事项的专项审计，切实促进提升内控体系有效性。

3. 提升内部审计监督效能

一是明确内部审计范围。坚持应审尽审，积极推动内部审计无死角、全覆盖，全面规范开展各类审计监督，重点关注深化国企改革进程中的苗头性、倾向性、典型性问题。二是强化内部协同配合。加强与监事会、纪检监察、法务、财务等部门的沟通协调，协同推进信息共享、问题通报、线索移送与协查等工作，提高内部审计透明度，提升审计工作成效。三是加快信息化转型升级。构建内部审计与业务信息系统一体化平台，积极运用大数据、云计算、人工智能等方式，完善内部审计实时监督平台，对重要下属企业实施联网审计，提高审计监督时效性和审计质量。四是加强审计队伍建设。加大人才引进和选拔培养力度，配备与企业审计工作相匹配的人员，打造专业化、职业化的内部审计队伍。

（二）构建纪检监察体系，持续强化纪检监察质效

1. 健全纪检监察体系

在党组织统一领导、纪委组织协调下，充分整合纪检、审计、法务、监事会及相关职能和业务管理等监督力量，明确纪检监察工作的领导、决策、监督、协调、处置等职责分工和协同联动机制，全面覆盖高层、各级党员干部等所有行使公权力的公职人员，推动党内监督与职能监督、专职监督、管理监督深度融合，建立起“横向到边、纵向到底”全方位覆盖的立体监督网络，通过信息共享、群策群力、系统联动而减少工作交叉和重合，强化对职责范围内违规违纪风险的实时全程防范，降低监督成本，提高监督效能，确保公司各项经营活动有序开展。

2. 健全管理制度体系

按照现代企业制度和健全法人治理结构的要求，建立规范高效的企业内部管理制度体系和监督管理制度，明确相关岗位监督职责、监督流程、问题处置、考核评价、激励约束等内容，建立监督责任清单，实现部门间、岗位间的相互制约和相互监督，确保每一个具有风险性质岗位上的干部职工都受到应有的监督，有效防范各类违规行为。此外，制度执行过程中，应当明确监督责任，强化监督力度，让制度执行落到实处。

3. 强化纪检监察重点

一是强化政治监督。立足国企政治监督定位，用好日常监督、巡察监督、专项检查等手段，协助党组织建设良好的政治生态；定期充实完善领导干部廉政档案，在政治表现、廉洁自律、公众形象等方面把好关；严肃查处典型案件，以实例警示教育党员干部。二是强化纪律监督。全面加强党的纪律建设，突出政治纪律、组织纪律的落实，紧盯企业运营的重点环节和关键流程，着力解决劳务材料招标、关联交易、干部任免、大额资金使用调度等方面的腐败问题，让纪律真正体现震慑、惩治功能。三是强化专项监督。以重点项目专项监督为抓手，加强巡视巡查力度，重点监督权力集中、资金密集的重点部门、重点岗位、重点领域和关键环节等，全面分析、分类处置公司经营管理存在的风险，防范权力失控、监督失效、管理失职，有效改善企业管理。

7

第七章

城投公司的融资方式和债务管理

城投公司作为地方政府促经济、保民生的有力抓手，是庞大财政基本建设支出的重要载体。在新型城镇化快速推进的背景下，城投承担了城市建设开发项目中融资、投资、建设、经营的主要任务。无论是转型早期协助政府重大项目建设的资金配套需要，还是现阶段出于还本付息或自身经营发展所需，融资和债务管理都是城投公司的重要职能和业务环节。

经历了大举债、大投资、大发展的快速城镇化进程后，城投公司的融资功能发挥到极致，融资渠道五花八门，创新手段层出不穷，带来的债务压力也成为影响中国经济稳定发展的不确定性因素。因而，全面认识城投公司的债务，并有效防范债务风险非常必要。

本章总结了城投公司的融资图谱和分类，以及常见的融资方式，希望能加深读者对城投公司多种类、多形式融资工具的理解，为后续开展多元化融资、优化融资结构、实现持续经营、顺利完成基建项目建设等提供帮助。同时，系统梳理了城投公司债务的演变过程和常见形态，并就城投公司债务化解和风险防范提出了若干建议。

01 城投公司的融资图谱和分类

一、城投公司的融资图谱

融资历来是城投公司的基础职能和核心功能之一，贯穿于城投公司的诞生、发展和转型各个阶段。城投公司运作初期，融资工作简单粗放，依托政府信用背书，并以信贷融资为重点，其中又以政策性银行的融资为主；随着债券市场的大力推行，以及城投转型发展的需要，城投公司的债券融资逐步兴起。此外，得益于金融市场的繁荣和城投公司的发展壮大，非标、证券化、境外融资等多元化融资手段也开始成为城投公司重要的融资方式。

多元化融资是城投公司融资转型的关键。城投公司在高质量转型过程中，应积极拓宽融资渠道，提高直接融资比例，持续压降融资成本、提高融资效率，为公司的高质量发展注入“源头活水”。一方面，城投公司应积极寻找不同类型的融资机会，包括银行、券商等多种渠道，通过建立广泛的融资合作网络，增加融资机会，降低融资风险；另一方面，城投公司应通过发行城投债、公募 REITs 等融资工具拓展资本市场融资渠道，进而提高融资效率，降低融资成本，并增加公司的知名度和声誉。

本节系统梳理了城投公司的融资方式（见图 7–1），以便读者更为直观地了解城投公司的各种融资方式，为后续围绕城投公司开展多元化融资、优化融资结构、顺利完成基建项目建设等提供帮助。

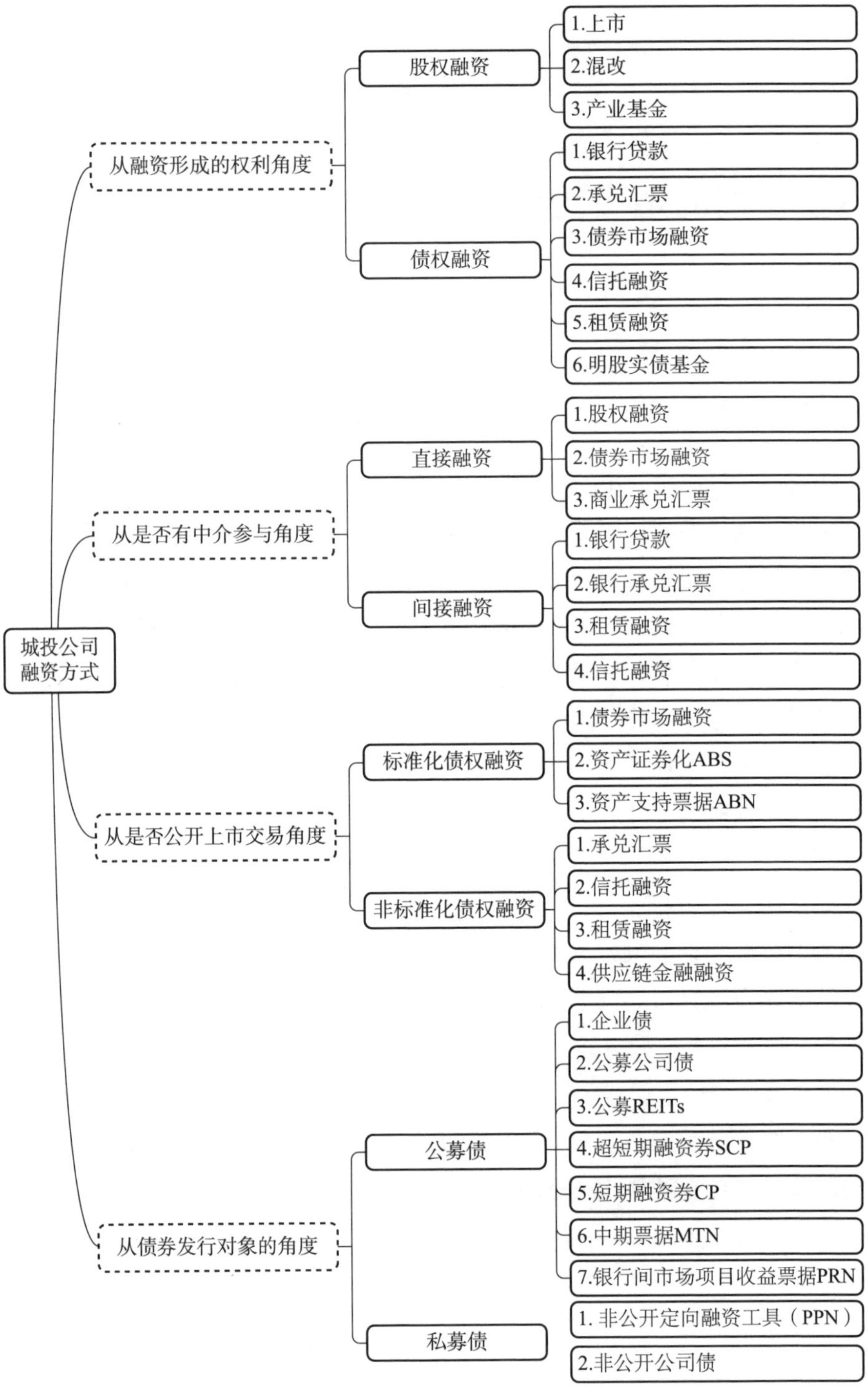

图 7-1 城投公司融资方式概览

二、城投公司的融资方式分类

长期以来，城投公司以地方政府信用为基础，以公司化实体为载体，深入资本市场开展融资创新，募集到大量城市基础设施建设所需资金，有效助力城市基础设施建设与产业经济的发展。伴随着我国政府投融资体制改革不断深入，以及明确要求剥离融资平台公司的政府融资功能，城投公司需要构建更为公开、透明和多元的融资体系，以自身信用为支撑提升市场化融资能力。结合近年来城投公司的实践，其融资方式可从以下几个角度进行分类：

（一）从融资形成的权利角度，可分为股权融资和债权融资

1. 股权融资

股权融资是指城投公司通过出售或以其他方式交易公司的股份（或股票）获得企业生产经营资金和发展资金的融资方式。股权融资和其他融资方式最本质的区别在于公司股权的变动，资金提供者以获得公司股权的方式成为公司股东并拥有股东权利和承担股东义务。以股权融资方式筹集的资金为股本，没有到期日且无需退还投资者，而是发放股息、红利。因为城投公司是特殊的国有企业，为保证地方政府的实际控制，股权融资不适用于母公司，一般通过子公司开展。

城投公司的股权融资工具主要有上市、混改、产业基金等方式。值得注意的是，不少城投公司的股权结构中有国开基金、中国农发基金，这其实是城投公司早期为了融资需要，使用了明股实债基金。表面上看，这类基金是股权融资，实际行为是债权融资，因此本书将明股实债基金归类为债权融资。

2. 债权融资

债权融资是指城投公司以举债形式筹集资金。城投公司通过债权融资获得的资金，不仅要承担资金的利息，还要在借款期满后将本金归还债权人。

城投公司的债权融资工具主要有银行贷款、债券市场融资、信托、租赁融资、商业承兑汇票、明股实债基金等方式。

（二）从是否有中介参与角度，可分为直接融资和间接融资

1. 直接融资

直接融资是指城投公司直接与资金供给者通过一定的金融工具形成债权债

务关系的金融行为，不通过金融中介机构。在直接融资中，金融媒介的作用是帮助资金供给者与城投公司形成债权债务关系。在这个过程中，金融媒介并不因此与资金供给者或者城投公司之间形成债权债务关系。

城投公司比较典型的直接融资工具是股权融资和债券市场融资。

2. 间接融资

间接融资是指城投公司与资金供给者通过金融中介机构间接实现资金融通的行为。在间接融资中，城投公司与资金供给者不直接形成债权债务关系，而是由金融中介机构分别与城投公司和资金供给者形成两个各自独立的债权债务关系。对资金供给方来说，金融中介机构是债务人；对城投公司来说，金融中介机构是债权人。

城投公司常见的间接融资工具有银行贷款、租赁融资、银行承兑汇票等方式。

（三）从是否公开上市交易角度，可分为标准化融资和非标准化融资

1. 标准化融资

标准化融资是指标准化债权融资，由城投公司作为发行主体，在上交所、深交所和银行间市场公开发行的标准化债券，募集的资金用于地方基础设施建设或公益性项目。根据 2018 年 4 月出台的《关于规范金融机构资产管理业务的指导意见》（以下简称《资管新规》）和《标准化债权类资产认定规则》：标准化债权类资产是指在银行间市场、证券交易所市场等国务院和金融监督管理部门批准的交易市场交易的具有合理公允价值和较高流动性的债权性资产；主要包括依法发行的债券、资产支持证券等固定收益证券，主要有国债、中央银行票据、地方政府债券、政府支持机构债券、金融债券、非金融企业债务融资工具、公司债券、企业债券、国际机构债券、同业存单、信贷资产支持证券、资产支持票据、证券交易所挂牌交易的资产支持证券，以及固定收益类公开募集证券投资基金等。

城投公司常用的标准化融资工具有债券市场融资、资产支持证券、资产支持票据等方式。

2. 非标准化融资

非标准化融资是指非标准化债权融资，简称“非标”，是城投公司通过银行间市场、交易所市场之外的方式获得的融资，目前主要以信托以及地方金交所

通道发行为主。非标准化融资中各种创新的通道类业务，其实是影子银行。《资管新规》及后续出台的配套政策，重点提出“有序处置影子银行风险”，这也意味着非标准化融资引起关注，在《资管新规》出台以后，受到了越来越严格的监管甚至限制。

城投公司常用的非标准化融资工具有信托融资、租赁融资等方式。

（四）从债券发行对象的角度，可分为公募债和私募债

针对债券融资产品，面向不同的发行对象时，在资金募集方式、信息披露方式等方面存在差异，据此可分为公募债和私募债两种。

1. 公募债

公募债是面向公众投资者公开发行的债券，债券信息披露文件均公开可查，它可以在证券市场上转让。公募债券根据发行对象又细分为“大公募”和“小公募”。大公募全称为“面向公众投资者的公开发行的公司债券”，即面向社会公众销售，普通老百姓可自愿购买；小公募全称为“面向合格投资者的公开发行的公司债券”，即仅面向合格投资者销售，只有合格投资者才可购买。合格投资者主要包括证券公司、基金公司、商业银行、保险公司等金融机构，以及它们发行的金融产品，还有符合条件的企业法人和“高净值”个人投资者。

城投公司常用的公募债融资工具包括短期融资券、中期票据、企业债、公募公司债等方式。

2. 私募债

私募债是仅面向专业投资者非公开发行的债券。所谓非公开发行，简单讲就是仅向特定人群（专业投资者）披露债券发行信息和销售，也只有特定人群才有资格购买。正因如此，私募债信息披露文件在公开网站上难以查询。

城投公司常用的私募债融资工具包括非公开定向融资工具（PPN）、非公开公司债等方式。

三、城投公司不同融资方式的区别

（一）股权融资和债权融资的区别

一是特点不同。股权融资具有长期性，即筹措的资金具有永久性，无到期

日，不需要归还；不可逆转性，即无须还本，投资人欲收回本金，需借助于流通市场；无负担性，即没有固定的股利负担，股利支付与否、支付多少视城投公司的经营需要而定。而债权融资具有短期性，即筹措的资金具有使用上的时间性，需到期偿还；可逆性，即负有到期还本付息的义务；负担性，即需支付债务利息，从而形成城投公司的固定负担。

二是风险不同。股权融资的风险通常小于债权融资的风险，城投公司以股权融资方式融资，一般无固定付息压力，且普通股无固定到期日，不会出现还本付息融资风险。而通过债权融资方式进行融资，则需要承担按期付息、到期还本等责任，该责任是城投公司必须承担的，与其经营状况、盈利水平无关，在公司经营不善时，有可能面临巨大的付息和还债压力，导致资金链断裂甚至违约。因此，债权融资面临的财务风险高。

三是对控制权的影响不同。股权融资会削减现有的股东对企业的控制权。而债权融资虽然会增加城投公司的财务风险，但不会削减股东对企业的控制权。

（二）直接融资和间接融资的区别

一是资金来源不同。直接融资是指投资者直接向城投公司提供资金。而间接融资则是指投资者通过金融机构（如银行、证券公司等）向城投公司提供资金。

二是融资成本不同。直接融资的成本相对较低，因为双方不需要支付金融机构的中介费用。而间接融资的成本相对较高，因为金融机构需要收取一定的中介费用。

（三）标准化融资和非标准化融资的区别

一是审核要求不同。标准化债券市场对债券发行的条件与额度都有监管与限制，每只债券的发行需要券商、银行等金融机构进行严格、全面的前期尽调及投后监控，严格把控风险，准入门槛高。标准化债权融资的审核要求严格，也是当下城投公司迫切希望转型发展、提升主体信用评级的重要原因。而非标准化债权市场相对简单与独立，没有统一的标准与监管，准入门槛相对较低，对非标准化债权融资的审核要求也相对宽松。

二是融资成本不同。如前文所述，标准化债权市场准入门槛较高，对标准化债权融资的审核要求严格，申请主体资质相应较好，所以其融资成本也会较低。而非标准化债权融资的申请主体一般是资质无法达到标准化债权市场要求或急需资金的城投公司，其融资成本往往会较高。

三是资金用途不同。标准化债权融资一般对资金用途有着较为严格的限制，以企业债为例，其资金用途必须是符合国家宏观调控政策和产业政策的项目，且用于募投项目的债券资金占债券发行规模至少 60%，补充流动性比例不能超过总募集金额的 40%。而非标准化债权融资一般对资金用途的限制较宽松，更为灵活。

四是参与主体不同。标准化债权融资由证券公司或银行承揽、承销，在上交所、深交所或银行间市场发行，参与主体为银行、券商、保险公司、公募基金等主要金融机构。非标准化债权融资是信托、保理、融资租赁公司等类金融机构为城投公司提供的债权类融资。

五是兑付顺序不同。标准化债权融资兑付通常优先于非标和银行贷款。即使在非标“暴雷”的地区，地方政府考虑到当地信用环境的维护，对于城投公司发行的标准化债权融资产品基本上都会保证到期兑付。

（四）公募债和私募债的区别

一是发行对象不同。公募债向不特定的多数投资者也就是广大社会公众投资者及合格投资者公开募集，可以超过 200 人。私募债是指向特定的合格投资者发行的债券，不超过 200 人。

二是发行方式不同。公募债是在上交所或深交所公开发行。而私募债采取备案制，得由承销商向上交所和深交所备案，交易所对备案材料的完备性进行核对，10 个工作日内决定是否接受备案。当城投公司取得交易所的《接受备案通知书》后，需要在 6 个月内完成发行。

三是募集方式不同。公募债募集资金是通过公开发售的方式进行的。而私募债则是通过非公开发售的方式募集。

四是信息披露要求不同。公募债对信息披露有非常严格的要求，投资目标、投资组合等信息都要披露。而私募债对信息披露的要求较低，一般仅向相应投资者定向告知信息，具有较强的保密性。

五是资金用途不同。公募债在募集资金的用途上有非常严格的限制。而私募债发行人可以根据自身的业务需要，设定合理的募集资金规模和用途，运作上相对灵活。

02 城投公司常用的融资方式

尽管城投公司在融资过程中会面临着种种不确定因素，但仍然需要利用国有企业的先天优势和现有的政策环境，挖掘各种资源、开辟融资渠道筹集资金，保证存量债务之间的有序衔接，守住不发生系统性金融风险这个底线，推动支持企业转型发展。从目前金融市场来看，本书总结出以下城投公司主要的融资方式。鉴于城投公司融资的政策要求纷繁复杂，政策变化瞬息万变，因此本书梳理的主要融资方式的相关要求或流程暂以行业常见为主，仅供读者参考。在实际工作中，针对不同融资产品的具体使用需以最新的政策要求为准。

一、银行贷款

（一）银行贷款基本介绍

银行贷款是指银行根据国家政策以一定的利率将资金贷放给资金需要者，并约定期限归还的一种经济行为。根据不同的划分标准，城投公司所涉及的银行贷款具有各种不同的类型，如按照放贷银行性质的不同，可分为政策性银行贷款、国有商业银行贷款、股份制银行贷款；按照贷款方式的不同，可分为流动资金贷款、项目贷款、并购贷款等；按照偿还期限的不同，可分为短期贷款、中期贷款和长期贷款。

银行贷款作为传统融资方式，在城投公司的融资发展史中有着举足轻重的作用，其优点是成本低、续贷的可能性较高；缺点是受行业、财政、金融等政策影响较大。

（二）银行贷款相关政策

从表 7–1 的政策脉络可以看出，国家对于城投公司通过银行贷款的监管不断收紧。然而，对大多数的城投公司而言，银行贷款仍是获得外部融资支持最主要的方式。

表 7–1　银行贷款涉及城投公司的相关政策

发文日期	发文机构	政策文件名称	政策文件内容
2010 年	国务院	《关于加强地方政府融资平台公司管理有关问题的通知》（国发〔2010〕19 号）	指出加强对融资平台公司的融资管理和银行业金融机构等的信贷管理；坚决制止地方政府违规担保承诺行为
2011 年	银监会	《关于地方政府融资平台贷款监管有关问题的说明》（银监办发〔2011〕91 号）	建立银监会融资平台名单，不得向银行“名单制”管理系统以外的融资平台发放贷款，并且要求银行对城投平台贷款只能减少不能增加
2018 年	财政部	《关于规范金融企业对地方政府和国有企业投融资行为有关问题的通知》（财金〔2018〕23 号）	除购买地方政府债券外，不得直接或通过地方国有企事业单位等间接渠道为地方政府及其部门提供任何形式的融资，不得违规新增地方政府融资平台公司贷款
2021 年	国资委	《关于加强地方国有企业债务风险管控工作的指导意见》（国资发财评规〔2021〕18 号）	严控缺乏交易实质的变相融资行为。严禁过度融资形成资金无效淤积，严禁资金空转、脱实向虚，严禁挪用资金、违规套利。严控低毛利贸易、严禁融资性贸易和“空转”“走单”等虚假贸易业务
2021 年	银保监会	《银行保险机构进一步做好地方政府隐性债务风险防范化解工作的指导意见》（银保监发〔2021〕15 号）	对承担地方政府隐性债务的客户，不得新提供流动资金贷款或流动资金贷款性质的融资

（三）银行贷款申请要点

城投公司利用银行贷款方式的可贷规模适中，在几亿元至十几亿元不等（受到银行评级、权限及贷款规模限制，需要土地或者应收账款抵押），期限较长（一般 5~8 年的比较多，超过 10 年的也常见），利率适中（一般不超过 8%）。

不过，城投公司在申请银行贷款时也要严格执行相关规定，比如：贷款要有合理的用途和还款来源；贷款项目必须符合国家宏观调控政策、发展规划、行业规划、产业政策、行业准入标准和土地利用总体规划等要求；贷款需按照国家有关规定履行项目审批、核准或备案手续；贷款需严格按照规定用途使用资金；禁止缺乏交易实质的变相融资等。另外，承担地方政府隐性债务的城投公司无法获得新的流动资金贷款。

城投公司通过银行贷款融资的大致流程如表7-2所示：

表7-2 城投公司银行贷款的一般流程

流程阶段	流程明细
确定融资方案	与银行沟通，匹配出适合城投公司融资的最优方案，并明确额度、利息与还款方式等
准备资料	根据银行要求，准备必要的城投公司资料，如营业执照、法人身份证、开户许可证、公章、项目合同、贸易合同、报表等
提交申请	城投公司向银行提交申请材料
风险评估和审批	银行将对城投公司进行风险评估和审批，包括对资产能力、还款能力、财务状况等进行终审，银行内部会评估出城投公司信用等级
贷款审批结果	根据终审结果，会得到最终的额度和利息。城投公司可以自行决定是否提款
签订贷款合同	贷款申请获得批准且城投公司对本次融资无异议，进行提款流程时，将和银行签订贷款合同，明确双方的权利和义务
银行放款，城投公司获取贷款	在签订合同后，银行将根据合同约定，将贷款金额划入城投公司的指定账户

二、城投债

（一）城投债基本介绍

城投债，是指城投公司作为发行主体，在上交所、深交所或者银行间市场发行标准债，其中包括企业债、公司债或者非金融企业债务融资工具等，筹集到的资金主要用于城市基础设施建设或者非营利性公益性项目。

归纳来看，城投公司发行的债券种类主要包括：企业债、公司债（公开发行、非公开发行）、超短期融资券SCP（270天以内）、短期融资券CP（12个月以内）、中期票据MTN、非公开定向融资工具（PPN）。此外，还有部分城投公司发行了资产支持证券（ABS）、资产支持票据（ABN）、项目收益债券等（如图7-2）。

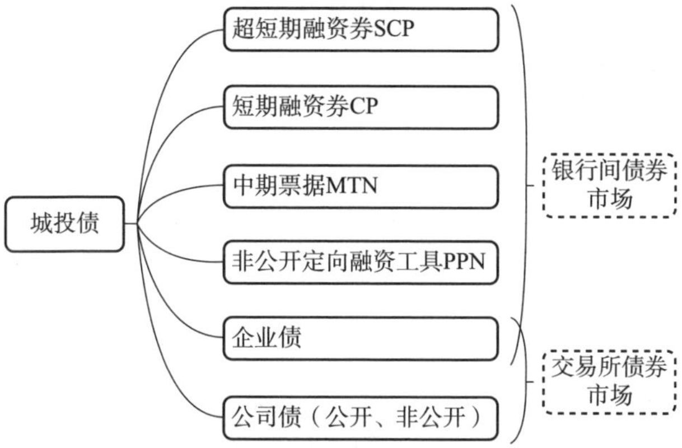

图 7-2　城投债的主要种类

1. 企业债

企业债是国家发改委推出的债券品种，主要是为发行主体提供资金支持，以满足其投资和经营需求，推动企业发展，促进经济发展。此前，企业债由国家发改委监管和审批，发行的要求相对较高，是所有债券中品质最高的。企业债主要是以项目建设作为募资用途，项目收益必须完全覆盖本息，募集的资金用于补充流动资金和偿还到期债务的规模均不能超过 40%；企业债大多是公开发行，也有少量是非公开发行的；发行期限偏长，通常是 3~15 年，其中以 5 年期、7 年期居多。2020 年 3 月 1 日《证券法》实施之前，企业债是审核制；之后，公开发行企业债开始实行注册制。2023 年 3 月，根据《国务院机构改革方案》的要求，企业债券发行审核职责从发改委划转到证监会。

城投公司主要发行的企业债有一般企业债、项目收益债、绿色企业债、境外债（美元债）和优质主体债等。

2. 公司债

城投公司发行公司债由证监会监管，可以公开发行和非公开发行。根据发行对象而言，主要有三个品种：大公募、小公募及私募债。大公募和小公募都属于公开发行。大公募可以向普通大众发行，人数可以超过 200 人；小公募只能向合格投资者发行，人数也可以超过 200 人；私募公司债只能向合格投资者发行，人数不能超过 200 人。城投公司发行公司债具有利率低、费用低、期限长和发行额度大等优势。

城投公司主要发行的公司债有一般公司债（大公募、小公募、私募）、绿色公司债、优质公司债和项目收益专项公司债等。

3. 中期票据 MTN

中期票据 MTN、短期融资券 CP、超短期融资券 SCP、非公开定向债务融资工具 PPN 都属于非金融企业债务融资工具，在银行间债券市场发行，而银行间债券的发行由银行间交易商协会监管。

中期票据 MTN 是由企业发行的中等期限的无担保债，常见期限多在 3~5 年，属于非金融机构的直接债务融资工具，其特点是发行人与投资者可自由谈判确定相关发行条款，较同期贷款利率有一定成本优势，发行方式灵活，融资资金主要可以用于补充流动资金、置换银行贷款、支持项目建设和战略并购等。

4. 短期融资券 CP

短期融资券是发行期限在 1 年以内的债券，在很多方面和超短期融资券相似。其优势是信用担保，无需抵押；申请发行的门槛较低，发行流程简单。所以，对于发行人而言，尤其是 AA+ 或 AA 级的城投公司，如果需要短期流动资金，建议发行短期融资券。

5. 超短期融资券 SCP

超短期融资券是期限在 270 天以内的短期融资券，比短期融资券更为灵活，可以满足企业短期流动资金不足的瓶颈，有助于提高企业流动性管理水平；在利率上也比银行流动性贷款更有竞争优势、更市场化。

6. 非公开定向债务融资工具 PPN

非公开定向债务融资工具，是指城投公司向银行间市场的特定机构投资人发行并在特定机构投资人范围内流通转让的债务融资工具。没有期限要求，具体发行期限由发行人、主承销商和投资者三方协商确定，一般不超过 3 年。它的资金运用方式非常简单，若在一年期之内，则与短期融资券一样，用来补充运营资金或者归还贷款；如果一年期以上，则与中期票据一样，用于补充运营资金、偿还借款以及项目建设。其特点是灵活性强、程序便捷，信息披露要求相对简化，适合投资者个性化需求，有限度流通等。

（二）城投债相关政策

自上海城投发行了第一支城投公司企业债——1997 年浦东建设债券以来，城投债已然成为债券市场的重要品种，成为城投公司融资的重要渠道。城投债为地方基础设施建设筹集了大量的资金。随着经济形势和城镇化进程，城投债的品种也纷繁多样，为了规范城投债的发行，监管部门陆续出台了多项政策（见表 7-3）。

表 7-3　2020 年以来城投债相关政策

发文日期	发文机构	政策文件名称	政策文件内容
2020 年	交易商协会	《关于进一步做好债务融资工具市场服务疫情防控工作的通知》	建立债务融资工具发行绿色通道、延长企业注册和发行环节相关时限
2020 年	发改委	《关于疫情防控期间做好企业债券工作的通知》	多举措支持疫情地区及企业的债券融资需求，简化相关流程
2020 年	上交所	《关于疫情防控期间债券业务安排有关事项的通知》	加大对疫情防控相关主体和行业的金融支持力度
2020 年	证监会	《关于公开发行公司债券实施注册制有关事项的通知》	公司债券公开发行实行注册制
2020 年	发改委	《县城新型城镇化建设专项债券发行指引（征求意见稿）》	支持县城新型城镇化专项债
2021 年	证监会	《公司债券发行与交易管理办法》	落实公司债券的注册制。严禁发行人、控股股东、实控人和董监高的逃废债行为、调整普通投资者参与公募公司债券的条件、加强债券持有人权益保护
2021 年	上交所	《上海证券交易所公司债券发行上市审核规则适用指引第 3 号—审核重点关注事项》（深交所也发布了相关指引）	对公司债券审核中的重点关注事项及相关信息披露要求作了具体规定，把好债券入口关
2021 年	银保监会	《银行保险机构进一步做好地方政府隐性债务风险防范化解工作的指导意见》	要求银行收紧对地方政府的城投债输血，并逐步化解存量债务
2021 年	央行、发改委等	《关于推动公司信用类债券市场改革开放高质量发展的指导意见》	加快推进地方政府融资平台改革，防范相关隐性债务风险转移，政府不得通过企业举债融资或为企业发行债券提供各种担保，企业债务不得由政府偿还或由财政兜底，切实做到谁借谁还、风险自担，防范地方政府隐性债务风险
2022 年	中共中央、国务院	《关于推进以县城为重要载体的城镇化建设的意见》	支持符合条件的企业发行县城新型城镇化建设专项企业债券。有效防范化解地方政府债务风险
2022 年	证监会	《非公开发行公司债券项目承接负面清单指引》（2022 年修订版）	本次修订将地方融资平台公司从负面清单中删除

由上述政策可以看出，自 2020 年新冠疫情发生以来，整体货币政策宽松，

财政政策也较为积极，各机构多举措支持疫情地区及企业的债券融资需求。注册制的实施也使得项目审批更透明，审批速度更快，提高了发行效率。随着疫情形势的逐步好转，政策形势开始收紧，涉及隐性债务主体的城投公司融资难度加大，不新增隐性债务依旧是城投债发行过程中必须坚守的政策底线。

（三）企业债申请要点

因企业债审核职责划入证监会后，到目前为止配套的申报规则暂未修改完成，故本书仍以发改委作为主管机构列示企业债发行申请的相关要求和流程。

1. 企业债发行要求

表 7–4　企业债发行要求

要求对象	要求明细
对发行主体的资质要求	1. 境内非金融类企业法人，具备健全且运行良好的组织机构； 2. 一般要求企业成立时间满 3 年； 3. 近 3 年无重大违法违规行为，未纳入失信黑名单； 4. 不存在违反《证券法》规定，改变公开发行债券所募资金用途的情形； 5. 主体评级不低于 AA–，且债项评级不低于 AA
对发行主体的财务要求	1. 近 3 年要连续盈利； 2. 近 3 年平均可分配净利润足够支付本次发行的企业债券一年的利息； 3. 资产负债率不符合相关要求的，须提供有效的增信措施
对债券资金募投项目的要求	1. 资金投向：必须符合国家宏观调控政策和产业政策的项目； 2. 项目类型：不得是公益性项目，要产生项目收益，收入须来自市场化销售或运营收入； 3. 资金占比：用于募投项目的债券资金，至少占债券发行规模的 60%（补充流动性比例不能超过总募集金额的 40%）

2. 企业债发行流程

表 7–5　企业债发行流程

时限	流程阶段	流程明细
法定时限：3 个月； 承诺时限：30 个工作日	准备阶段	1. 发行人形成发债意愿并与发改部门预沟通； 2. 确定主承销商； 3. 设计、论证、确定融资方案； 4. 确定会计、律师、评级、担保（若有）等中介机构
	尽调阶段	1. 中介机构尽职调查； 2. 发行人配合中介机构提供相关资料； 3. 中介机构完成申报材料制作

续表

时限	流程阶段	流程明细
法定时限：3个月； 承诺时限：30个工作日	申报阶段	1. 向省发展改革委提供相关材料； 2. 省发展改革委针对募投项目出具专项意见
	受理／审核／注册阶段	1. 受理：发行人、主承销商将企业债券申报材料提交中央国债登记结算公司受理； 2. 审核：中央国债登记结算公司、银行间市场交易商协会作为审核机构对申报材料进行审核，并反馈审核意见，发行人、主承销商回复意见； 3. 注册：通过审核后，由国家发展改革委出具注册通知
	发行阶段	1. 根据发行人需要，在注册有效期内择机发行

（四）公司债申请要点

1. 公司债发行要求

表 7–6　公司债发行要求

要求对象	公开发行（大公募、小公募）	非公开发行（私募）
发行条件	公募发行一般条件： 1. 最近3年平均可分配利润（归母净利润）≥债券1年利息； 2. 合理的资产负债结构和正常的现金流量； 3. 具备健全且运行良好的组织机构 不得再次公开发行的情形： 1. 对已公开发行的公司债券或者其他债务有违约或者延迟支付本息的事实，仍处于继续状态； 2. 违反《证券法》规定改变公开发行公司债券所募资金用途	实行负面清单管理
发行条件	大公募额外规定： 1. 发行人最近3年无债务违约或者延迟支付本息的事实； 2. 发行人最近3年平均可分配利润≥债券一年利息的1.5倍； 3. 发行人最近1期末净资产规模≥250亿元； 4. 发行人最近36个月内累计公开发行债券≥3期，发行规模≥100亿元	实行负面清单管理
募集资金用途	使用灵活，可用于偿还有息债务，补充流动资金，项目建设等	
评级要求	不强制评级	
发行期限	不限，可短于1年或中长期	
融资灵活度	一次注册，分期发行，有效期24个月	一次发行6个月有效； 分期发行12个月有效

续表

要求对象	公开发行（大公募、小公募）	非公开发行（私募）
投资者	大公募：普通投资者；小公募：专业投资者	专业机构投资者
审核方式	交易所受理审核 + 证监会注册	交易所形式审查 + 证券业协会事后备案

2. 公司债发行流程

表 7–7　公司债发行流程

时限	流程阶段	流程明细
交易所审核：5个工作日内；证监会：一般不超过30个工作日	申报阶段	1. 城投公司按照中国证监会有关规定制作注册申请文件； 2. 向证券交易所申报
	受理阶段	1. 交易所收到注册申请文件后，开展审核工作，判断发行人是否符合发行条件、上市条件和信息披露要求； 2. 在五个工作日内作出是否受理的决定
	交易所出具审核意见阶段	1. 交易所按照规定的条件和程序，提出审核意见； 2. 认为发行人符合发行条件和信息披露要求的，将审核意见、注册申请文件及相关审核资料报送中国证监会履行发行注册程序
	证监会出具审核意见阶段	1. 证监会收到交易所报送的审核意见、发行人注册申请文件及相关审核资料后，履行发行注册程序； 2. 交易所应当自受理注册申请文件之日起两个月内出具审核意见，中国证监会应当自证券交易所受理注册申请文件之日起三个月内作出同意注册或者不予注册的决定
	公开注册行政许可事项	证监会作出注册决定后按规定公开公司债券发行注册行政许可事项及后续监管

（五）交易商协会主管融资工具申请要点

1. 发行要求

表 7–8　交易商协会主管融资工具发行要求

成熟层企业	基础层企业
1. 生产经营符合国家宏观调控政策和产业政策，市场认可度高，行业地位显著，公司治理完善； 2. 经营财务状况稳健，企业规模、资本结构、盈利能力满足相应要求； 3. 公开发行信息披露成熟：最近36个月内，累计公开发行债务融资工具等公司信用类债券不少于3期，公开发行规模不	不符合成熟层认定相关条件的

续表

<table>
<tr><th colspan="2">成熟层企业</th><th colspan="2">基础层企业</th></tr>
<tr><td colspan="2">少于 100 亿元；
4. 最近 36 个月内，企业无债务融资工具等公司信用类债券或其他重大债务违约或者延迟支付本的事实；控股股东、控股子公司无债务融资工具等公司信用类债券违约或者延迟支付本息的事实；
5. 最近 36 个月内，企业无重大违法违规行为，不存在国家法律或政策规定的限制直接债务融资的情形，未受到交易商协会警告及以上自律处分；实际控制人不存在因涉嫌违法违规被有权机关调查或者受到重大行政、刑事处罚的情形；
6. 交易商协会根据投资者保护需要规定的其他条件</td><td colspan="2">不符合成熟层认定相关条件的</td></tr>
<tr><td>第一类企业</td><td>第二类企业</td><td>第三类企业</td><td>第四类企业</td></tr>
<tr><td>1. 资产规模超过 3000 亿元、资产负债率低于 75%、总资产报酬率高于 3%；
2. 最近 36 个月内，债务融资工具公开发行规模不少于 500 亿元；
3. 资产规模超过 8000 亿元，在国民经济关键领域中发挥重要作用</td><td>不符合第一类企业条件的</td><td>完成债务融资工具首次公开发行注册满两年，且有公开发行记录的企业</td><td>完成债务融资工具首次公开发行注册不满两年，或者没有公开发行记录的企业</td></tr>
</table>

2. 发行流程

表 7–9　交易商协会主管融资工具发行流程

<table>
<tr><th>时限</th><th>流程阶段</th><th>流程明细</th></tr>
<tr><td>预计 30 日</td><td>前期准备阶段</td><td>1. 讨论确定发行方案；
2. 联系担保工作；
3. 会计师开展审计工作；
4. 券商开展审计工作；
5. 券商、律师开展尽职调查</td></tr>
<tr><td rowspan="2">预计 30 日</td><td>材料准备阶段</td><td>1. 完成增信工作；
2. 签署各项协议文件；
3. 中介机构撰写承销协议等；
4. 律师出具法律意见书；
5. 完成上报文件初稿</td></tr>
<tr><td>申报阶段</td><td>1. 全部文件定稿；
2. 申请文件报送交易所协会注册；
3. 寻找潜在投资者</td></tr>
<tr><td>注册需在递交材料后 2 个月内完成；</td><td>注册阶段</td><td>1. 注册期间与主管单位持续跟踪和沟通；
2. 完成注册</td></tr>
<tr><td>7 日内完成</td><td>发行阶段</td><td>发行推广及宣传</td></tr>
</table>

三、租赁融资

（一）租赁融资基本介绍

租赁融资通常是指城投公司通过资产售后租回，用支付租金的方式融通资金，其具有融资与融物相结合的特点。融资期限一般为 3~5 年，款项用途比较灵活，分期偿还。但是作为非标产品，租赁融资的融资成本一般都较高，因而在城投公司的债务总体规模中，融资租赁占比一般相对较低。

租赁融资的优点是短平快、灵活；缺点是成本相对较高（一般是 9%~13%），对租赁物有一定的要求。近年来，租赁融资对较弱资质的城投公司融资而言，是重要补充。随着融资租赁公司纳入银保监会管理，对其监管也日趋严格。

（二）租赁融资相关政策

在地方债务监管趋严的背景下（见表 7-10），融资租赁公司为城投公司融资的渠道越来越窄。未来，城投公司借用该途径进行资金筹集也变得更加艰难。

表 7–10　租赁融资相关政策

时间	区域	文件名	主要内容
2021 年	山东	《山东省融资租赁公司监督管理暂行办法》	融资租赁公司不得违反国家有关规定向地方政府、地方政府融资平台公司提供融资或要求地方政府为租赁项目提供担保、承诺还款等
2021 年	江苏	《江苏省融资租赁公司监督管理实施细则（试行）》	融资租赁公司不得违反国家有关规定向地方政府、地方政府融资平台公司提供融资或者要求地方政府为租赁项目提供担保、承诺还款等
2022 年	全国	《关于加强金融租赁公司融资租赁业务合规监管有关问题的通知》（金租监管 12 号文）	部分金融租赁公司偏离融物本源，存在以融物为名开展“类信贷”业务、虚构租赁物、租赁物低值高卖、涉嫌新增地方政府隐性债务等问题。严禁将道路、市政管道、水利管道、桥梁、坝、堰、水道、洞，非设备类在建工程、涉嫌新增地方政府隐性债务以及被处置后可能影响公共服务正常供应的构筑物作为租赁物。通知指出，严肃查处新增地方政府隐性债务、违规参与置换隐性债务、虚构租赁物、租赁物低值高买等违法违规行为

续表

时间	区域	文件名	主要内容
2022 年	福建	《福建省融资租赁公司监督管理实施细则（试行）》	融资租赁公司不得违反国家有关规定向地方政府、地方政府融资平台公司提供融资或者要求地方政府为租赁项目提供担保、承诺还款等
2022 年	江苏	《关于开展 2022 年全省融资租赁公司和商业保理公司名单制管理和监管评级动态调整工作的通知》	在现场检查工作中，要对违反国家有关规定向地方政府融资平台公司提供融资等情况进行重点核查，及时按有关规定予以处理
2022 年	河南	《融资租赁公司业务经营负面清单》（征求意见稿）	严禁新增、逐步压降以道路、市政管道、水利管道、桥梁、非设备类在建工程、涉嫌新增地方政府隐性债务及被处置后可能影响公共服务正常供应的构筑物作为租赁物的融资租赁业务
2022 年	深圳	《关于严禁开展涉地方政府隐性债务的业务的通知》	严格要求辖区租赁机构不得开展涉新增地方政府隐性债务的业务

（三）租赁融资申请要点

在避免新增地方政府隐性债务的背景下，底层资产是城投公司开展融资租赁业务的合规前提。城投公司申请租赁融资的大致操作流程如下：

（1）城投公司将设备出售给融资租赁公司；

（2）融资租赁公司支付货款给城投公司；

（3）城投公司作为承租人向融资租赁公司租回卖出的设备；

（4）承租人即城投公司定期支付租金给出租人（融资租赁公司）。

四、资产支持类债券

（一）资产支持类债券基本介绍

在当前融资监管政策趋严、城投公司被迫转型的大背景下，资产支持类债券是城投公司提高资产流动性、实现融资转型的重要出路。与普通债券相比，资产支持类债券具有以下优点：一是可提高资产流动性；二是可降低融资成本；

三是资金用途不受限制；四是能实现期限、利率需求的灵活配置。目前城投公司发行的资产支持类债券主要有两种：

一是资产支持证券化（ABS）。资产支持证券化，指的是把能够产生稳定现金流的资产打包出售，通过结构化的设计后，在金融市场上发行具有固定收益流的可流通有价证券。例如城投公司有某一条公路的收费权，城投通过资产证券化手段，把未来一段时间收费折算成当期的现金。这样，城投公司就通过资产证券化盘活了自身的资产。

城投公司 ABS 比较典型的有三类：基础设施收费收益权 ABS、棚改 / 保障房 ABS 和商业地产抵押贷款 ABS。其中，基础设施收费收益权 ABS 和棚改 / 保障房 ABS 基础资产的价值依赖于城投公司的持续经营；而商业地产抵押贷款 ABS，优质物业抵质押使得基础资产变现价值高，显著提升信用资质。

二是资产支持票据（ABN）。资产支持票据是一种债务融资工具，该票据由特定资产所产生的可预测现金流作为还款支持，并约定在一定期限内还本付息。基础资产主要是企业应收款等财产权利和基础设施等不动产财产。

城投公司 ABN 通常由城投公司把自身拥有的、将来能够生成稳定现金流的资产出售给受托机构，由受托机构将这些资产作为支持基础发行商业票据，并向投资者出售以换取所需资金。资产支持票据在国外发展比较成熟，其发行过程与其他资产证券化过程类似，即发起人成立一家特殊目的公司（SPV），通过真实销售将应收账款、银行贷款、信用卡应收款等资产出售给 SPV，再由 SPV 以这些资产作为支持发行票据在市场上公开出售。

（二）资产支持类债券相关政策

表 7–11　资产支持类债券相关政策

时间	发文机构	文件 / 会议名	主要内容
2015 年	中国人民银行	《中国人民银行公告》	信贷资产支持证券开始实行注册制，鼓励金融机构以合适信贷资产，一次注册分批发行
2015 年	国务院	国务院第 92 次常务会议	新增 5000 亿元信贷资产证券化试点规模，同时继续完善制度、简化程序，并提出规范信息披露
2016 年	证监会等八部委	《关于金融支持工业稳增长调结构增效益的若干意见》	进一步推进信贷资产证券化；加快推进住房和汽车贷款证券化；探索开展不良资产证券化试点

续表

时间	发文机构	文件 / 会议名	主要内容
2018 年	银保监	《关于进一步做好信贷工作提升服务实体经济质效的通知》	积极运用资产证券化、信贷资产转让等方式，盘活存量资产、提高资金配置和使用效率
2020 年	中国人民银行	《关于疫情防控期间金融机构发行债券有关事宜的通知》	明确采取多项便利措施支持资产支持证券等债券品种发行
2020 年	银登中心	《信贷资产证券化信息登记业务规则（试行）》	对信贷资产证券化产品的初始登记存续期变更登记进行了详细规定，规范了信贷 ABS 产品事前、事中和事后各环节的信息披露机制
2021 年	国务院	《关于建立健全生态产品价值实现机制的意见》	加大绿色金融支持力度，探索生态产品资产证券化路径和模式
2022 年	国务院	《关于进一步盘活存量资产扩大有效投资的意见》	积极探索通过资产证券化等市场化方式盘活存量资产
2023 年	证监会指导交易所	《保险资产管理公司开展资产证券化业务指引》	支持公司治理健全、内控管理规范、资产管理经验丰富的优质保险资产管理公司参与开展资产证券化（ABS）及不动产投资信托基金（REITs）业务
2023 年	交易所协会	《银行间债券市场企业资产证券化业务规则》	规范并支持企业资产证券化市场业务，强调“真实出售、破产隔离”原则
2023 年	交易所协会	《关于进一步发挥银行间企业资产证券化市场功能增强服务实体经济发展质效的通知》	加大对资产证券化创新产品的支持力度，助力企业盘活存量资产，完善相应金融服务

（三）资产支持类债券申请要点

目前沪深交易所是城投公司资产支持类债券的主要发行场所，银行间交易商协会发行较少。城投公司申请资产支持类债券不受区域债务率颜色的限制。对于区县级城投公司的要求较严格，需要所在区县一般公共财政收入 50 亿元以上。

资产支持类债券的发行流程如表 7-12 所示：

表 7-12　资产支持类债券发行流程

流程阶段	流程明细
发起人组建资产池	发起人即城投公司，根据自身的融资需求、资产情况和市场条件，对资产证券化资产进行规划，构建一个在种类、信用质量、利率、期限、到期日等方面具有同质性的资产池。并且资产池内的基础资产需要确认资产的权属是否清晰，要求无抵押无质押的资产

续表

流程阶段	流程明细
发行人设立特殊目的公司 SPV	由发行人（如券商）设立 SPV，保证其以经营资产证券化为唯一目的，在法律上形成“破产隔离”载体
发起人转让资产，实现“真实出售”	发起人即城投公司，将需要证券化的资产转移给 SPV
信用增级和信用评级	SPV 通过发起人或第三方，对资产池的现金流进行重组、分层和信用增级，实现最优化的分割和证券设计
销售交易	由承销商发行有价证券，出售证券所得作为 SPV 从发起人处购买基础资产的资金
后续服务与管理	SPV 需要聘请专门的资产服务机构来负责资产池资金的回收和分配，主要用以归还投资人的本金和利息，剩余部分则作为发起人的收益

五、境外债

（一）境外债基本介绍

城投公司境外债，是指城投公司在境外发行的，以美元、欧元、离岸人民币计价的债券，常见的上市场所包括港交所、澳交所、新加坡交易所等。除自贸区离岸人民币债券以外，通常以欧清和明讯作为登记、托管、结算结构。与人们所熟知的境内债相比，境外债的区别主要体现在计价货币与发行场所上，实际上发行人和投资人都和境内债是同一批。

境外债作为国家近几年鼓励和支持的债券品种之一，我国政府从审批流程和简化手续上都做了大量工作，并保持相对宽松的监管政策，鼓励中资企业境外融资。根据国家发展改革委、财政部联合发布的《关于完善市场约束机制严格防范外债风险和地方债务风险的通知》（发改外资〔2018〕706 号）文件，境外债涵盖新兴产业、绿色产业、高端制造业以及“一带一路”建设等项目，但对企业资质的要求较高。境外债券发行成本较低，可提升公司国际形象及知名度，展现公司的实力。

（二）境外债相关政策

表 7-13 境外债相关政策

发文日期	发文机构	政策文件名称	政策文件内容
2015 年	发改委	《发展改革委关于推进企业发行外债备案登记制管理改革的通知》	取消额度审批，改为事前备案，放松外债发行
2017 年	外汇管理局	《外汇管理局关于进一步推进外汇管理改革完善真实合规性审核的通知》	内保外贷项下资金允许调回境内，外管鼓励资金回境
2017 年	中国人民银行	《关于全口径跨境融资宏观审慎管理有关事宜的通知》	对部分企业及金融机构开展外债额度宏观调控，无需前置审批，余额符合要求即可，仅事后备案
2018 年	发改委	《关于完善市场约束机制严格防范外债风险和地方债务风险的通知》	指出境外债涵盖新兴产业、绿色产业、高端制造业以及“一带一路”建设等项目
2019 年	发改委	《关于对地方国有企业发行外债申请备案登记有关要求的通知》	调控承担地方政府融资职能（是否涉及隐债）的国企中长期外债发行

（三）境外债申请要点

1. 对城投公司资质的要求

按照最新相关部门给出境外债窗口指导意见，需要关注以下几点：

（1）公司需要成立满 3 年，不在财政部隐债名单内；

（2）近 3 年平均净利润要覆盖境外债利息；

（3）项目收益在债券存续期覆盖利息，营运期覆盖总投资；

（4）基础设施建设、安置房保障房建设、土地整理等委托代建类业务收入占营业收入的比重不超过 50%；

（5）公司累计境外债融资余额，不得超过净资产的 40%。

2. 境外债申请流程

表 7-14 境外债发行流程

时限	流程阶段	流程明细
一般 2~3 个月	选择中介机构	1. 全球协调人 / 薄记行； 2. 国际律师； 3. 国内律师； 4. 审计师；

续表

时限	流程阶段	流程明细
一般 2~3 个月	选择中介机构	5. 财务代理人及信托人； 6. 评级机构； 7. 其他
	启动项目	1. 召开启动会； 2. 发改委申报； 3. 外管局沟通； 4. 展开尽职调查
	交易文件及销售	1. 募集说明书； 2. 安慰函； 3. 法律意见书； 4. 条款协议； 5. 代理协议； 6. 认购协议； 7. 债券销售
	发行及路演	1. 宣布交易； 2. 路演安排； 3. 投资者会议
	簿记及定价	1. 投资人认购； 2. 定价； 3. 发行通函（终稿）； 4. 结算交割； 5. 上市（如进行上市）

六、公募 REITs

（一）公募 REITs 基本介绍

公募 REITs，即不动产投资信托基金，和国外不同的是，我国公募 REITs 的底层资产是从基础设施领域开始，而非地产行业。我国经历了前期私募 REITs（或叫类 REITs）探索到公募 REITs 试点的阶段，如上交所便有超过 30 单的类 REITs 产品（涉及仓储物流、高速公路等不动产）。

我国公募 REITs 是指依法向社会投资者公开募集资金形成基金财产，通过基础设施资产支持证券等特殊目的的载体持有基础设施项目，由基金管理人等主动管理运营上述基础设施项目，并将产生的绝大部分收益分配给投资者的标准化金融产品。简单说，中国的公募 REITs 就是把基础设施项目装入基础设施资产支持证券（ABS），然后通过在交易所发行公募基金的方式为 ABS 提供资金，最终实现为基础设施项目公司融资，如图 7-3 所示。

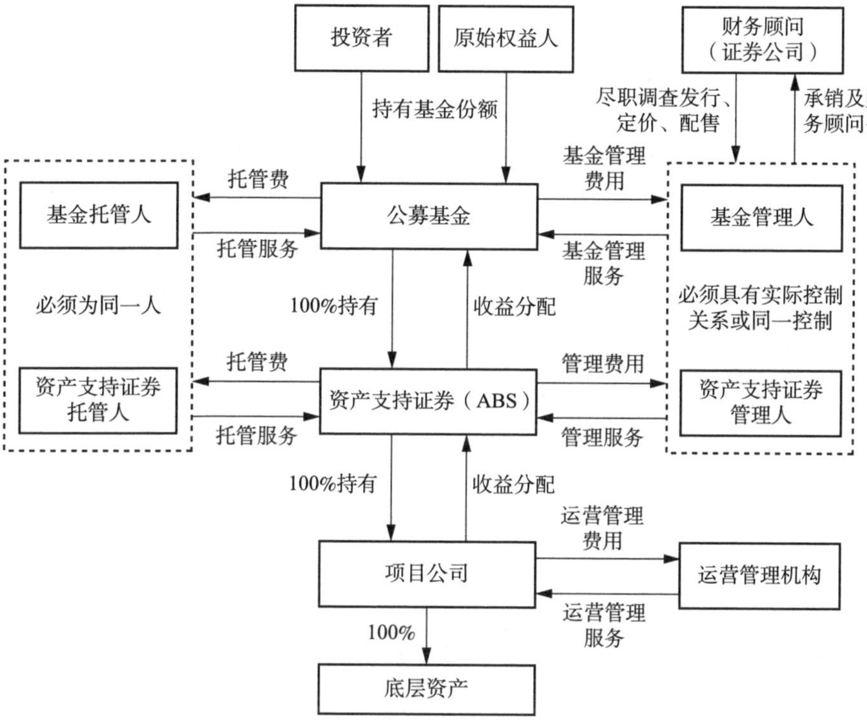

图 7-3　基础设施公募 REITs 投融资模式

对于当前我国的 REITs 项目，设立公募基金后，在公募基金和项目公司之间还需设立一层 ABS，是因为《关于规范金融机构资产管理业务的指导意见》（银发〔2018〕106 号）规定，公募基金的投资范围仅限于上市交易的股票和标准化债权类资产，不得投资未上市企业的股权。为解决公募基金不得直接投资未上市企业股权的技术难题，在公募基金和项目公司之间还需要加入一层标准化债权类资产 ABS，即公募基金通过 ABS 间接持有项目公司股权。

公募 REITs 是国际通行的配置资产，具有流动性较高、收益相对稳定、安全性较强等特点，城投公司借助公募 REITs 能有效盘活存量资产，拓融资渠道，广泛筹集项目资本金，降低债务风险。

（二）公募 REITs 相关政策

表 7-15 公募 REITs 相关政策

发文日期	发文机构	政策文件名称	政策文件内容
2020 年	中国证监会、发改委	《关于推进基础设施领域不动产投资信托基金（REITs）试点相关工作的通知》（证监发〔2020〕40 号）	基础设施领域公募 REITs 试点正式起步。《通知》明确了基础设施 REITs 试点的基本原则、试点项目要求和试点工作安排。优先支持基础设施补短板行业，包括仓储物流、收费公路等交通设施，水电气热等市政工程，城镇污水垃圾处理、固废危废处理等污染治理项目
2020 年	发改委	《关于做好基础设施领域不动产投资信托基金（REITs）试点项目申报工作的通知》（发改办投资〔2020〕586 号）	在 40 号文的基础上，进一步明确了基础设施试点的地区和行业范围，以及项目需要满足的基本条件。从地区看，鼓励国家重大战略、国家级新区等重点区域项目开展试点。从行业看，优先支持基础设施补短板、新型基础设施、产业园区等领域项目。从项目自身看，要求权属清晰、明确、可转让，投资回报良好，进入稳定运营阶段
2020 年	中国证监会	《公开募集基础设施证券投资基金指引（试行）》（中国证券监督管理委员会公告〔2020〕54 号）	公开募集基础设施证券投资基金属上市交易的封闭式公募基金，应具备以下条件：80% 以上基金资产投资于基础设施资产支持证券，通过资产支持证券和项目公司等特殊目的载体取得基础设施项目完全所有权或经营权利；基金管理人主动运营管理基础设施项目以获取稳定现金流，并将 90% 以上合并后基金年度可供分配金额按要求分配给投资者
2021 年	发改委	《关于建立全国基础设施领域不动产投资信托基金（REITs）试点项目库的通知》（发改办投资〔2021〕35 号）	基础设施 REITs 试点项目库包含意向项目、储备项目和存续项目 3 类
2021 年	发改委	《关于进一步做好基础设施领域不动产投资信托基金（REITs）试点工作的通知》（发改投资〔2021〕958 号）	附件《基础设施领域不动产投资信托基金（REITs）试点项目申报要求》包括试点区域和行业范围、项目基本条件、申报材料要求、项目申报程序、项目审查内容、中介机构要求、其他工作要求等内容
2021 年	发改委	《关于加快推进基础设施领域不动产投资信托基金（REITs）有关工作的通	提出各地方发展改革委要从加强宣传解读、调动参与积极性，摸清项目底数、分类辅导服务，安排专人对接、做好服务工作，加强部门协调、落实申报条件，及时沟通反映、加快申报进度，用好回收资

续表

发文日期	发文机构	政策文件名称	政策文件内容
2021 年	发改委	知》（发改办投资〔2021〕1048 号）	金、形成良性循环，鼓励先进典型、形成示范引领，进一步加快推进基础设施 REITs 相关工作
2022 年	财政部、税务总局	《关于基础设施领域不动产投资信托基金（REITs）试点税收政策的公告》（财政部公告〔2022〕3 号）	对基础设施 REITs 设立前、设立阶段相关税收政策作出具体规定，体现了国家对推行基础设施 REITs 的政策导向和引领
2022 年	发改委、国家能源局	《关于完善能源绿色低碳转型体制机制和政策措施的意见》（发改能源〔2022〕206 号）	推动清洁低碳能源相关基础设施项目开展市场化投融资，研究将清洁低碳能源项目纳入基础设施领域不动产投资信托基金（REITs）试点范围
2022 年	国务院办公厅	《关于进一步盘活存量资产扩大有效投资的意见》（国办发〔2022〕19 号）	强调推动基础设施领域不动产投资信托基金（REITs）健康发展。进一步提高推荐、审核效率，鼓励更多符合条件的基础设施 REITs 项目发行上市。对于在维护产业链供应链稳定、强化民生保障等方面具有重要作用的项目，在满足发行要求、符合市场预期、确保风险可控等前提下，可进一步灵活合理确定运营年限、收益集中度等要求。建立健全扩募机制，探索建立多层次基础设施 REITs 市场。国有企业发行基础设施 REITs 涉及国有产权非公开协议转让的，按规定报同级国有资产监督管理机构批准。研究推进 REITs 相关立法工作
2022 年	发改委	《关于做好基础设施领域不动产投资信托基金（REITs）新购入项目申报推荐有关工作的通知》（发改办投资〔2022〕617 号）	《通知》提出六方面工作要求：一是强调充分运用新购入项目机制推动基础设施 REITs 健康发展的重要意义；二是合理简化新购入项目申报要求；三是完善新购入项目申报推荐程序；四是切实保障新购入项目质量；五是积极协调落实发行条件；六是引导回收资金用于新项目建设
2023 年	发改委	《关于规范高效做好基础设施领域不动产投资信托基金（REITs）项目申报推荐工作的通知》发改投资〔2023〕236 号	《通知》提出六方面工作要求：一是认真做好项目前期培育；二是合理把握项目发行条件，其中明确指出支持消费基础设施建设；三是切实提高申报推荐效率；四是充分发挥专家和专业机构作用；五是用好回收资金促进有效投资；六是切实加强运营管理
2023 年	国务院办公厅	《国务院办公厅转发国家发展改革委关于恢复和扩大消费措施的通知》	明确支持符合条件的消费基础设施发行不动产投资信托基金（REITs）

（三）公募 REITs 申请要点

1. 对底层资产的要求

根据国家发展改革委《关于进一步做好基础设施领域不动产投资信托基金（REITs）试点工作的通知》（发改投资〔2021〕958 号）与《国家发展改革委关于规范高效做好基础设施领域不动产投资信托基金（REITs）项目申报推荐工作的通知》（发改投资〔2023〕236 号），目前我国公募 REITs 有以下试点行业及对应项目范围（见表 7-16）。

表 7-16　我国公募 REITs 的十大类试点行业及对应项目范围

序号	试点行业	项目范围
1	交通基础设施	收费公路、铁路、机场、港口
2	能源基础设施	风电、光伏发电、水力发电、天然气发电、生物质发电、核电等清洁能源项目，特高压输电项目，增量配电网、微电网、充电基础设施项目，分布式冷热电
3	市政基础设施	城镇供水、供电、供气、供热、停车场
4	生态环保基础设施	城镇污水垃圾处理及资源化利用环境基础设施、固废危废医废处理环境基础设施、大宗固体废弃物综合利用
5	仓储物流基础设施	面向社会提供物品储存服务并收取费用的仓库，包括通用仓库以及冷库等专业仓库
6	园区基础设施	自由贸易试验区，国家级新区，国家级、省级开发区，战略性新兴产业集群研发，工业厂房，创业孵化器，产业加速器，产业发展服务平台
7	新型基础设施	数据中心类、人工智能、5G、通信铁塔、物联网、工业互联网、有线电视网络、智能交通、智慧能源、智慧城市
8	保障性租赁住房	各直辖市及人口净流入大城市的保障性租赁住房
9	消费基础设施	百货商场、购物中心、农贸市场等城乡商业网点
10	其他	供水、供电、旅游文化景区等

此外，发改委对申报基础设施 REITs 的存量资产有一系列的明确要求：

（1）项目运营时间原则上不低于 3 年；

（2）项目现金流投资回报良好，近 3 年内总体保持盈利或经营性净现金流为正；

（3）项目收益持续稳定且来源合理分散，直接或穿透后来源于多个现金流提供方；

（4）特许经营权、经营收益权类项目，基金存续期内部收益率（IRR）原则上不低于 5%；非特许经营权、经营收益权类项目，预计未来 3 年每年净现金流分派率（预计年度可分配现金流 / 目标不动产评估净值）原则上不低于 3.8%；

（5）首次发行基础设施 REITs 的项目，当期目标不动产评估净值原则上不低于 10 亿元；其中，保障性租赁住房项目，当期目标不动产评估净值原则上不低于 8 亿元。

2. 发行流程

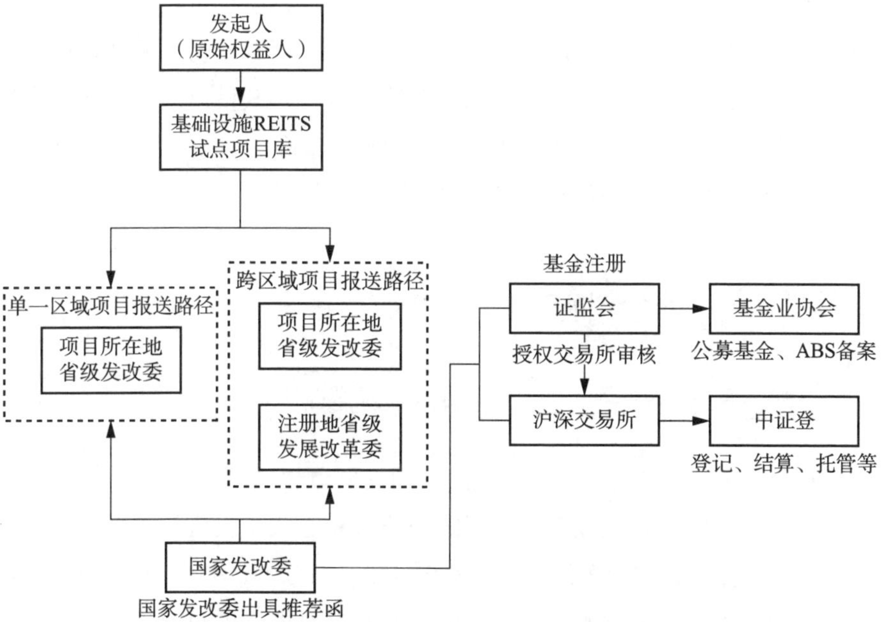

图 7–4　基础设施公募 REITs 发行流程

03 城投公司的债务演变和风险控制

城投公司是分税制改革下地方政府为了拓展资金来源而创造性设立的，代替地方政府承担融资职能。分税制改革后，地方政府财权事权不匹配，为了弥补地方城建资金的缺口，城投公司成为地方政府举债融资的重要载体，并被各地广泛使用。在大举债、大投资、大建设的进程中，城投公司的债务规模爆发式增长。多家机构的研究数据推测，截至 2022 年底，城投公司的有息债务达 60 亿元，已成为影响我国经济稳定健康发展的重要风险因素。

一、城投公司债务产生的背景与原因

（一）GDP 政绩考核下，地方政府的投资冲动

与城投公司产生的背景一样，城投公司的债务也是与地方政府“唯 GDP 政绩观”密不可分的。长期以来，中国的经济增长方式是投资拉动型。投资拉动中，地方政府作为重要的主体，积极参与其中。有了 GDP 规模和速度的持续增长，地方的经济社会发展水平得到不断提升，这对地方的执政长官而言无疑增添了厚实的政治筹码，晋升机会大大提升。所以说，基建投资是中国经济增长的重要引擎，而地方政府则是这台引擎的操作手。

作为地方政府筹集资金的重要抓手，城投公司在上海、重庆、芜湖等地被创新使用后，便一发不可收拾，成为地方政府的“宠儿”。地方政府通过注入资产、土地等方式成立城投公司，城投公司再依托政府信用背书向金融机构融资，这成为各地旧《预算法》体系下的通用融资范式。2014 年出台的国发 43 号文和 2015 年施行的新《预算法》，允许地方政府采取政府债券方式举债融资，城投公司的政府融资职能被剥离。然而，地方政府为解决资金问题，利用 PPP、

购买服务或承诺保底收益等方式变相融资。可见，地方政府“唯 GDP 政绩观”的观念持续存在，依然是驱动债务增长的关键因素。

2017 年召开的全国金融工作会议首次明确对地方政府违法违规举债要“终身问责”，彰显中央严控地方政府债务风险的坚定决心。紧接着，中央对地方政府隐性债务重拳出击，地方政府的投资冲动有所缓解，债务增长的速度也逐步放缓。

（二）分税制改革下，中央与地方财权事权不对等

改革开发以来，我国财税管理体制中颇具深远意义的一项事件，便是分税制改革。分税制改革前夕，中央财政非常困难，甚至到了“日子快过不下去”的地步。于是，在中央的极力推行下，中央和地方的财权事权被重新划分。分税制改革主要包括六个方面，即分权、分税、分机构、返还、挂钩、转移支付，前三个是改革的主体内容，后三个是辅助措施。其中，分权、分税是重中之重，分权是指划分、明确中央和地方政府的事权，相应确定财政支出范围；分税是指按税种划分各自的财政收入范围，将全部税收划分为中央税、地方税以及中央与地方共享税。

分税制的实施，极大改变了中央和地方的财权分配方式。中央的收入大幅度增加，地方的收入则快速减少。然而，在支出责任方面，更多的是沿袭以往的中央和地方的事权划分，地方的支出责任并未随之减少。之后，中央和地方的财权事权不对等现象逐步显现，地方开始出现“小马拉大车”的情形。

与此同时，地方政府大规模的城市建设需要大量的资金投入，资金来源自然成为地方政府面临的难题，城投公司的出现有效解决了这一问题。此后，各地的拆迁、棚改、学校、医院、道路、桥梁等大都由城投公司完成。更有甚者，除承担地方城市建设的资金筹集职能外，不少城投公司还帮地方政府解决了其他资金需求，比如楼堂馆所建设、工资奖金支出、偿还政府债务等。城投公司没有“隔夜钱”，地方政府大量的支出责任最终由城投公司“买单”，城投公司俨然成了地方政府的“摇钱树”，债务也在不断攀升。

（三）预算软约束下，地方债务管理机制不健全

预算软约束是匈牙利经济学家科尔奈提出的概念，是指一个预算约束体的

支出超过了它所能获得的收益时，预算约束体没有因此被清算而破产，而是被支持体救助得以继续存活。这在中国比较常见，比如：国有企业面临困境，地方政府会救助；地方政府面临困境，上级政府会救助。

前文提到，因地方政府的投资冲动，城投公司筹集了大量资金投向地方基础设施项目。在城投公司包装项目进行融资的过程中，项目手续不齐全，项目资金被挪用等现象十分普遍，甚至一个项目被包装多次用来融资。城投公司作为政府融资平台，其价值被发挥到极致。待到还款时，地方政府要么通过土地出让收入偿还，要么继续注资给城投公司借新还旧。当自有能力不足以偿还债务时，上级政府甚至中央政府会为地方政府的债务兜底。可以看出，这种预算软约束助长了地方政府违法违规举债的不正之风。

正是因为有了“中央兜底”的保障，地方政府在举债过程中才肆无忌惮，特别是在银发〔2009〕92 号文后成立的一大批城投公司，为后续的债务激增埋下伏笔。意识到地方政府举债融资行为要被关进制度的“笼子”，国家于 2014 年出台了 43 号文，文件提到，“要硬化预算约束，防范道德风险，地方政府对其举借的债务负有偿还责任，中央政府实行不救助原则”。然而，地方政府对中央政府救助甚至兜底的幻想依然存在，三年债务置换、建制县化债试点、特殊再融资债券等便是例子。当然，在此后的债务管理和问责处罚等高压态势下，地方政府的预算硬约束体系逐步建立，其违规举债行为有所收敛。

二、城投公司债务的三种形态

城投公司债务的产生，一方面是源于地方政府公益性项目的投资需要，另一方面是自身经营性业务的拓展需要。针对城投公司因融资或业务发展而形成的债务，结合政策形势变化和功能定位调整，大抵可分为三种形态。

（一）作为政府融资平台产生的政府性债务

城投公司产生的初衷就是替政府融资，彼时地方政府不被允许发行债券，故很长一段时间，前者是以“政府融资平台”的形式存在，甚至是纯政府融资平台，没有其他经营性业务。地方政府注册成立城投公司，城投公司“代政府融资、代政府投资、代政府还款”。城投公司实际上成为地方政府资金进出的通道，“三代”公司名副其实。在这种情形下，城投公司举债融资产生的债务近乎等同于政府性债务。

为了搞清楚作为政府融资平台的城投公司到底产生了多少债务，到底哪些债务需要由地方政府承担，2014 年下半年，国发〔2014〕43 号文和财预〔2014〕351 号文先后提出，对于截至 2014 年 12 月 31 日尚未清偿完毕的存量债务，按照先清理、后甄别的顺序展开全面的清理工作。根据审计结果，存量债务划分为三类，即地方政府负有偿还责任的债务、地方政府负有担保责任的债务及地方政府可能承担一定救助责任的债务。其中，“对甄别后纳入预算管理的地方政府存量债务，各地区可申请发行地方政府债券置换”。三年债务置换期间，不少城投公司的债务通过地方政府债券的形式得以置换，根据财政部披露数据，2015—2018 年，全国共发行 12.20 万亿元置换债券。不过，也有部分地方因少报、瞒报等因素，未能将城投公司的债务置换成政府债券。

（二）变相替政府融资产生的隐性债务

2014 年印发的国发 43 号，明确提出“剥离融资平台公司政府融资职能，融资平台公司不得新增政府债务”，标志着地方政府与城投公司之间的债务关系要彻底厘清。同时，国发 43 号文和新《预算法》也允许地方政府通过发行债券的方式举债，发行债券成为地方政府唯一合法的举债融资方式。自此，“开明渠、堵暗道”的地方政府举债机制开始形成。

国发 43 号文同时要求，“地方政府债务规模实行限额管理，地方政府举债不得突破批准的限额”，这意味着地方政府每年可用的债券资金是有限的。这对于志在地方发展，并于任期内快速出政绩的地方主政长官而言，无疑是杯水车薪。为此，地方政府又尝试借用 PPP、购买服务、政府投资基金，以及承诺回购社会资本方投资本金、向社会资本方承诺最低收益等方式变相融资，或成立不在监管名单内的城投公司违法违规融资。最为典型的有两种形式，一种是地方政府及其所属部门以担保函、承诺函、安慰函等形式为城投公司的融资提供担保，另一种是城投公司将建设工程、储备土地前期开发等项目包装成政府购买服务项目进行融资。城投公司一系列变相的融资方式，产生了大量的隐性债务。

根据 2018 年 8 月国务院发布的《中共中央　国务院关于防范化解地方政府隐性债务风险的意见》（中发〔2018〕27 号），地方政府隐性债务是指地方政府在法定债务预算之外，直接或间接以财政资金偿还，以及违法提供担保等方式举借的债务。其中，城投公司举债融资是地方政府隐性债务产生的重要途径。同2014年的债务清理甄别类似，2018年财政部又组织了一轮隐性债务的清查统计。关于隐性债务虽然没有官方数据，但坊间的测算结果显示其规模不在少数。针对隐性债务，国家也出台了一系列化解方案，不少城投公司产生的隐性债务被纳入债务系统后，在“十年化债”计划下正逐步加以解决。

（三）市场化业务拓展产生的经营性债务

2010年的国发19号文拉开了政府融资平台清理整顿的大幕，部分城投公司开始了第一波的转型探索。2014年的国发43号文要求剥离平台公司的政府融资职能，城投公司真正吹响了市场化转型的号角。之后的财预〔2017〕50号文、〔2017〕87号文、中发〔2018〕27号文、银保监发〔2021〕15号文等文件的陆续出台，更是坚定了城投公司市场化转型的步伐。

在城投公司市场化转型过程中，其业务定位从融资建设向产业发展转变，需要完善业务布局，拓展经营性业务，提升经营效益，并自负盈亏。基于对地方自身资源的掌控和产业布局的把握，以及前期积累的相关能力，不少城投公司纷纷涉足施工建设、房地产开发、资产运营、产业投资等业务领域。为了提升资质或者开展业务，城投公司通过项目贷、开发贷、并购贷、城投债等融资方式筹集资金，自然而然地，这些债务也成了城投公司因拓展市场化业务而产生的经营性债务。这些债务需要城投公司依托自身的经营收益进行偿还，这也迫使城投公司深入论证项目的投资收益。

三、城投公司常见的债务化解方式

经历了三年债务置换和隐性债务化解后，城投公司的债务负担虽然适度缓解，但其剩余的存量债务规模依然较大，不仅束缚着城投公司的转型发展，也或将带来债务风险。城投公司的债务化解工作不容忽视。结合各地的操作实践，一般有以下几种方式进行城投公司的债务化解。需要强调的是，城投公司的债务化解并非让债务全部消失，而是债务风险化解，保障流动性，用时间换空间。其中，债务人、债权人、融资方式、债务期限、债务成本的调整变化，都是城投公司债务化解过程中需要考虑的因素。

（一）地方政府注入优质资源增信

地方政府常见的做法就是持续给城投公司注入优质资产资源，尤其是上市公司股权，壮大城投公司的资产规模，提升城投公司的现金流状况，为提升其市场化融资能力提供增信。城投公司获取了更多的融资空间，进而缓解债务压力。

（二）打造融资能力更强的城投公司

不少地区老的城投公司债务包袱较重，持续注入优质资产资源达不到立竿见影的效果。为此，地方政府可打造新的城投公司并注入优质资产资源，新的城投公司即可平行设立亦可上层“套娃”。针对新的城投公司，地方政府需要明确其功能定位，壮大资产规模，提升信用评级。依托新的城投公司进行融资，从而逐步化解债务风险。近年来，随着银保监发〔2021〕15 号文对具有隐性债务城投公司融资的限制，打造新的城投公司成为常见做法。

（三）包装新项目借新还旧

城投公司债务化解的关键在于保证流动性。针对即将到期的存量债务，城投公司可以包装新的项目借新还旧，进而缓释到期债务风险。借新还旧既包括同一融资渠道之间滚续，也包括不同融资渠道之间置换（如发行债券置换非标等）。在借新还旧过程中，要注意拉长债务周期、降低债务成本，从而真正降低债务风险。近年来，融资政策不断收紧，城投公司进行借新还旧需要把握最新政策要求。

（四）与债权人协商展期或债务重组

近年来，针对城投公司陆续到期的存量债务，中央明文支持“允许融资平台公司在与金融机构协商的基础上采取适当展期、债务重组等方式维持资金周转，降低债务利息成本”，前提是按照市场化、法治化原则，同时不新增地方政府隐性债务。为此，城投公司可与金融机构等相关债权人协商展期或债务重组的方式化解短期偿债压力。通过展期或债务重组化解的，一般针对银行贷款、非标融资等非债券类债务，不过，这需要城投公司与债权人积极沟通。

除上述常见的债务化解方式外，也有城投公司通过财政资金输血、处置变卖资产、项目经营收益偿还、PPP、资产证券化、引入战略投资者、债转股等多种方式进行债务化解。

四、城投公司债务风险防控的对策建议

经过国家的三令五申后，城投公司的债务风险虽然得到控制，但其债务规模依然较大，发生的若干非标违约事件更是让我们对城投公司的债务风险不可大意。为此，我们需要系统考虑城投公司的风险防范工作。

（一）规范举债融资行为，建立动态防控机制

城投公司的债务无序扩张很大程度上是地方投资建设的需要。这就需要地方政府举措债务时必须量力而行、科学决策，坚决制止地方政府违法违规举债，从根源上避免债务规模的持续增加。此外，需将城投公司的债务纳入到地方政府债务管理体系，建立债务风险动态防控机制，制定系统的投融资规划，统筹开展投融资规划、债务预警、债务处置等各项工作。

（二）深入推进城投公司市场化改革转型

城投公司的债务化解与市场化改革转型是一体两面的关系。债务偿还一方面来源于政府支持，另一方面需要城投公司自身的“造血”能力。因而，深入推进城投公司市场化转型是其必须走的路。通过改革转型，拓展经营性业务，提升经营收益，不仅能提升城投公司的融资能力，也为其偿还债务提供保障。

（三）地方政府的高位支持和全面协调

一是积极协调相关金融资源，为城投公司的债务化解和持续融资提供保障，以起到优化地方信用环境的目的。二是将当地优质的资产资源（比如上市公司股权）划给城投公司，或将优质的项目交由城投公司经营，壮大资产规模和提高现金流水平，为城投公司融资能力的提升和市场化转型奠定基础。

第八章

城投公司的资本运作和数字赋能

经过第一阶次土地运作和第二阶次产业经营，城投公司的运作模式不断成熟。为加快转型速度，城投公司开始尝试通过资本运作的方式实现价值倍增和效益增长。资本运作是城投公司打通资本市场，拓展资金渠道，助推产业转型升级的重要手段。

伴随城投公司转型发展的阶次递进，公司人员体量、资产体量、项目体量也日益增大，通过数字化手段赋能公司经营管理也因此成为必由之路。科学的数字赋能往往能极大提升管理效率，清除管理死角，降低决策风险，助力国有资本保值增值目标的达成。

本章总结了城投公司资本运作的基本概念、常见方式并提出了相关建议，归纳了城投公司数字化转型的背景、路径和意义，试图从资本运作和数字化两个方面赋能城投公司向高阶次转型。

01 城投公司的资本运作

一、城投公司开展资本运作的背景

本书第三章第二节，对城投公司运作的“三个阶次”进行了阐述，资本运作是第三阶次城投公司的显著特征。在产业经营模式基础上，各地城投公司借助评级提升、上市、资产证券化、混合所有制改革、产业投资基金、发债融资等方式开启资本运作，从而加速获取资本，缩短融资时间。

资本运作不仅对城投公司自身的财务实力、评级水平等有着较高门槛要求，还对城投公司的市场化和专业性提出了很高的要求。合理的资本运作可以充分利用金融和资本市场，构建“募投管退”良性循环的投资结构，极大地拓宽融资渠道，降低融资成本并提升资产规模和质量。

二、城投公司开展资本运作的常见手段

城投公司主要通过上市、资产证券化、混合所有制改革、产业投资基金、发债融资等多种方式开展资本运作。

（一）上市

发挥资本市场价格发现机制，推进国有企业上市、混改、并购、重组，对于深化国资国企改革、提升国有资产运营效率、实现国有资产保值增值具有重大的战略意义。在城投公司融资监管趋严的背景下，上市融资扩大了融资渠道，降低资产负债率，并且上市可以推动公司获得权益类资金，无需还本付息。作为企业股权融资市场化通道的主要资本运作方式，上市能够全面推动企业内部市场化改革，助力城投公司在短时间筹集发展资金资源，为城投公司的转型与

持续发展提供源源不断的动力，为城投公司发展持续“输血”，是多数城投公司进行资本运作的主要方式之一。城投公司实现资本市场上市运作主要存在首次公开募股（简称“IPO”）与重组上市（或“借壳上市”）两种方式。

IPO 是指城投公司首次将公司股份向公众出售，以获取资本金的方式。相较于借壳上市，IPO 操作方式直接成本相对较小，在首次发行时往往可获得较高溢价，股权稀释比例较低、上市操作过程明确，一般是企业上市的首选渠道；但其主要弊端在于审核标准严格，用时过长，一般需要一年半至二年。借壳上市指城投公司通过收购或其他合法方式获得上市公司的控制权并将自身的相关资产及业务注入获得控制权的上市公司，从而实现未上市资产和业务间接上市的行为。相对而言，具有审核程序简单、审核时间较短的优点；但弊端在于借壳上市本身不能为企业带来大量资金，相反还需要支付一定的买壳费用，并且公司借壳上市之后需要在一段时间之后才能实施再融资，以满足企业对资金的需求。

以上海城投控股股份有限公司为例，其前身是上海市原水股份有限公司，于 1992 年 7 月改制成为股份制企业，公司股票于 1993 年在上交所上市交易，1993 年、1997 年多次增资配股，在证券市场上筹措 31 亿元人民币，解决了两大引水工程的建设资金。再比如浙江省建设投资集团股份有限公司，为拓宽融资渠道，提升其在行业中的综合竞争力、品牌影响力和行业地位，积极谋求上市，曾考虑 IPO，后因资产整理及时间进度的原因而放弃，转而选择较为容易的借壳上市，通过收并购上市公司多喜爱股东股份，2020 年 4 月，成功借壳上市，多喜爱更名为浙江建投。

（二）资产证券化

广义的资产证券化包括资产支持票据（ABN）和资产证券化（ABS）。

资产支持票据（ABN）是指非金融企业在银行间债券市场发行的，由基础资产所产生的现金流作为还款支持的，约定在一定期限内还本付息的债务融资工具。资产支持票据通常是由大型企业、金融机构或多个中小企业把自身拥有的、将来能够生成稳定现金流的资产出售给受托机构，由受托机构将这些资产作为支持基础发行商业票据，并向投资者出售以换取所需资金。

资产证券化（ABS）是指以基础资产未来所产生的现金流为偿付支持，通过结构化设计进行信用增级，在此基础上发行资产支持证券的过程。例如城投公司有某一个景点的收费权，城投公司通过资产证券化手段，将未来一段时间收费折算成当期现金，这样城投公司就是通过资产证券化将自有资产盘活换取了当期所需资金。

以成都都江堰投资发展集团有限公司为例，依托成都市都江堰西区水厂对都江堰市主城区及青城山片区未来 7 年的供水收费收益权作为基础资产，在上海证券交易所成功发行“国君—五矿—都投集团绿色供水收费收益权资产支持专项计划”。本期产品是继四川企业发行全国中西部首单绿色水资源收益权 ABS 后，四川企业发行的又一单绿色基础设施 ABS 项目。都投集团通过资产证券化融资，为供水能力提升和城市发展需要提供了重要资金保障。再比如华能澜沧江水电收益权专项资产管理计划，是典型的以准经营项目收益权作为基础资产的资产证券化项目。发起时，华能水电将漫湾一期水电站未来五年内合计 24 亿元水电销售收入转让给资产支持专项计划，接着专项计划以此为基础发行总面额 20 亿元的专项计划受益凭证。

（三）混合所有制改革

2015 年 8 月，中共中央、国务院印发《关于深化国有企业改革的指导意见》，提出推进国有企业混合所有制改革。随着国有企业改革逐步深入，混合所有制改革也成为各地的重点任务之一。处于转型压力中的城投公司也在积极推进混合所有制改革，将混改作为自身转型的一个路径。对于城投公司来说，可以通过控股、参股等多种方式引入战略投资者，城投公司应该积极鼓励和引导社会资本通过控股、资产收购等各种方式参与该类业务的经营。

以南京市交通建设投资控股（集团）有限责任公司为例，通过引进战略投资者，推动市场化转型发展。南京交投组建于 2002 年，是由南京市政府出资设立的市属大型国有独资集团公司，主要承担南京市域重大交通基础设施项目的投资、融资、建设和运营管理任务。2018 年 9 月，朗诗绿色摘牌南京交投旗下的王家湾项目公司 60% 的股权，签订《产权交易合同》。南京交投通过此次引战，获得股权的同时，收回部分现金流，并依托战略合作开展市场化融资。

（四）产业投资基金

产业投资基金是指城投公司作为项目发起人联合社会资本，以股权投资的方式参与项目建设和运营。城投公司手中有优质项目，社会资本手中有资金，采用这种合作模式可以有效缓解城投的资金压力。产业基金属于私募基金，一般采用有限合伙模式，有限合伙基金中，普通合伙人（GP）和有限合伙人（LP）共同成立有限合伙企业。对于有限合伙企业的债务，GP 承担无限连带责任，LP 以其认缴的出资额为限承担有限责任。

典型案例是盐城经济技术开发区所属的国资平台公司——盐城东方，自 2017 年以来，便紧扣盐城经开区“汽车、新能源装备、电子信息”三大主导产业，设立或参投了中韩（盐城）产业园发展基金一期、华人运通新能源汽车投资基金、上海摩登股权投资基金等 10 多只产业基金，推动了华人运通、摩登汽车、捷威动力等十多个重大产业项目落户。通过专业化的基金运作，盐城东方实现多个项目上市，项目成功推出后，获得了非常高的投资收益回报。

（五）发债融资

发债融资，是指城投公司通过发行债券进行市场融资，俗称“城投债”，系直接融资。第七章第二节，对发债融资有详细阐述。

以杭州市拱墅区城市建设发展控股集团有限公司为例，自 2022 年初以来，集团积极盘活国有资产存量，开展信用评级，成功获得 AAA 主体评级，实现了杭州市同一主城区内两家国资公司同步获评最高主体信用等级的改革目标。在 2023 年 9 月 4 日，成功发行杭州市拱墅区城市建设发展控股集团有限公司 2023 年面向专业投资者非公开发行公司债券（第一期），债券发行规模 10 亿元，债券期限 3+2 年，票面利率低至 2.95%，认购倍数达 4.02 倍，本期债券是杭州拱墅城控集团挂牌设立后在资本市场首次亮相。

三、城投公司资本运作的一些建议

（一）聚焦主业理性扩张，打通上下游延伸产业链

城投公司在保持现有核心职能基础上，应聚焦主业，充分发挥国有企业在城市建设、城市服务产业链中的支撑带动作用，启动产业链融通发展共链行动，推动基础固链、优化塑链、融合强链，不断塑造新动能新优势，掌握产业发展主动权，增厚经营性业务收入，推动发展步入快车道。各地城投公司在业务扩张打通产业链上下游过程中，要结合自身现有业务状况和自身实力，理性开展新业务布局，避免盲目扩张。对于城投公司而言，产能扩张绝不是新老产能简

单相加，需要有与之匹配的企业管理能力，包括人才队伍建设能力、供应链管理能力、投融资能力、资产运营能力等。

（二）树立风险管控理念，建立风险管理长效机制

城投公司正主动适应经济发展新常态，积极拓展经营性项目布局，主动市场化转型发展。在经营发展、转型升级过程中面临的风险日益复杂，所以要更加重视风险管控体系的建设，提升风险管控能力，平衡效益与风险，推动企业持续健康稳定发展。在资本运作阶段，城投公司要从风险管控理念着手，建立集团统一和各分子企业适用的内控手册、内控评价标准、风险评估手册以及内控和风险工作长效机制。各级分支机构每年常态化开展内控评价工作和风险评估工作，并纳入企业总部的评价报告中，完成集团整体的内控和风险体系建设实施工作，建立风险管理长效机制。

（三）完善选人用人机制，培养一批专业人才队伍

城投公司的市场化转型，人才是基础保障，资本运作对于城投公司人才综合素质提出了更高要求。城投公司应该建立人才标准和员工职业发展通道，制定各岗位任职资格标准，为公司选聘人才制定依据。推行竞聘上岗，选拔德才兼备、善于经营的优秀干部和专业能力强、综合素质高的员工，实现人岗匹配。此外，还应强化考核机制，落实岗位职责。面向社会选拔引进高水平专业技术人才和优秀管理人才，建立后备人才梯队，开展人才培养，综合打造一支符合第三阶次城投公司资本运作所需的专业人才“主力军”。

（四）引入专业智库机构，建立战略合作伙伴关系

不同行业、不同阶段以及不同融资要求的项目，在资本运作的具体操作方式方法上会有比较大的差异。政府机构或城投公司，由于其人员、精力、能力和素质等方面的限制，对国家金融政策、融资工具以及融资渠道等方面了解比较局限，对外界形势的变化和要求掌握往往不及时、不充分。所以，建议各地城投平台公司引入专业的投融资咨询机构作为公司智库单位，建立战略合作伙伴关系，由专业咨询机构提供常态化咨询服务。通过与专业智库合作，城投公司可以“补短板”，完善自身资本运作能力，提高自身的资产经营与内部管理的运行效率和项目投融资的成效。

02 城投公司的数字化转型

一、数字化转型的背景：抓住转机、积极转型

在中美贸易摩擦、“后国际金融危机”和全球新冠疫情背景下，数字经济成为大变局下经济复苏的新引擎、可持续发展的新动能，推动商业价值转换。数字经济是未来竞争的主战场，国有企业则是主力军。而城投公司作为地方重要的国有企业，把握数字经济机遇尤为必要。

（一）城投公司数字化转型之政策驱动

近年来，多部关于强化国企数字化转型的文件出台。国务院国资委印发的《关于加快推进国有企业数字化转型工作的通知》提出，国有企业要在建设基础数字技术平台、建立系统化管理体系、构建数据治理体系、提升安全防护水平四方面夯实数字化转型基础，从推进产品创新数字化、推进生产运营智能化、推进用户服务敏捷化、推进产业体系生态化四方面加快推进产业数字化创新。《关于开展对标世界一流管理提升行动的通知》（国资发改委〔2020〕39 号）提出，以企业数字化智能化升级转型为主线，充分发挥信息化驱动引领作用；促进业务与信息化的深度融合，实现业务流程再造，为企业生产经营管理和产业转型升级注入新动力。

“十四五”期间国有企业参与数字经济发展的 3 个重点：（1）加快数字基础技术发展；（2）突出以场景化为中心满足人民对美好生活向往的需求理念；（3）提高国企主业守正创新能力。当前绝大多数国企已开启数字化转型进程，但仍处于起步或初期转型阶段。企业内部存在较大分歧、无法找到数字技术与业务场景融合的切入点、组织内部协同困难且难以打破原有部门边界和利益壁垒，成为企业内部数字化转型的主要阻碍。

（二）城投公司数字化转型之业务驱动

近年来，随着城投平台整合，集团化公司逐渐增多，城投公司普遍存在数字化程度较低的情况，仅有办公 OA 管理、财务管理等少数几套信息化系统，缺乏统一的数据标准及管理规范。且集团公司与分 / 子公司各类数据分散存储、相互独立，数据仅沉淀在各个部门内部，形成数据孤岛，无法实现数据的融合和数据资产的沉淀。

城投公司亟须通过数字化转型，促进部门之间的信息沟通，打通数据孤岛，改善数据集成和内部协作。通过深化数据分析为管理层实现科学决策赋能；推动创新文化，使公司具备应对不断变化的外部环境和内部变革的底气。

另外，从城投公司业务方面来说，数字化转型可以降低企业运营成本，提高运营效率和生产力，最终提高企业业务竞争力。同时，数字化转型能加快企业对市场需求变化的响应速度，促进打造以客户需求为导向的新产品和新服务，打开新商业模式和收入渠道的大门。

未来，城投公司数字化转型需要根据各地城投自身异质性采用不同的转型策略。大多数城投公司已经意识到数字化转型不能单打独斗，而是需要积极联合数字科技企业与产业链上下游企业，多方协同构建数字生态共同体。积极学习与借鉴典型或先行企业的相关场景化成功经验或示范，开展数字化转型相关内容的交流培训，与数字科技企业联合开展跨界合作与创新等将成为推进城投公司数字化转型的重要助力。

（三）城投公司数字化转型之新技术驱动

国际形势百年大变局，既是挑战，也是机遇。数字化大浪潮正扑面而来，国内数字化新技术，如 5G、物联网、数字孪生、大数据、大模型、AI 等也如雨后春笋般涌现。新一轮的技术革命和产业变革正在进行，如何借助数字化技术乘风转舵、洞察先机、制定策略和抓住机遇，最终实现华丽转身，是城投公司未来战略转型的重中之重。

二、数字化转型的路径：科学规划、强化落地，“玩转”数字化

据国内外相关机构统计，当前国内企业数字化转型的成功率不足 20%，大

多数城投公司在面对千头万绪的业务场景时往往束手无策，因没有经验，一般会去外地城投公司“参观考察”，看到成功的案例后，就想全盘复制过来，然而每个城投公司的发展阶段、管理思路、业务现状、战略规划都不一样，这与原来的信息化存在很大差别。原来的信息化是应用 OA、ERP、MES、CRM 等标准化的系统，而在数字化转型的过程中，每个城投公司痛点不同，流程不同，背景迥异。别人成功的经验可以借鉴，但如果完全复制往往会以失败告终。城投公司的数字化转型方案和路径都是高度个性化的，是“千企千面”的事情。数字化转型决不能“拍脑门决策、拍胸脯承诺、拍大腿后悔”，只有科学的设计加上不断的实践和持续优化，才能最终找到契合企业自身数字化转型的路线。

（一）科学规划设计，构建企业数字化转型体系

凡事预则立，不预则废。数字化建设，若没有科学的规划，就会乱搭乱建，造成新的“数据孤岛”“信息烟囱”与“数字烂尾楼”。城投公司需要做好数字化体系顶层设计，明确总体思路、预期目标和重点任务，系统地梳理各个板块需求。要“想得清、想得深、想得远”，围绕战略规划，梳理需求清单、场景清单，分别站在决策者、管理者、服务对象的不同视角，深入研究如何丰富数据模型让决策做得更准，如何优化工作流程让业务协同效率更快。

数字化转型的总体目的是通过将各业务进行全过程标准化、规范化管理，整合管理资源与内外数据融合，实现对城投公司总部及下属子公司业务的一体化管控，全面提升企业的“决策力、控制力、执行力”，提升科学管理水平。建立“用数据说话、用数据决策、用数据管理、用数据创新”的管理机制，推动城投公司管理理念和治理模式进步，逐步实现城投公司业务管控智慧化。具体目标包括：

业财融合一体化：全面整合业务数字化需求，打通业务与财务之间的数据流。以财务数据为抓手的业务管控和服务，推动核算会计到管理会计的转变，实现财务管理与业务的数据融合与流程互通，最终实现业财一体化管控。

业务管控数字化：用数字化手段把企业管理制度嵌入业务流程中，提高业务管理的规范化水平；用流程智能化推动业务处理进程，提升流程效率；在业务管理数字化基础上，嵌入风险控制要素，运用数据智能分析，强化企业业务风险防范能力。

决策分析科学化：通过数据多维可视化分析，实现企业经营主体与业务主

体的精准画像，形成“一图总览、精准分析”，及时掌控企业及下属单位资产状况、经营状况、人员情况，为集团科学管理决策提供数据支撑。

协同办公高效化：以提高集团管理效率为出发点，打破部门与业务壁垒，实现流程贯通、数据共享，让数据多跑路、员工少跑腿，改善跨单位、跨部门和跨业务之间沟通与协同方式，推动集团内部高效协作。

顶层设计的步骤可以分为以下四步：

第一步，评估企业的数字化基础。了解企业业务的价值链，各个环节应用数字技术的深度、广度和应用效果，明确企业进行数字化转型的基础，以此作为制定愿景和目标的依据。

第二步，搭建数字化转型框架。数字化转型是一个系统工程，涵盖企业的方方面面，要做好全方位的战略部署，明晰各个细分领域数字化阶段的框架规划。国企数字化转型成功的关键是围绕企业自身的“战略规划、发展阶段、企业业务情况、管理现状、管理者思路”，确定数字化转型的“抓手”，然后以“抓手”作为数字化转型的核心主线，连接各业务板块、连接组织、连接人、连接生态链。如某城投公司以“合同”为切入点，建立“统一合同管理中心”，纳入全业务合同，跟踪并分析合同执行全过程，实现对企业全业务的过程管控、财务管控、人员管控、合规管控、风险管控。再比如，某地城投平台公司以“战略经营目标”为抓手，建立“战略经营管理系统”，管理者以结果为导向，以目标分解为手段，以重点工作为核心，全面管控企业经营目标。实现人人对“事情”负责、对“结果”负责。

第三步，制定一套契合的数字化转型方案。方案要按照总体布局、部分先行的思路，循序渐进、不断优化、逐步完善企业的数字化转型。方案的编制可以是企业自己的专业团队进行编制，也可以找第三方的专业咨询设计公司或数字化科技企业合作，但方案的总体思路一定是要围绕数字化转型的框架进行。

第四步，确定数字化转型的关键指标。数字化转型是一个战略性的长远规划，企业往往需要持续性投入。如果没有设定阶段性的关键指标，就无法通过阶段性的目标效果让城投公司的数字化转型持续推进下去。因而，城投公司在开展数字化转型过程中，一定要设定好阶段性关键指标，明确数字化各领域的收益，以便清晰明了地获得反馈效果，以实现数字化转型的最终目标。

做好上述四步，城投公司数字化转型之路就有了一个良好的开始。

（二）强化实践落地，搭建一体化的数字管控平台

城投公司在建设数字化管控平台时，因对数字化技术理解不够，常会问“数字化管控平台与常用的办公 OA 有什么区别”。在企业信息化阶段，诞生了像 OA、HR、CRM、ERP、财务核算、资产系统等各类办公系统，这些系统是企业信息化阶段的产物，不同的系统在不同方面发挥了不同的价值。如 OA 办公系统主要是实现企业的流程化审批，将各类流程审批实现电子化、规范化，解决的是企业在流程协作上的问题。但此类系统无法深入企业具体的业务数字化中，难以满足业务管理的数字孪生、业财融合、数据智能分析等场景应用的要求，想实现智慧化的数字管控更是不可能了。

数字化转型是业务和技术双轮驱动的。应用数字技术时，还是要回归业务的本质，以用户为中心、基于业务痛点思考转型的目的是什么？用户是谁？场景是什么？要解决什么业务问题？在此基础上选择合适的数字化技术，才能将数字技术和业务深度融合。如华为公司总结它数字化转型成功的关键要素之一是“合适的技术”——企业数字化转型没有最先进的技术，只有最合适的技术。

城投公司在搭建数字化管控平台时，主要是要通过“数字化”赋能，借助数字化应用，实现对企业内部管理和业务层面的数字化转型，从而提高企业经营管控效率。以集团管控为核心，实现“融、投、建、管、营”一体化管控，打造“横向到边、纵向到底”的全业务数字化运营，助力国有企业依法合规、高效运营、科学决策。

（三）持续优化，让数字为企业创造价值

数字化转型本质是数字经济时代企业价值体系的不断优化、创新和重构，通过企业数字化平台的不断应用和优化，形成企业自身的数字化模式，并利用大模型、人工智能、深度学习等技术，让企业数字模型自动学习、自动提升，持续推动数据、技术、业务、组织的深度融合，不断完善优化企业数字化转型体系，充分发挥数据生产要素的作用。将企业的人、财、物通过数字化全面连接，让数字化真正为企业创造价值（见图 8-1）。

要围绕顶层设计中的各阶段“关键指标”进行对标和评估，不断推进。优化不仅是要升级数字化平台，更重要的是通过数字化平台的应用，推动企业流程重塑、业务升级、组织与人员成长，甚至是企业战略的改变。比如企业在员

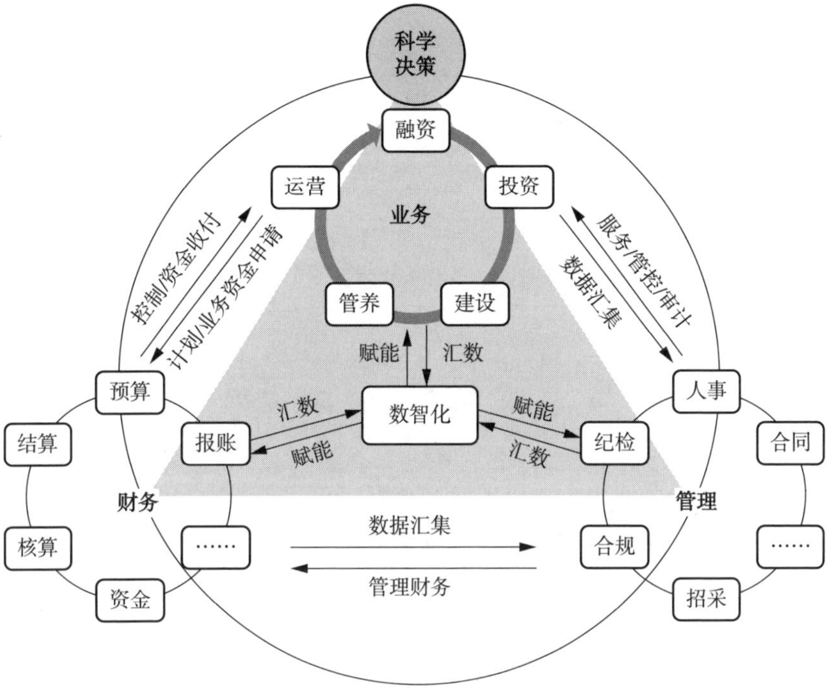

图 8-1　城投公司数字化转型业务架构

工考核的流程上传统方式一般是制定考核指标，在季度或年度进行自评、复评打分，最后汇总排名。而在数字化转型后，可能每个组织、每个员工的工作内容、成果、效率等都可以通过数字呈现出来，企业在考核的指标、流程和依据等方面就可以全新的数字化方式进行。

三、数字化转型的意义：让国企高效转动

城投公司逐步走向集团化发展，业态丰富、业务复杂、管控难度高。运用前沿的数字化技术，通过企业流程再造、数据驱动，建立一套符合集团管控需求的数字化应用平台，落实集团战略发展目标，实现基于业务数据的精益化和集中化管理，使城投公司达到内控依法合规、业务运营高效、决策分析科学等多重目标。

（一）提高城投公司运营效率

城投公司以“数智化”为抓手，贯穿决策层、执行层、操作层的穿透式管

理，满足各级管理层分层指挥的需求，并驱动多业务场景智能化和数字化，在经营过程中做到心中有“数”，助力城投公司走向高效的国有资本平台模式，提高投融资能力与国有资本经营能力。以资本为抓手，打造“融、投、建、管、营”为一体的良性循环系统，推动国有资本的布局优化与结构调整，做强、做优、做大国有资本。

（二）助力城投公司依法合规、稳健发展

结合城投公司风险库、合规制度等，将城投公司合规风险点因素融入融资、投资、工程项目建设、资产管理、人事管理、战略决策等业务模块中，建立企业风险监控模型，落实企业合规管理体系、法务管理体系，实现企业对重要规章制度制定、重大事项决策、重要合同签订、重大项目运营等经营管理行为的在线化合规审查。同时通过合规风险预警监测，有效识别并积极主动防范化解合规风险，使公司稳健运营。

（三）促进城投公司创新与变革

通过引入新技术和创新的运营模式，城投公司可以打破传统的管理方法和运营模式，实现创新性的管控和服务，进而促进业务模式和组织结构的优化升级。

数字化转型的核心是企业战略转型需求，其意义不言而喻。如同战略转型一样，城投公司的数字化转型也是一项战略性、艰巨性、长期性，坚定不移的系统性工程，其投入成本高、周期长、涉及面广，转型的道路是一个三回九转的漫长过程。城投公司只有怀着坚信的理念字化转型的道路，才能九转功成，最终实现企业生态、组织、员工的“共赢”。

（本节内容由科大国创股份有限公司提供。科大国创软件股份有限公司是国内领先的数据智能产品和服务的高科技上市企业，拥有数据智能平台和高可信分析与验证的核心技术，致力于打造软硬件一体化的数字化新能源产品，提供行业数字化应用与数字化运营服务，主营数字化应用、数字化产品、数字化运营三大业务板块，推动国家以数据为驱动的数智化转型。经过二十余年的努力，公司已成为大数据研发和应用的“国家队”，数据智能与高可信软件的引领者，“智能汽车 + 智慧储能”的领先者）

9

第九章

城投公司转型发展典型案例分享

据不完全统计，全国共有各类平台公司万余家。陆续成立的城投公司，有效缓解了地方政府财力有限、资金不足的困境，是我国城市基础设施建设和公共服务领域的重要力量，有力推动了城市经济的发展和城镇化的进程。但由于前期“重融资、轻管理”“重建设、轻运营”的粗放式发展模式，城投公司或多或少存在着有效资产不足、评级水平较低、融资能力较弱、业务发展失衡、经营收入较少、政企关系不清、管理水平滞后等多方面的问题。

新时代、新要求，城投公司作为重要的地方国有企业，面对诸多挑战，应结合自身的经营特点和当地的产业特征、生态优势等，大胆探索、积极实践，以市场化、实体化为方向，推动国资国企做强做优做大；从坚持党建引领、聚焦主责主业、丰富产业布局、拓宽融资渠道、协同资源对接、建立现代企业制度等多方面入手进行转型升级。

各地城投公司都在积极寻求转型，本章选取合肥建投、扬州城控、盐城东方、安东集团4个成功案例，分析其所在城市的发展脉络和经济社会特征，介绍每家公司的组建历程和现阶段概况，详细阐述其转型过程中的主要做法和取得的成果，并总结得出每个案例带来的经验启示。

01 合肥建投集团：精耕城建　资本引领 助力城市产业能级提升

近年来，合肥“每战必打、每打必赢”的战新产业投资引来网友热议，给合肥贴上“中国最牛的风投城市”“最成功的赌城”等标签。很多主流媒体也竞相报道合肥的一些模式做法，特别是在国有资本运作方面的亮眼成绩。合肥市建设投资控股（集团）有限公司（简称“合肥建投”或“集团”）作为合肥市最大的国有企业，十余年来深度融入时代发展大潮，以实干笃定前行不断取得新成就、展现新气象。

一、合肥市概况

经过四十多年的“狂飙”发展，合肥市 GDP 已从 1978 年的 10 亿元发展到 2020 年突破万亿元大关，工业产值也已从 1973 年的 10 亿元到 2016 年的上万亿元，稳居全国省会级城市十强之列。合肥市作为新世纪以来经济跨越式增长的亮眼城市，被评为近十年全球发展最快的城市之一。

2004 年 3 月 5 日，政府工作报告中首次明确提出促进中部地区崛起。中部城市群发展因势而起，包括合肥市在内的中部地区的工业化和城市化进程由此驶上快车道。

2005 年 7 月，中共合肥市委八届九次会议作出了优先加快工业发展的战略决策，出台了《合肥优先加快工业发展行动纲要》。合肥这座千年古城，自此打响了一场志在必得的“工业立市”的攻坚战。

2006 年 6 月，合肥市委市政府在整合原有三个基础设施投融资平台的基础上，重组成立了全新的市级投融资平台，合肥建投等国资平台公司应时而生。

2008 年以来，合肥市大力发展战新产业，以龙头项目带动，形成经济发展的主引擎。聚焦12个重点产业，创新实施“链长制”“群主制”，加快打造新兴产业集聚的产业名城。汇集京东方、晶合、蔚来、科大讯飞等一批牵动性强、影响力大的战新产业龙头企业，构建全产业链生态圈。也是在这一年，合肥市拿出三分之一的地方财政收入，引进当时亏损超过10亿元的京东方，建设国内首条液晶面板6代线，一举打破新型显示器严重依赖进口的情况。正是因为战新产业的发展，形成了合肥发展的主引擎、转型升级的主抓手以及区域竞争的新标杆。

2016年，合肥产投与兆易创新合作启动总投资1500亿元的长鑫存储内存芯片自主制造项目，为国家在该领域打开全新局面。

2020年，合肥建投联手三级国资平台筹资70亿元，帮助蔚来走出“至暗时刻”。随着比亚迪、大众等龙头及配套企业先后进驻，一座“新能源汽车之都”正在崛起。

2022年3月，合肥市高质量发展引导基金成立，注册资本200亿元。至此，合肥构建起“政府引导母基金 + 天使 / 科创 / 种子基金 + 市场化基金”的国有“基金丛林”，为地方产业高质量发展注入澎湃动力。

今天的合肥市，以“芯屏汽合”“集终生智”成为现象级产业地标。在“合肥模式”的带动下，2022年，合肥市战新产业产值同比增长14.3%，占全市规上工业的比重由2012年的24.4%提高到2022年的56.2%，战新产业对全市工业增长贡献率由2012年的30.5%提高到2022年的78%。合肥“芯屏汽合”“集终生智”战新产业异军突起，一大批产业新地标迅速崛起。

二、合肥市建投集团概况

2006年5月25日，合肥市人民政府批准组建合肥市建设投资控股（集团）有限公司，并于次月正式挂牌。主要职能为城市重大项目建设投融资、城市基础设施重点项目建设、战新产业投资运营、城市运营服务保障等。经营领域涉及工程建设、战新产业投资、城市运营服务、乡村振兴、现代农业、商业百货、文旅博览等行业。

经过十几年的发展，合肥建投已从传统的政府融资平台成功转型为服务城市建设和运营、引领产业发展的国有资本投资试点公司。企业信用等级长期维持AAA评级。集团总部下设办公室、财务部、党委办公室、产权管理部、产业投资部、法律审计部、纪检监察室、基础设施建设部 8 个部室，拥有全资及参控股企业 50 余家，其中上市公司 4 家。截至 2022 年 12 月 31 日，集团注册资本 132.98 亿元，合并资产总额 6135.84 亿元，负债总额 4006.25 亿元，所有者权益 2129.59 亿元。

三、转型发展主要做法

（一）坚守城投使命，深耕城市建设

合肥建投因城而生、以城而兴、与城共荣，始终与城市发展同频共振。集团充分发挥各业务板块建设管理优势，稳步推进政府项目代建，全力拓展招商项目厂房代建及定制业务，提速综合管廊建设，激活勘察检测等传统工程业务。与此同时，合肥建投承担了一大批有影响力的重大城建项目，包括怀宁路下穿天鹅湖、宿松路快速化改造、杏花公园停车场、经开区污水处理厂四期、派河截导污等工程，打造了以“天鹅湖隧道”为代表的一批精品工程。因积极主动参与城市基础设施建设，集团已深度融入合肥市大规模投资拉动的发展格局。

面对投融资环境政策不断变化带来的融资难度倍增以及“大建设”、产业投资等资金需求增长的重重压力，合肥建投积极筹划，拓展融资渠道。作为合肥市首家成功注册 DFI 资质的国有企业，合肥建投灵活运用融资产品，持续保障各类项目资金需求；首次引入轨道融资综合比选竞争机制，完成两轮融资 1118 亿元，解决了轨道建设后续的资金问题；成功在省内首次发行专项债券，支持重大铁路项目资本金筹措。通过卓越的融资创新、完善的风险控制、强大的融资保障，合肥建投为合肥市发展输送了大量的金融动能。近年来，集团累计融资 1240 亿元，为市政道桥、公路与出城口道路等近 1500 个项目拨付资金 1945 亿元，历年资金保障率均达 100%，承担起全市 50% 以上城建资金保障重任，成功解决了合肥城市建设发展投融资难题，促进了合肥城市的快速发展。

（二）强化资本运作，布局战新产业

集团以助力合肥市产业发展为己任，聚焦“芯屏汽合”“集终生智”，围绕

战新产业“延链、补链、强链”发展战略担当作为。2012 年以来，合肥建投相继主导和参与了京东方 8.5 代线、10.5 代线、晶合晶圆、康宁玻璃、彩虹玻璃、COF 卷带、维信诺 6 代柔性屏、蔚来中国、神州数码、均胜安全、城市生命线等20余个重大产业项目的投资建设，总投资2715亿元。集团需出资1060亿元，已出资 972 亿元，实现收益 312 亿元。成功的产业投资打造了国内配套最完善、产线最齐全的千亿级新型显示产业链，实现了大规模集成电路制造项目零的突破，擘画了合肥建设成为全国新能源汽车之都的美好蓝图，推动了合肥市打造“芯屏汽合”“集终生智”熠熠生辉的产业地标，为合肥市经济从高速发展转向高质量发展奠定了产业基础。

通过资源集聚以及优良的资本运作，合肥建投逐步形成了产业投资的诸多成功经验：京东方项目的投融资经验成为业界效仿的“合肥模式”；安世半导体海外并购项目为当年最大半导体行业海外并购案，其后续股权公开高溢价转让令业内惊叹；蔚来中国项目打造了合肥市在战新产业领域成功投资的标杆，并一举成为当年产业投资领域的传奇；多元布局市场化产业基金，以芯屏基金、新站基金为代表的一批市场化基金在产业链投资领域发挥出积极作用。集团所属建投资本作为基金管理人，管理基金规模已达 360 亿元，成为安徽省第 2 家、合肥市首家中基协普通会员机构。面对不同类型的战略合作对象，集团始终坚持平等互信、合作共赢的原则，依法合规合作，形成良好的管理合力。这些做法不仅培育了产业、锻炼了人才，更实现了国有资本的大幅增值，形成了“募、投、管、退”有序结合的产业投资良性循环。

（三）政府引领市场，服务城市运营

作为全市最大的平台公司，合肥建投始终以全市发展为大局，围绕合肥市快速发展带来的城市运营保障新需求，以及加快推进乡村振兴战略部署，站在政府引领市场的高度，积极布局市场机制尚未健全而又十分重要的业务领域，先后承担了多项响应国家政策及政府引导的新兴业务，包括住房租赁、城市充电、智慧停车、水务环保、新能源等，切实发挥了国有企业在新兴业务领域的市场引领带动作用，在为合肥市产业发展提供资源保障的同时，也形成了合肥建投高质量发展的新兴专业化业务板块。

在住房租赁领域，基于拥有的近 4.3 万套（间）租赁房源，合肥建投倾力打造“合房租赁”“承寓”等品牌，成为合肥市房地产市场调控的重要力量。在

城市充电领域，已建成上线充电站600余座，充电桩逾10000个，平台注册用户突破11万，在全市公共充电桩的市场占有率已超过70%，“合肥充电”为合肥市打造新能源汽车之都奠定了服务基础。在智慧停车领域，统一管理的停车位已达8500余个，“中安智通”正成为智慧停车的专业化服务商。在水务环保领域，所属水投公司通过积极参与项目代建和场站运维，已承接巢湖市城区及环巢湖乡镇等污水处理厂近30座、排水管网及配套泵站280余公里的运维任务，并正演变为提供水环境治理项目投资建设运营一体化服务的专业公司。此外，合肥建投还承接了近20公里的城市综合管廊运维任务，且拓展了技术咨询业务，业务范围拓宽至市外、省外，所属管廊公司已成为合肥市创建全国综合管廊试点城市的中坚力量。在乡村振兴领域，合肥建投自建的山口凌乡村MALL顺利运营，有效搭建了乡村振兴服务平台，所属乡投公司努力向投资运营平台转变，内生动力不断增强。

（四）探索合作创新，资源协同发展

合肥建投持续在金融、科技、协同发展等领域进行创新探索，不断提升资本运作和金融服务能力，积极搭建各领域之间的协同发展平台。近些年，是集团综合实力提升快、企业面貌变化大、竞争力和凝聚力影响强、积聚发展正能量最多的时期。

金融创新方面，除深耕市场化基金外，所属建投资本与乡投公司合力打造乡村振兴产业投资基金，已投入资金9920万元，有效解决了乡村振兴投资市场化不足问题；金太阳公司参与组建皖能碳中和基金，以基金为主线，带动光伏建设、电站运维等上下游企业共同发展。

科技创新应用方面，强化工程建设、城市运营、乡村振兴等业务板块科技创新应用。宿松路快速化改造项目是全市首个全程采用“BIM+GIS”数字化技术管理的项目；晶合厂房项目建立了从设计、建设到运营全程数字化管理系统；打造城市运营服务智慧平台，实现租房、停车、充电等多种服务客户端的联通共享；引入互联网思维，探索搭建乡投互联网平台体系，促进新一代信息技术与乡村三产深度融合。围绕国资平台的投资职能，努力打造各种服务于投资的专业化公司，构建“重资产投资 + 轻资产服务”的发展格局。

协同发展方面，发挥集团的统筹领导作用，有力构建多主体相互配合、优势互补的工作机制，与高新区、长丰县等深化战略对接，推动在产业项目投资、

项目代建等方面开展合作。发挥代建及自主投资项目引领作用，工程管理、勘察检测、综合管廊、停车充电等业务均因此获得广阔的发展空间；有机融合维信诺、康宁、蔚来及轨道交通等项目推广“光伏 +N”模式，打造能源领域多元化发展新的增长点，已运行多类型光伏电站 35 座，年发电量约 2 亿千瓦时。发挥集团融资优势，通过发行权益出资型票据、超短期融资券（滚动承接发行）、铁路项目专项债券等，解决各业务板块资金不足的后顾之忧，营造了集团协同发展的良好局面。

（五）深化改革转型，全面管理提升

在地方投融资模式重构的大趋势下，作为“国资集聚地”的合肥建投，通过认真研究政策环境、深入分析公司特点，清晰构建了转型发展规划，明确了以“服务城市建设、助力产业发展、做优国资平台”为总目标，着力打造“专业化与多元化相结合的城市运营服务商、引领战新产业发展的国有资本操盘手、国有资本投资运营示范公司”的共识，改革发展的全新格局清晰呈现，企业整体活力全面迸发。

2015 年 3 月，为规范公司治理，提高企业运营管理效率，合肥建投按照《公司法》要求，完成对所属直管企业法人治理结构的进一步优化完善。根据合肥市国有资本营运机构调整方案，按照“主业相同、产业相近、行业相关、优势互补”的原则，加大国有控股公司所属企业的调整力度，进一步明确功能定位，对兴泰控股、工业控股、国资公司相关资产进行整合，将原兴泰控股持有的合肥百货股权，以及国资控股持有的商业大厦、鼓楼商厦、国控旅游国有股权划入合肥建投。此外，进一步整合政府、市场相关资源，拓展公用企业产业链，加快公用企业走向资本市场，推进环巢湖旅游、新能源、商业百货、现代农业、现代交通等业务板块的运作，做大做强相关产业。

2020 年以来，合肥建投深入推进国企改革三年行动，推动企业战略性重组和专业化整合，积极推进部分所属企业探索混改，有效发挥资源集中优势。进一步完善国有资产评估、交易监督、投资、投资项目后评价、担保等管理机制，持续开展所属企业国资监管事中事后监督，保障国有资产管理的细致规范和监管的科学有序。优化完善财务管理信息系统，快速构建业财融合和财务集团化管控体系；强化大建设资金拨付、资金拆借、对外担保等关键环节管理，统筹推进经济责任审计与目标考核审计全覆盖，风控、审计、法治、监察等职能有

机结合，组织运行体系始终保持着科学、规范、严密、高效。

（六）党建引领发展，加强文化建设

坚持党建引领，涵养力量之源。深入学习贯彻习近平新时代中国特色社会主义思想，扎实推进各类主题教育，夯实意识形态阵地基础，抓实抓细基层组织建设、党员日常教育管理、党员发展等基础工作，不断完善党建制度体系。立足行业特点着力打造“一支部一特色”，党建品牌脱颖而出，基层党建与贯彻落实生态环保、脱贫攻坚、住房租赁、乡村振兴等国家战略实现深度融合；严抓党风廉政建设，突出抓早抓小，党员干部防腐拒变能力持续增强，企业发展环境风清气正。

高度重视传承文化、凝聚力量，重塑凝练企业文化理念，成为催生凝聚力和向心力的源泉。构建了企业“外网、内刊、公众号”融合的宣传体系，员工参与的积极性和幸福感持续提升，集团的知名度、美誉度和影响力不断增强。着力培养实干之师，激发全员沸腾状态。落实选人用人“实干实绩、基层一线”导向，推动常态化、多层次、宽领域干部交流；坚持和完善“导师传帮带”，塑造投资、建设、产业、运营等多领域专业队伍，一批勇于担当、敢于创新、甘于奉献的年轻干部正逐渐在合肥建投的转型发展中担重任、挑大梁、唱主角。

四、转型发展成效

近年来，合肥建投紧跟城市发展步伐，找准产业方向，尊重产业规律，充分发挥国有资本的资源集聚优势，成功完成了一批重大项目的投资落地以及资本运作，在高质量转型发展方面取得了诸多成效：

一是企业职能发生转变。从单一承担政府投融资功能的传统融资平台到国有资本投资试点公司，成功走出了一条城投类企业转型发展的新道路。

二是地位影响显著提升。从一个市场化程度很低的企业，一举成为市属国有企业中开拓市场的“领头羊”和全国城投公司改革转型的标兵示范，企业规模稳居全国城投行业前列。

三是资产规模快速增长。合并资产总额连跨 5 个千亿台阶，由 2011 年末的 889 亿元增长到 2021 年末的 5503 亿元，增长率高达 519%；净资产由 2011 年末的 383 亿元增长到 2021 年底的 2041 亿元，增长率高达 433%。

四是经营效益大幅提高。自2011年底至2021年底，合肥建投合并营业收入由148亿元增长到274亿元，增长率达85%；利润总额由42亿元增长到91亿元，增长率达117%；净利润由39亿元增长到81亿元，增长率达108%。十年纳税总额171亿元，为全市经济社会快速发展作出了重要贡献。

五是资本运作硕果累累。充分利用金融和资本市场，建立了“募、投、管、退”良性循环的投资结构。截至2021年底，累计退出资金667亿元，实现收益328亿元，形成了可持续发展的资本积累。通过产业投资，集团还打造了一支较为专业的人才队伍，为集团转型发展奠定了人才基础。

六是综合实力持续增强。管理制度体系持续完善，企业信用等级长期维持AAA，参控股企业50余家，先后荣获“安徽省先进集体”“合肥市经济圈十大城市推动力品牌单位”“改革开放40周年品牌发展贡献奖”“安徽百强企业、合肥50强企业”等重大荣誉30余项，开创了高质量发展的新局面。

从产业投资的专业果敢到工程建设的品质速度，从新兴业务的谋划开拓到传统业务的探索升级，从管理变革的大刀阔斧到文化治企的润物无声，每一个“无中生有”的传奇，每一次“小题大做”的精彩，每一段“举重若轻”的历程，无不生动诠释了合肥建投“敢闯善创”的劲头、“团结拼搏”的精神和“实干担当”的作风。善闯也善创，善作且善成，合肥建投始终以奔跑的姿态，朝着打造国内一流的投资运营公司的目标奋力前行。

援引合肥建投党委书记、董事长李宏卓接受《中国经济周刊》记者采访时说的话——“今天的合肥建投，不是一个简单的政府融资平台，它已经过渡成一个国有资本引领战略性新兴产业和服务城市发展的平台，一方面承担着政府的一些培育引领市场的职能，另一方面又是一个独立的市场主体，通过市场化手段不断提高竞争发展水平”。

五、转型发展经验启示

如今，“合肥模式”的创新与合肥建投的转型已密不可分，这正是方达咨询所提出的“城市发展命运共同体”的生动诠释。纵观合肥建投十余年来的转型成功实践，有着较好的经验借鉴和启示意义，可供全国各地城投公司参考。

（一）城市上位战略给公司提供稳定的发展环境

加快培育和发展战略性新兴产业，是合肥市抢占新一轮经济发展制高点的重大战略。合肥市委市政府高站位、大气魄，主动出击，坚定不移地把发展战略性新兴产业作为调结构、转方式、促升级的重中之重。在抓产业落地方面，合肥市明确市属平台公司功能定位，瞄准国家重点发展的战新产业，抢抓国际国内产业资本转移机遇，围绕城市经济发展规划和国有经济布局，按照“大项目—产业链—产业集群—产业基地”的发展模式，强化国有资本运营，带动产业发展。

合肥市这套以国有资本引领战略性新兴产业发展的模式，其核心可凝练为“以投带引”四个字。该模式下，合肥市以建投集团、产投集团、兴泰控股三大平台公司为投资“操盘手”，抓住创新驱动战略要点，瞄准产业发展方向和国家政策导向，实现战略性新兴产业的蓬勃发展。

回顾每一个项目的过程，过程中的每一个环节，均可谓一波三折、困难重重。最终能够取得成功，关键在于合肥市委市政府的敢为人先、主动出击，目标坚定、持续发力。正如合肥市委书记虞爱华总结的合肥模式，“关键在于专业、担当和诚信，而且是一任接着一任干，一张蓝图绘到底。久久为功、不骄不躁，也是合肥干部群众给人留下的深刻印象”。外部稳定的发展环境和政策预期，给包括合肥建投在内的地方国有企业提供了确定性的战略环境，有利于城投公司实施战略引领，推进高质量发展。

（二）城投主动作为、敢于担当融入城市发展脉络

作为服务城市建设发展的主力军，合肥建投在全力服务民生保障、担负合肥市“大建设”投融资重任的同时，积极贯彻落实合肥市委市政府战略部署，充分发挥国有资本规模效应和引领效应，聚焦“芯屏汽合”“集终生智”，围绕落地龙头企业的上下游、供应链，通过市场化方式主动实施投资，全力打造良性组合的产业投资结构。

合肥建投在金融创新和产业培育方面大胆谋划，依托企业既有资源，强化资本运作，促进产业整合和资本集聚，发挥国有资本引领作用，撬动社会投资，促成了新型显示产业在合肥市的“落地生根”，打造出一条新型显示产业千亿元产值的产业链，切实担负起战略性新兴产业投资引领重任，成为推动合肥市产

业结构调整和转型升级的领跑者。

在助推合肥新型显示产业从落地到加速崛起的过程中，合肥建投一直牢记使命、不敢有丝毫懈怠，对利益得失严谨推算，对存在风险充分揭示，对投资方案精确谋划，对投资过程殚精竭虑。点滴工作充分证明，“合肥建投从来不乏担当的勇气，也从来不乏担当的能力”，这也充分彰显合肥建投主动作为的魄力。

（三）创新是驱动企业发展的永恒动力源泉

战略性新兴产业是技术和资本密集型产业，需要巨大的资金支撑。在京东方合肥 10.5 代线、彩虹 8.5 代玻璃基板等相关产业项目建设中，合肥建投以金融方式切入资本市场，创新成立市场化运作的产业投资基金——合肥芯屏产业投资基金，充分利用市场化手段募集资金，服务于新型显示、集成电路等战略性新兴产业，构建良好的金融支撑体系。集团所募资金全部投向合肥市集成电路和新型显示上下游产业链，为实现市场资源、金融资源、产业资源的充分结合，促进有效投资，满足重大产业项目资金需求提供了坚实保障。

在合肥建投起步初期，面对十分有限的市级财力和极为不利的资本市场环境，市委市政府解放思想、大胆决策，合肥建投积极配合、勤于谋划，加强对京东方平板显示项目的全面深入了解，进行科学翔实的可行性分析论证，对项目投资的风险进行实事求是、严谨细致的测算，对资金募集方案进行系统研究，并探索创新投融资方式，发挥财政资金“四两拨千斤”的作用，撬动金融资本和社会资本，有效保障项目建设资金需求，促成了与京东方的合作，推动合肥市平板显示产业发展，并在极短时间内完成项目建设投产，实现良好效益。京东方三条线项目产品从开工建设到正式投产均花费不到两年时间，投产后更是在 2 个月内实现量产，创造业内奇迹。

投融资模式创新是驱动合肥建投发展的动力源泉，也是“合肥模式”成功的关键。在市委市政府的坚强领导下，合肥建投聚焦目标、持续投入，以国有资本为纽带，用资金换技术、换市场，通过“龙头企业 + 产业项目”的方式，构建产业集群，形成规模效应，促进国有资本加速投向战略性新兴产业，有效提升了国有资源的配置和运营效率。

（四）构建高效闭环的国有资本运作模式和退出机制

任何投资均具有风险，在复杂多变的投资市场，有效识别并化解风险，确保国有资产保值增值，需要下大力气运筹谋划。随着战略性新兴产业形成“燎原之势”，合肥建投在抢抓机遇加大战略性新兴产业投入的同时，更注重强化投资管理，确保可持续发展的良好局面。这也是“合肥模式”的一个关键点，即构建了国有资本退出机制，形成了“国资引领→项目落地→股权退出→循环发展”的资本运作良性闭环。

合肥建投探索出了一个非常成熟的产业投资模式，即“投资—上市—退出”。对于通过上市公司转股退出的项目，转股后，合肥建投持续参与上市公司战略规划及经营，包括重大事项表决。同时，密切关注资本市场走势，力争抓住最佳时间窗口，尽快完成股权退出。对于通过股权转让方式退出的项目，合肥建投充分了解行业发展情况，跟踪投资项目经营状况，在此基础上合理溢价、公开转让、阳光操作，确保交易公正透明。2015 年 4 月，合肥建投通过两个结构化产品持有的京东方股票解除限售后，抢抓股市稳定上涨的有利窗口期，顺利完成了所持 52.38 亿股京东方股票的全部退出工作，实现投资净收益 120 亿元，投资回报率达到了 343%。国有资本的成功获益退出，为后续新的战略性新兴产业投资积累了资金，也极大地增强了社会资本的投资信心。

项目投资前，进行充分的尽职调查，详细了解企业经营状况及财务情况等，分析可能存在的风险并制定应对措施，是合肥建投把控投资风险的一项重要工作。针对体量大、技术先进、专业性强的项目，召集组织专家论证会，深入研讨项目前景，防范投资风险，完善投资方案。同时，为降低项目后期退出风险，投前即筹划退出方案，避免项目投资无法回收。对于以债权方式投资的项目，要求被投资企业提供反担保，确保其足额按时还本付息。最后，严格履行国有资产投资决策程序，集体决策，并上报主管机关，确保投资行为合法合规。投资期间，为严控企业经营风险，合肥建投向被投资企业委派董事、监事参与重大事项决策，相关决议事项须集团同意方可通过。部分项目同时委派财务总监，掌握经营情况、财务状况，监管资金支出。此外，在投资期间大力协调配合项目提升盈利能力，促使其尽快完成退出通道的搭建。

六、结语

积极参与新型显示等重大战略性新兴产业投资，既是新形势下合肥建投自身改革转型“所需”，更是践行职责与使命助力合肥市产业转型升级“必需”。通过一系列产业项目的投资建设，不仅实现了产业集群引领，取得了国有资本保值增值和战略性新兴产业蓬勃发展的双赢成果，更是在集团内部锻炼培养了一批专业化人才，打造了一支产业投资的生力军，并在项目运作、资金募集、投后管理等方面积累了丰富的经验，为后续产业投资奠定了坚实基础。

未来，合肥建投将继续坚持创新引领，当好领头羊、排头雁，坚定目标、持续发力，为合肥市续写战略性新兴产业辉煌，打造具有国际影响力的创新之都再做新贡献，也为各地城投公司高质量转型发展继续树立标杆示范。

02 扬州城控集团：主动融入城市新发展格局打造城市综合运营服务商

近年来，扬州市城建国有资产控股（集团）有限责任公司（简称“扬州城控”或“集团”）聚焦国企改革三年行动目标任务，强基促稳、对标提升，推动集团提质增效、行稳致远，全面完成国企改革三年行动重点任务。作为扬州市最大的综合性国资集团，扬州城控承担市内公用事业、基础设施、古城保护等社会责任，主动服务和融入城市新发展格局，努力打造成为国内有一定影响力、省内领先的城市综合运营服务商。

一、扬州市概况

扬州市地处江苏省中部、长江与京杭大运河交汇处，是世界遗产城市、国家历史文化名城。2500多年的厚重历史沉淀，赋予了扬州不一样的灼灼风华。如今，这座千年水韵之城创新活力激涌、文旅交融共兴，迸发锐意进取的蓬勃生机。2020年11月，习近平总书记亲临扬州视察，称赞“扬州是个好地方”。

扬州区位优越，处于江苏和长三角地理中心位置，是“中国运河第一城”，也是长江经济带主力军。2022年，扬州实现地区生产总值7104.98亿元，居全国城市第37位，人均地区生产总值达15.5万元，跻身全国城市前20位，主要指标增幅快于全省、好于全国。扬州四大支柱产业为机械装备、汽车、石油化工、船舶，第二产业基础雄厚，当前加快培育战略性新兴产业，打造千亿级新能源产业集群，硅片、电池及组件等光伏产品产能已占全国10%左右。扬州市定位为宜居城市，丰富的旅游资源成为其新的经济增长极。

近年来，扬州市锚定产业科创名城建设“主航道”，持续擦亮“三都”品牌。深入实施创新驱动发展战略，推进产业科创名城建设，在2022年国家创新型城市创新能力排名中，扬州以57.47的创新指数位列全国第30位、江苏省第6位；放大“世界运河之都”“世界美食之都”“东亚文化之都”的“三都”品牌效应，推动文化旅游名城建设，被授予“运河城市实施联合国2030可持续发展议程样板城市”；坚定不移推动生态宜居名城建设，作为受邀参加2022年联合国气候变化大会的全国唯一城市代表，绿色成为扬州最亮的城市底色。

二、扬州城控集团概况

扬州城控于2000年6月由扬州市人民政府作为出资人，经江苏省人民政府批准成立。2020年，扬州市谋划实施了市属国有企业战略重组，将13家市属国有企业重组为十大集团。其中，扬州城控围绕“打造一流城市综合运营服务商”目标，坚持“实体化、市场化、多元化、区域化、资本化”路径，大力推进资源整合，呈现出重大项目、古城保护、公用事业、资产运营、置业地产等业务齐头并进的良好态势。

截至2022年12月底，扬州城控资产总额达到1809亿元，注册资本100亿元，主体信用等级AAA，综合实力位列全国城投公司前列，在岗职工3847人。集团拥有39家子公司，其中有实际管理权限的一级子公司20家（全资子公司9家，控股公司8家，参股公司3家），形成了“建筑与市政工程建设、交通与智慧城市、科教与运河文化、酒店与服务业”四大主营业务。集团连续5年被评为“市级机关目标绩效考核一等等次单位”，先后获得“扬州市先进基层党组织”“江苏省国资系统先进集体”等荣誉称号。

三、转型发展主要做法

（一）主动适应形势，持续性高位谋划改革

在扬州市委市政府的正确领导下，扬州城控在项目建设、公用事业运营管理、资金筹措等方面都取得了长足的发展，在重塑城市面貌、改善市民生活、打造城市名片等方面发挥了重要作用。随着经济社会发展阶段的变化，集团适应形势、主动谋划，积极在布局结构、产业经济、创新驱动、管控水平等方面进行转型，适应新时期高质量发展的需求。

2017 年，集团启动了由“政府融资平台”向“政府服务平台”战略转型，确立了“实体化运营、市场化取向、多元化发展、区域化扩张、资本化运作”的发展思路，构筑“利润和现金流平衡、成长性和稳定性并重、产业资本和金融资本并举”的产业结构。

2020 年以来，扬州城控以国企改革三年行动为契机，将包括集团及下属共 50 家控股公司纳入改革范畴，做到应改尽改。同时结合实际，集团开展制订改革方案、建立工作体系等一系列行之有效的行动，统筹推进改革工作。三年来，集团逐步建立并完善了《集团投资管理办法》《集团融资管理制度》《集团理财管理制度》等 29 项管理制度。到 2022 年底，集团已全面完成国企改革三年行动的 7 个方面 91 项改革重点任务。

（二）聚焦主责主业，加快项目一体化建设

近年来，扬州城控围绕“强富美高”新扬州建设，积极承担了一批重大城建项目和公用事业设施建设任务，投入资金近 300 亿元，项目涵盖重大基础设施建设、古城保护和有机更新、老旧片区综合整治改造、商住地产开发、水气热污水处理基础设施建设改造、新能源利用、污泥处置等多个领域。

一是围绕城市环境品质提升，着力推进重大项目建设，厚植发展实力。承担城市基础设施投资建设，积极参与城市片区综合开发，形成公司核心资产来源。集团先后建成了三湾公园、新万福路、大学南路以及润扬路、运河南北路、江广快速路等三条快速路，建成了汤汪污水处理厂（一、二、三期）、六圩污水处理厂（一、二、三期）、北山污水处理厂一期以及污泥干化（一期、二期）工程；颐和医疗健康中心项目一期主体已于 2022 年底全面建成。同时还建设了客运站 1 座，市民广场 4 个，商业街区（楼）7 个共 38 万平方米，写字楼 2 个共 12.4 万平方米，拆迁安置小区 3 个共 32 万平方米，商品住宅小区 2 座共 19 万平方米，停车场 7 个共 368 个停车位。

二是围绕民生幸福指数提升，着力增强优质保供能力。集团坚持以人民群众对美好生活的向往为出发点，加大资金投入，加快建设一批公用基础设施。供水方面：建设运营制水厂 4 座，日供水能力 105 万吨，自来水全部实现深度处理，市区区域供水全覆盖；供气方面：建成天然气接收门站 2 座，LNG 储备站 1 座，CNG 加气站 8 座，日供应量最大可达 120 万方；供热方面：拥有 2 个供热汽源点，供热管道 140 公里，日供热能力突破 1 万吨；污水及污泥处理方

面：建设运营3座污水处理厂，日污水处理能力达54万吨；建成污泥干化一期、二期工程，日处理污泥能力500吨。

三是围绕城市管理水平提升，着力打造智慧服务平台，开辟城市运行新方向、城市治理新模式、居民生活新方式。推进“三网融合”系统改造和公用服务自助终端应用，推进“我的扬州APP”功能优化，赋能民生服务“一网通办”。尤其在特殊时期，“我的扬州APP”及时开通防疫物资线上预约渠道，满足了广大市民疫情防护需求，受到广泛好评。“我的扬州APP”成功入选“2022数字江苏建设优秀实践成果”。截至2023年1月，“我的扬州APP”智慧服务平台注册用户超260万人。

四是城市建设与古城保护一体化推进。根据市委市政府关于国企改革重组的决策部署，2020年12月2日，名城公司划转并入扬州城控。作为古城保护开发的建设主体，扬州城控坚持城市建设与古城保护一体化推进，先后实施各类古城保护项目60余项，修复古建11.2万平方米，完成23个文保古建筑的抢救性修缮，建成开放了大运河盐商文化展示馆等15个文化展示场馆，打造了东关街、长乐客栈、皮市街、康山盐商文化园、大王庙等一批精品古城保护项目，正在积极推动三和四美和老商校地块综合开发；开展“双东”历史街区5A创建工作，建设运营管理的东关街已成为扬州市热门旅游景区之一，年接待游客超千万人。东关街、壹位广场、康山盐商文化园、通运商贸城围绕各自特色，街区亮化、停车、休闲等公共设施不断完善，文昌百汇街区全面改造提档升级，“城控街区”的影响力和辐射力不断扩大。2022年，集团实现酒店餐饮收入约1990万元，租赁收入约5.6亿元。

（三）拓宽融资渠道，提升市场化融资能力

一是优化融资策略，拓宽融资空间。践行“资产规模和经济效益并进、成长性和稳定性并重、产业资本和金融资本并举”发展战略，扬州城控发行多种融资产品组合，调整融资结构，统筹搭建统贷平台，降低融资成本，优化债务结构，提升集团发展实力，打通平台公司转型发展的有效路径。2017年，集团在境外成功直接发行了3年期3亿美元债券，票面利率4.375%，低于同类长三角企业的同期发行利率，实现了在境外资本市场的完美首秀，并拔得扬州企业在境外发行美元债券的头筹。2019年，集团发行的2019年度第二期超短期融资券，发行票面利率3.18%，创下了三年内全国同类债券最低发行利率，集团

市场化融资能力进一步提升。近五年来，直接融资比重从过去的 40% 提高到现在超过 70%，直接融资成本从最高的 7.1% 下降到现在最低的 2.6%。充分发挥集团投融资功能和资源整合优势，聚集发展要素，稳固间接融资渠道，加强银企合作，实现新增授信额度。

二是增强综合能力，提升信用评级。通过转型发展、资产整合，集团资本实力逐步增强，资产规模逐年递增，资产结构不断优化，集团综合能力显著增强。2020 年，区级平台运河城投及市属建筑企业江苏华建整合并入扬州城控，扬州城控主体级别由 AA+ 调升至 AAA，评级展望为稳定，这是扬州市第一家、全国同类地市级城市第 11 家获得国内主体最高信用评级的城投公司，突破了扬州市企业最高信用等级的天花板，有力拓展了融资空间，也为扬州城市建设提供了坚实的资金保障。此外，集团还全力推进水务板块上市，聘请专业中介机构编制长江水务上市方案，力争早日上市。

（四）全面管理提升，增强资产配置效率

一是抢抓三年改革行动契机。以“抓重点、补短板、强弱项”为核心，聚焦现代企业制度、产业布局结构、市场化经营机制等难点，扬州城控全面落实国企改革发展重点工作，圆满完成了国企改革三年行动的全部任务。建立并完善管理制度，资产管理信息化系统全面上线运行。同时，集团深入开展《干部职工能力作风建设“五大行动”实施方案》，从思想认识、业务能力、岗位技能、工作作风、服务成效等五个方面提升干部职工综合素质。优化纪检监察、内部审计、计划财务“三位一体”的联动监督机制，对资产管理、项目建设、货币资金及往来款项、合同和公务用车管理等重点领域和关键环节开展专项检查，推动集团更加科学高效、可持续健康发展。

二是强化混改顶层设计。以 2019 年“混改突破年”扬州市国资委确立混改的高标准定位为基础，扬州城控坚持前瞻性、高起点谋划实施方案、混改方案、引入对象，积极参与项目推介，确保混改质量和成效，积极引入优强企业投资，注重加强与央企深层次合作，与重大战略参建企业形成共建联建、深度融合的新型合作关系。集团以《市属国有企业混合所有制改革操作指南》为指引，坚持市场导向，确保以“混”的高水平实现“改”的高质量。

三是分层分类深化改革。扬州城控于 2020 年制定了集团混改工作方案，将城建置业、洁源光伏、江乡纯净水、长乐鸿禧等 4 家子公司作为集团首批试点

混改企业。2021 年，城建置业下属子公司城投置业与希尔顿合作，成立混合所有制公司，有效提升了国有资本配置效率，增强了企业整体运作效能。

（五）党建引领改革，贯穿改革发展全过程

一是强化党的领导，在把好方向、推动中心工作上深度融合。坚持把党建工作和业务工作同谋划、同部署、同推进、同考核，坚定落实“两个一以贯之”，严格执行“第一议题”制度，出台《党委前置研究讨论重大事项规程》，建立健全“三重一大”决策制度，充分发挥党委把方向、管大局、保落实作用，切实把党的领导融入企业治理各个环节。

二是发挥组织优势，在完善治理、强化示范引领上持续用力。实施基层党组织“标准 + 示范 + 特色”工程，创新制定党支部“五个标准化”建设体系，培育了一批具有典型性、代表性的基层党建工作示范点。探索实施项目党建，坚持项目推进到哪里，党的建设就跟进到哪里，党员先锋模范作用就发挥到哪里。注重总结提升，成功培育“蓝焰卫士”“水网先锋”青年突击队、“匠心筑路”党建联盟、“890”管网服务队等一批有亮点、有特色的党建品牌，充分彰显基层党组织示范引领作用。

三是坚持凝心聚力，在改革创新、激活发展动能上攻坚突破。坚持党管人才原则，扎实开展人才工作“一把手项目”，近 3 年引进名校优生 30 余人，新增江苏省“333 人才培养工程”培养对象 1 名，20 多名 80 后、90 后年轻干部走上了集团中层和子公司领导岗位。

四、转型发展经验启示

（一）量质并举抓项目，构建高质量发展硬支撑

扬州城控始终把项目建设作为发展的“生命线”，摆在首要位置，坚持一切围着项目转、一切盯着项目干，以项目建设为抓手，走国有企业实体化转型的发展之路。集团围绕市委市政府决策部署，以推进城市更新提升为契机，以完善基础设施为重点，以打造城市标杆为抓手，在民生供保中找资源、找项目、找未来，在基础设施建设中找优势、找亮点、找突破，全力推进包括快速路网、古城保护复兴、医疗体系建设、污水处理等领域重大项目的建设，这是扬州城

控努力夯实高质量发展的深刻实践。同时，加大新兴产业投资研究，推动数字化产业和产业数字化、探索清洁能源的投资和技术创新，以市民卡大数据为支撑，积极参与“智慧城市建设”，整合社会公共资源，深度开发政府公共服务、公用事业和金融支付等应用，突出一体化、便捷式、高效性、智慧型的线上服务建设和升级，积极抢占布局新赛道，培育发展新动力。

（二）牢记使命惠民生，注重公共服务激发活力

扬州城控牢记国企使命担当，不断加大公用事业投入，在保供服务上用心、用情和用力，坚持民生为本，持续保障和改善民生。一是集成更强基础体系，围绕群众最关心最直接最现实的利益问题补短板，大力提升基础设施和服务品质，进一步健全市政管网设备设施、稳步提高供水、供气、供热、污水处理能力，加快老旧小区改造，加大数字化运用，强化基本生活保障。二是汇聚更强服务动能，加大公用事业投入，有序推进各项民生工程，推进公用服务“一网统管”“一网通办”工程，“三网融合”系统建设，强化自助柜员机推广应用，扩大区域网点布设，为市民提供更多公平、普惠、优质的公共服务，实现便民服务高效化、智能化。

（三）多措并举强实力，聚焦运营强化资金保障

扬州城控主动作为，提升融资能力、拓宽融资渠道，积极争取融资产品及优惠政策，加快盘活闲置土地资源和存量资产，努力做大资金“蓄水池”，发挥资金的保障作用。一是充分发挥 AAA 主体效能，做大资金存量。通过注册优质主体企业券、中期票据、超短期融资券、境外债等开展直接融资；通过合作开发新的银行授信以及提用已有授信额度做好间接融资；开拓项目融资，开辟融资新渠道；推进土地利用及地块挂牌上市工作。二是推动市场增量。集团与央企中电建华东院、省企江苏规划设计集团合作成立设计院，增强集团设计院品牌核心实力和市场竞争力。三是管控风险变量。集团建立了有效的资金风险管理体系，不断做好资金风险的预警、防范工作。

（四）党建引领强根基，思想铸魂保持政治定力

集团各级党组织深入贯彻新时代党的建设总体要求，始终把讲政治摆在首位，坚决执行集团党委的决策部署，确保上下步调一致、团结一心，为集团高

质量发展提供坚强的政治保障。一是坚定政治方向。把党的领导融入公司治理各个环节，发挥党组织在集团发展的核心作用，宣传贯彻党的精神和思想，促进学习成果转化。二是夯实基层建设。推进基层党建工作制度化、标准化和规范化，坚持问题导向和底线思维，党建考核、巡察监督、党建联系点、日常调研检查等工作向薄弱单位、薄弱环节加压加力。三是要深化从严治党。聚焦重大决策部署和重点领域、事项，推动政治监督具体化、常态化；深入开展廉洁从业教育，持续强化正风肃纪，为集团高质量发展提供纪律作风保障。四是要打造企业文化。坚持党建带工建、带团建、带关建，积极选树典型、创先争优，讲好城控故事，推进精神文明建设，不断提升群团组织的组织力、凝聚力、影响力。

五、结语

近年来，扬州城控紧紧围绕“强富美高”新扬州建设，聚焦“做强做优做大”国有资本，在项目建设、古城保护与利用开发、公用事业运营管理、资金筹措等方面持续发力，推动高质量发展干在实处、走在前列，综合实力快速提升，在全国城投行业中名列前茅。

改革的大潮在拼搏中奔涌向前，创新的华章在奋斗中精彩续篇。站在新的历史起点上，扬州城控将深度融入扬州发展大局，扛起国企职责使命担当，凝聚起高质量发展的磅礴力量，全力建设“好地方”扬州的国企样板。

03 盐城东方集团：传统开发区城投向产投平台华丽转型的代表

2023年7月28日，盐城东方投资开发集团有限公司（简称“盐城东方”或“集团”）再传资本运作佳话——集团于2019年通过基金投资的拓荆科技股份完成全部减持退出，收回净收益约6.87亿元，净收益率达1445%，实现了良好的投资回报。盐城东方陆续成功完成的产业投资，使其一举从传统城投平台跃升至产业投资平台，实现了华丽转型。回顾盐城东方的转型历程，一举一动无不令人称奇。

一、盐城经开区概况

国家级盐城经济技术开发区（以下简称“盐城经开区”）成立于1992年，位于盐城河东新城片区，1993年被省政府批准为省级开发区，2010年经国务院批准升格为国家级经济技术开发区，2012年获批盐城综合保税区，2015年7月被确定为中韩盐城产业园核心区。辖区面积200平方公里，常住人口10.4万，下辖1镇、1街道。设立综合保税区、韩资工业园、光电产业园、新能源汽车产业园4个专业园区。拥有中韩（盐城）产业园、国家级开发区、国家级综保区、国家跨境电商综试区四块“国字号”招牌，是全国百强产业园区、国家知识产权试点示范园区、国家外贸转型升级基地、全省首批国际合作园区、中日韩（江苏）产业合作示范园区、江苏省先进开发区和江苏省“互联网+先进制造业”特色产业基地。

二、盐城东方集团概况

（一）集团简介

盐城东方成立于 2003 年 7 月，出资人为盐城市人民政府，注册资本 95 亿元，信用评级为 AA+，主要服务盐城经济技术开发区经济和社会事业的发展。集团为盐城市属区管国有独资企业，旗下全资及控股子公司 59 家，拥有在职员工近 600 名，其中各类高级职称、注册类职业资格人才 80 多人，业务覆盖“产业投资、园区开发、配套服务”三大板块。

（二）发展历程

自成立以来，盐城东方总体经历了三个发展阶段。

第一阶段：创建初期。2003 年 7 月，经市政府审批，区管委会出资 1.5 亿元成立盐城东方开发投资有限公司，为区属国有企业。自成立后的近 7 年时间，公司的主要功能是融资，全力为落实市委市政府“东扩南移”战略、开发通榆河东新区、建设盐城经开区提供资金支持。

第二阶段：实体运行。2010 年 2 月，公司整合为集团公司，功能从单纯融资向投融资、实体化运行迈出重要一步；在接下来的 9 年间，公司承建了区内大量基础设施工程建设，涵盖工业标准厂房、写字楼、安置小区等，组建并市场化运行了东方物业、东方园林等子公司。2010 年 5 月，集团获得上海新世纪资信评级公司 AA 评级。

第三阶段：转型创新。2016 年以来，集团从单纯的投融资平台，开始向实体型、投资型、效益型、品牌型的产业型国资平台转变。先后实施股权投资项目 30 多个，所投项目综合浮盈 50% 以上，促进了集团转型升级；2019 年 8 月，集团股东方变更为市政府，注册资本从 85 亿元增至 95 亿元，成为市属区管国有独资企业。2020 年 1 月，上海新世纪资信评估公司将集团公开市场信用评级提升为 AA+；2021 年 4 月，集团获得中诚信国际信用评级公司 AA+ 评级；2022 年 11 月提档升级为市属二档企业建制。

经过 20 年的稳健发展，特别是近 5 年来的转型发展，集团精准锚定“产业投资商、园区开发商、配套服务商”定位，锚定产业投资主路径、开放视野接轨大上海，通过精准实施股权投资、招引产业项目落户、完善现代企业制度等一系列战略性举措，转型升级成效显著，已从成立之初的投融资平台，逐步转变为实体型、投资型、效益型实业国企。

（三）发展状况

截至 2022 年底，集团资产总额已从成立之初的 1.5 亿元，增长到 671.66 亿元，资产总量稳健增长。资产规模列全市国有企业第三，市属区管企业第一，资产负债率稳定在 60% 左右。截至 2023 年上半年，集团资产总额突破 720 亿元、净资产超 250 亿元，自身可持续“造血”功能和财政贡献稳健向好。

营收利税持续提升。受益于产业投资板块的强力撬动和稳定收益，2019 年至 2021 年，集团分别实现归母净利润 2.8 亿元、7.7 亿元、8 亿元，上缴税收和国有资本收益 4.4 亿元、5.56 亿元、5.94 亿元。2022 年，集团实现归母净利润 7.48 亿元、上缴税收和国有资本收益 7.15 亿元，主要经济指标连续 5 年稳步增长，盈利能力和财税贡献位居全市国企前列，盈利能力及地方财政贡献呈现稳健向好态势，位居市属国有企业前列。

子公司发展较快。截至 2023 年一季度，集团拥有全资子公司、控股子公司 59 家，另有参股公司数十家，业务覆盖产业投资、园区开发、配套服务三大板块。

优质资产增值明显。持有已建成的各类标准厂房、写字楼等房产达 230 多万平方米，资产账面价值突破 100 亿元，资产整体出租率 80% 以上，年收取租金超 8 亿元。

三、转型发展主要做法

（一）“333”党建工程营造干事创业氛围

近年来，集团党委准确把握国企党建必须有经济价值才有灵魂的深刻内涵，坚守在经济领域为党工作的初心使命，大力实施“党建引领主业、党建融入主业、党建保障主业”党建促主业“333”工程，实现“红色引擎”和“优势产业”互联互动、同频共振。

一是实行“三项制度”，促进党建引领主业。实行“第一议题”引领理论武装、“党建入章”引领战略方向、“党委前置”引领科学决策等“三项制度”，彰显举旗定向红色动能。每年 20 次左右的党委（扩大）会议组织开展了 80 多个“第一议题”强根铸魂，以《集团党委议事规则》统领 20 多项纲领性文件，“党委前置”研究讨论“三重一大”重大经营管理事项使各项决策更加科学高效。

二是狠抓“三个环节”，推动党建融入主业。通过以“双向任职”增强动能、“两大载体”激发活力、“两双考评”检验成效等“三个环节”把党建“内嵌”到主业发展的各环节之中。推进部门正职和子公司负责人优选“双强”等六项“交叉任职、双向进入”机制，设置党建文化广场、东方党建馆等 5 处精神堡垒激活党员内生动力，党建和经济“双捆绑双嵌入”考核评价等激发党员干事创业激情。

三是突出“三个重点”，强化党建保障主业。以“五型”队伍强化人才保障、以“六廉”品牌强化作风保障、以“四力”提升强化舆论保障，高质量打造保障“芯片”。聚力培养学习型、实干型、专业型、开拓型、奉献型“五型”干部，持之以恒打造“知廉守廉、倡廉践廉、崇廉敬廉”清风品牌，开展“党旗飘在一线、堡垒筑在一线、党员冲在一线”多元化宣传教育，以东方力量筑牢抗疫“铜墙铁壁”。

（二）两手抓改革完善现代企业制度

深入贯彻“两个一以贯之”，一手坚持和加强党对集团的全面领导，一手建立和完善现代企业管理制度，助力打造改革发展的“红色引擎”。

一是强化党组织领导。集团持续探索党的领导与公司治理有机融合的体制机制，将党组织设置、人员配备、运行机制、经费保障等党建内容明确写在章程中，同步制定落实集团党委前置研究讨论重大事项规程，充分发挥国有企业党委把方向、管大局、促落实的领导作用；强化党委对选人用人的绝对领导，聚力培养学习型、实干型、专业型、开拓型、奉献型“五型”干部队伍。

二是完善董事会治理。推进集团及 13 家子公司董事会应建尽建、配齐配强，完善外部董事选聘和管理制度，基本实现外部董事占多数，审计、薪酬与考核、战略三个董事会专业委员会运行效能显著，确保董事会全面发挥定战略、做决策、防风险的重要作用；全面建立董事会向经理层授权的管理制度，积极落实总经理对董事会负责、向董事会报告的工作机制，保障经理层依法行权履职，切实发挥谋经营、抓落实、强管理的积极作用。

（三）聚焦主业做大做强国有资本

一是加快“进”的步伐，做强主责主业。集团坚持“发展回归产业”，切实把发展重心向市区主导产业、重要基础设施等领域聚集，把原有的“市政公用、地产开发、股权投资、智能制造、现代服务业”五大板块整合为“产业投资、园区开发、配套服务”三大板块，保障主业做精、做深、做强。

二是丰富“退”的方式，提升运营质效。集团研究形成内部资源优化整合实施方案，纵向上坚持集约化、扁平化、专业化方向，压缩管理层级在三级以内；横向上加快“两非”“两资”清理处置，注销东旌置业、燕舞航空科技等 9 家没有实质性运营的子公司，加速瘦身健体、提高经营效益。

三是加大“并”的力度，促进资源集聚。构建“集团—专业化平台—项目公司”三级管控体系，围绕“一业一企、一企一业”要求，加快推进集团内部同质化业务整合，完成了区域污水处理一体化整合以及所属的小贷公司、担保公司整合工作，专业化、市场化经营能力稳步提升。集团加强市场化营收、利润等督查考核，构建以实绩论英雄的薪酬激励机制，东方置业、市政、担保、资管等 15 家子公司逐步走向市场化营收之路。

（四）围绕机制创新激发市场经营活力

锚定“机制回归市场”“生存回归利润”，树牢市场化改革方向，以机制体制创新增强核心竞争力，推动集团市场化改革不断取得新突破。

一方面，完善市场化运作管理机制。结合对标一流企业管理提升行动，学习借鉴现代化管理理念和做法，进一步优化职能、精简机构、简化流程；把产业投资作为转型发展的重要抓手，实施了 60 多个新能源、半导体股权项目，截至 2023 年一季度，已获得收益 34.29 亿元，预计未来 3~5 年每年投资收益 10 亿元以上。以精准招商作为切入点强化资产增收，带动中联即送、宽泛科技等一批优质项目入驻，最大化实现资产保值增值；制定出台子公司“一企一策”发展方案，助力物业、水务和类金融等市场化子公司持续降本增效、保障增收创收。

另一方面，健全市场化用人和考核机制。积极推行经理层成员任期制和契约化管理，综合运用组织选拔、竞争上岗等方式择优选拔管理人员，推动管理人员能上能下；推进全员市场化公开招聘，末等调整、不胜任退出等制度，做到员工能进能出；落实业绩决定薪酬分配的机制，将员工收入直接与个人绩效挂钩，实现收入能增能减，激活全员干事创业的积极性、主动性、创造性。

（五）诚信合作赢得金融机构支持

金融是企业的命脉，资金是发展的保障。集团始终高度重视与银行机构在债券融资、资金募集、产业投资等领域诚信合作，为转型发展赢得金融保障。

集团先后获得南京银行、江苏银行、中国工商银行、华夏银行、浦发银行、兴业银行、中国建设银行等金融机构的资金支持，并成为南京银行盐城唯一总行级战略合作客户、江苏银行全国前十大合作客户、工商银行盐城最大授信客户。与银华基金、富国基金、嘉实基金等国内知名基金公司建立了战略合作伙伴关系。与德邦证券、国泰君安、中信证券等一流券商建立了全面合作伙伴关系。集团在资金融通领域实现 6 个盐城市第一：第一家与国开行合作的公司、第一家与外资银行——韩国产业银行合作的公司、第一家与股份制银行——华夏银行合作的公司、第一家与区域性外资银行——厦门国际银行合作的公司、第一家发行企业债的公司、第一家发行境外债的公司。

（六）优质资产助推开放发展

2016 年，集团抓住金融市场资金宽裕、成本低廉的机遇，果断出手，购进了位于上海北外滩的中信广场、金融街的静安中心、杨浦区的保利绿地广场三处 6.7 万余平方米优质资产。截至 2021 年底，资产增值 30% 以上、出租率达 85% 左右、年租金 1.3 亿 ~1.5 亿元、流动性 81.5%，已吸引 DYK 销售总部、中国（盐城）电子信息港等企业入驻。

此举在盐城、江苏，乃至上海都引起不小的轰动，也为集团带来诸多益处：第一，资产出租率 80% 以上，为集团带来稳定的租金收入和经营性现金流；第二，实现资产稳步升值 30% 以上，成为集团最优质资产；第三，为集团下一步开展资产证券化等金融创新和再融资提供重要保障；第四，直接推动与第一太平戴维斯、保利置业等知名企业的深度合作，充分发挥资产经营管理和招商引资双重职能；第五，为盐城国企接轨上海，开放发展探索可行路径。

集团以上海保利绿地广场为载体，盐城市委市政府设立“中国盐城（上海）国际科创中心”，全力打造“上海研发基地 + 盐城产业化基地”这种“双基地”联动的新型经济结构，构建驻沪招商、“飞地”研发新模式。截至 2019 年底，已吸引东风悦达起亚销售总部、华人运通研发中心、德国西诺德等一批知名企业落户。

（七）股权投资策应优势产业联动

2016 年起，实施股权投资项目 40 多个，占集团成立以来总投资项目的 95% 以上，投资金额近 80 亿元，所投项目综合浮盈 50% 以上。为助推产业项目落地，集团已出资 60 亿元，与君桐资本、悦达金泰、君和资本、临芯资本、上海电器科学研究所等一大批重要的知名机构和产业机构合作，先后发起并参与设立了中韩产业园、中国电子、华人运通、上海摩登汽车等 24 只产业基金，撬动社会资本近 500 亿元。充分激发“基金招投、招投基金”的优势和活力，助力华人运通、摩登汽车、SKI 动力电池、捷威动力、IA 汽车半导体等十多个重大产业项目落户，与成长型、科技型、财源型企业实现合作共赢。

2023 年 7 月 28 日，集团实现拓荆科技股份的全部减持退出，收回净收益约 6.87 亿元，净收益率达 1445%，实现了良好的投资回报。截至 2023 年 8 月，集团投资的项目中已有 7 个成功登陆科创板，润阳光伏、康希通信 2 个项目已过会。近 3 年，集团已累计实现分红约 34.29 亿元，这是对以“精准投资促进高质量转型发展”的最佳诠释。此外，季丰电子、中润光伏、中鼎恒盛、硅谷数模等项目已报会，铭赛机器人、华天软件等项目即将报会，储备上市项目全部退出后，预计还可获得净收益超 100 亿元，确保未来几年实现年均超 10 亿元投资收益，为集团高质量转型发展提供充裕的现金流支撑。

（八）入股上市公司与启动自主上市

集团正积极启动入股上市公司工作。2018 年起，集团先后优选研判 30 多家主板上市公司，最终选择江苏立霸实业（603519.SH）并顺利完成入股工作，成为其第二大股东，此举开创盐城市国有企业入股民营股份之先河。近阶段，集团抢抓国务院关于“积极支持符合条件的国家级经开区开发建设主体申请首次公开发行股票并上市”的政策机遇，积极谋划、稳步推进旗下核心子公司——东方置业公司的自主上市工作。

四、转型发展经验启示

（一）争取上级政府支持是重要保障

集团自成立以来，便积极依托地方政府谋求发展。一是争取划转注入各类资产。起初，集团资产规模较小，积极向政府争取划转各类经营性资产，壮大集团资产规模，提升集团市场化融资能力。二是化解政府隐性债务。与其他城投平台一样，集团自成立以来，承担了大量的政府性建设任务，背负着较重的隐性债务，为了能够让集团轻装上阵，在地方政府的支持和推动下，及时化解政府隐性债务。三是适当下放部分决策权限。作为城投平台，市场化转型需要市场化机制，地方政府也正是看到这一点，在人事、财务、投资等领域适当下放部分决策权限，保证了集团的自主性。四是出台尽责免责制度。历来，城投公司不敢作为的重要制约因素是怕承担责任，政府出台的尽责免责制度有效地为集团想作为、敢作为、敢担当的人提供了制度保障。此外，地方政府还在金融机构协调、招商引资、对外合作、国资管理等多个领域给予集团大力支持。可见，地方政府做后盾是盐城东方取得成功的重要保障。

（二）获得金融部门和投资人支持是关键之举

集团积极加强银企合作，与中国工商银行、中国建设银行、中国农业银行、中国银行、交通银行及中国邮政储蓄银行 6 家国有银行，兴业银行、中国民生银行等 12 家股份制银行，江苏银行、南京银行等多家城商行建立了长期稳定合作关系，已成为工商银行盐城地区最大授信客户、江苏银行全国前十大授信客户、南京银行盐城地区唯一总行级战略客户，为服务国家级盐城经开区中心工作，以及自身高质量发展提供了重要的资金保障。此举进一步优化了集团的融资结构，降低了融资成本，拉长了融资期限。

（三）总结提炼和灵活运用投资方法是核心

对于投资工作，盐城东方总结出了“333 投资决策支持方法”，得到很好的应用与推广。具体内容如下：

三个基本要求。一是流动性要求，流动性要求的两个原则是资本市场变现度和金融机构认可度。二是盈利性要求，投资的项目要关注以后能够挣钱，而不是持续投钱。三是本土化要求，项目要能落到本地，与本地产业协同。

三个分析原则。一是投资一个好的行业。投资一个好的行业需要天时、地利、人和。投资一个好行业的判断标准包括长期投入形成时间壁垒、先发优势形成专利壁垒、长期积累形成人才壁垒、逐步升级形成阶梯壁垒、联合创新形成生态壁垒、重金投入形成资金壁垒、持续实践形成试错壁垒。二是人为基础。

投资一个行业或是一个公司，最大的风控是选择人，最重要的关注点是选到最合适的企业家。三是科创板与资本市场的估值体系重构。科创板上市关注第一的是战略性，第二是稀缺性，第三位才是技术性。

三个关键环节。一是打造开放系统，构建GP网络。盐城东方致力于将集团打造成一个开放的体系，选择合作伙伴不会设定硬性标准，一切以项目说话，有好的项目哪怕是刚成立的基金管理公司，也可以合作。二是确立筛选标准，精选投资项目。精准投资、高效收益的前提是严密管理和缜密防控，在近几年的股权投资中，集团严格把好投前分析和投后管理关口，努力保证所投项目投向准、收益稳。盐城东方进行投前分析，首先是通过7个维度排除企业财务性风险，在排除财务性风险后是一般性的分析。三是参与投后管理，搭建跨组织关系。集团先后从立项、决策、商务谈判，到协议审批、备案、出资、投后管理和退出等方面制定出台规范性文件。在加强内部评审机制的同时，集团引进了外部专家评审机制，使得投资决策更为科学合理。

（四）健全完善组织运行机制是有力支撑

集团下设党委会、董事会、监事会、经营层，对公司重大经营管理事项进行决策。通过完善党委会前置研究、董事会战略决策、经营层执行落实的中国特色现代企业制度，盐城东方的决策效率和经营能力得到了有效的提升。

内设机构方面，搭建了“一办十部”的组织架构，包括办公室、人力资源管理部（党群工作部）、融资部、投资发展部、企业管理部、财务部、审计部、招投标管理部、资产管理部、工程部、法务部。健全完善的组织架构为集团的良好运转和现代企业制度建设奠定了基础，也为集团转型发展提供了有力支撑。

（五）强推人才兴企是转型根本

2016年以来，集团始终坚持市场化、精准化招聘精英人才理念，突出校园招聘和社会招聘有机结合，科学储备了一批高学历、高职称、高技能人才，为企业高质量发展贮足“源头活水”。突破地处苏北的区位劣势，瞄准985、211相关知名高校，以美好的发展前景吸引重庆大学、武汉大学、兰州大学等名校13位人才加盟；立足专业对口、实用通用原则，公开选聘东南大学、对外经贸大学、河海大学、苏州大学等知名高校的工程建设、招商引资、市场分析、对外投资、财务管理、风险防控等方面共53位高技能人才。

五、结语

盐城东方成立20年来，成绩斐然，广受赞誉。然而，盐城东方并未就此停步，将坚持通过高质量发展，引领公司的转型升级。未来几年，集团将持续做强地产开发、金融投资、市政公用、智能制造、现代服务业五大板块，实施“以稳增长为导向、加快规模化扩张，以走出去为动能、提速外向化开拓，以调结构为引擎、激活高效化混改，以主板块为支撑、强推实体化运行，以防风险为保障、加速规范化进程，以创特色为方向、加快品牌化塑造”的“六化”战略，全面推进转型升级，尽快达到“资产总额1000亿元、主营收入100亿元、净利润10亿元、市场化收入占比40%~45%”的总体目标，并获得AAA主体信用评级，达到城投类企业领先水平。

对盐城东方而言，既有成功的偶然性，也有成功的必然性。目前，集团虽然已经实现了从传统城投平台向产业投资平台的转型升级，但集团上下深知，作为地方特殊功能国企的使命和担当，没有政府的大力支持，便没有今天的卓越成绩。正如盐城东方党委书记、董事长、总经理王旭东表示:“我们牢记国企使命，以创新驱动引领企业转型升级。在又好又快完成上级交办重点任务的前提下，市委市政府和区党工委、管委会支持和引导我们不断扬长投资优势，将产业招投作为第一主业来培植，同时还建立健全投资容错机制，并给予一定的投资自主决策权，科学的体制机制打消了我们的顾虑。”盐城东方正阔步向前，开启高质量发展的新征程。

04 安东集团：守正出新　行稳致远 打造一流县级投资运营集团

安东投资控股集团有限公司（简称“安东集团”或“集团”）位于安徽省池州市东至县。2017 年 6 月，安徽安东投资控股集团有限公司正式挂牌成立，注册资本 10 亿元，2020 年 8 月更为现名。截至 2023 年 6 月，集团总资产达 260 亿元，AA 主体评级。集团下属全资子公司 43 家、控股子公司 13 家、参股公司 15 家，营收亿元以上企业 6 家。已覆盖建筑材料、建筑施工、地产开发、设备制造、文化旅游、健康养老、港区物流、金融服务、物业管理、资产运营、钙镁产业、安保服务、供水、污水处理、垃圾处理等多个业务板块，积极拓展城市片区开发、管委会 + 公司、装配式建筑、乡村振兴、信息化集成等新业务，形成“一基多元、多元反哺”的产业发展格局。集团现有各类员工超过 1000 人，正式员工 400 余人。

近年来，随着“以河治河、变废为宝”“县域城投样本”“安东速度”等一系列名词的出现，这个位于安徽省沿江山区名不见经传小县城的城投公司开始进入大众的视野，并吸引了来自全国 100 多家县区级政府和城投公司争相考察学习。安东集团何以得到那么多地方的认可，又如何在有限的条件下取得如此惊艳的成绩。结合方达咨询多年来关注、调研和服务安东集团的经历，尝试著文剖析，一窥究竟。

一、东至县概况

东至县，隶属于安徽省池州市，位于安徽省南部，长江下游南岸，系皖江段南岸之首，北望安庆市，南邻江西省。面积 $3261km^2$，幅员辽阔，位居全省县级第二，地形以中低山丘陵为主，南部为山区和丘陵地带，北部为沿江圩，境内有黄湓河、尧渡河、龙泉河三大水系，河流总长 1982 公里。

东至县是在 1959 年由东流、至德两县合并后取首字而得名。全县辖 15 个乡镇，人口约 54 万。2022 年，东至县实现地区生产总值 259.5 亿元，一般公共预算收入 13.2 亿元，一般公共预算支出 42.6 亿元。

面向“十四五”新时期，东至县抢抓“一带一路”、长江经济带、长三角一体化、中部崛起等国家战略机遇，大力实施“生态立县、产业强县、创新驱动、开放发展”四大战略，协调推进城区、园区、山区发展，加快推动“山城”向“滨江城市”转型发展，打造“一极三地一门户”，并向美誉东至、美丽城乡、美好生活的“三美东至”建设目标阔步前进。

二、集团组建与转型背景

同国内其他县区一样，东至县原平台公司成立于 2000 年以后，为东至县的基础设施建设和经济社会发展作出了重要贡献。然而，随着政策形势变化，平台公司传统的运作模式已然无法满足新的政策要求，同时也带来了地方政府债务风险。在政策所向、风险所迫和发展所需的背景下，安东集团组建成立，并开启了改革转型之路。

（一）政策频发，城投转型成为大势所趋

2010 年，国发 19 号文发布，正式拉开了政府融资平台转型的大幕。此后，财政部、发改委、银监会等多个部委持续发文，推动城投公司转型。2014 年，国发 43 号文印发，明确要求剥离平台公司的政府融资职能，平台公司转型步入了快车道。2015 年，新《预算法》允许地方政府发行债券，以及 PPP 模式的大力推广，对依托平台公司融资的传统投融资模式形成替代。2017 年后，以财预 50 号文、财预 87 号文为核心的政策文件更加密集，叠加财政部、审计署通报了多起违规融资问责处罚案例，政策高压之下，城投转型成为大势所趋。

（二）风险积聚，偿债高峰将至逼迫转型

根据公开资料，截至 2017 年底，东至县原平台公司累计存量债务余额达到 32 亿元，其中 6 亿元债务可以通过发行地方政府债券置换，但剩余的 26 亿元是属于地方政府债务系统外的隐性债务，仍由平台公司承担。2017 年开始，陆续进入偿债高峰期，仅 2019 年需偿还的隐性债务本息就达到 7 亿元。基于东至

县的经济财力状况，难以解决即将到期的偿债问题，极有可能造成债务违约事件。在不断积聚的债务风险下，为了有效解决偿债问题，不发生债务违约事件，东至县以安东集团为主体，大刀阔斧地推进平台公司改革转型。

（三）动力不足，地方发展需要新的抓手

对于东至县这一财力水平较小、经济实力较弱的小县来说，财力在仅仅维持运转的情况下，想要腾出多余的财力谋发展显得力不从心。同时，原平台公司因政策形势调整，很难持续发挥功效。在此背景下，东至县亟须新的发展动能和新的发展抓手。为此，东至县因势而为，主动求变，果断实施平台公司市场化转型。2017 年，东至县委、县政府根据政府融资平台公司转型工作要求，整合县城投公司等 5 大平台公司，成立了安徽安东投资集团有限公司，并于 2017 年 6 月正式挂牌运营。通过重点打造安东集团，使之成为推动县域经济高质量发展的重要力量。

三、转型发展核心思路

安东集团组建之后，紧紧围绕“重大基础设施建设、新兴产业引领投资、国有资产保值增值、企业金融担保服务”四大功能定位，秉承“替政府办事、向市场盈利、让百姓满意”的宗旨，坚持顶格战法，用“市场的逻辑、平台的思维和资本的力量”（被称为“安东路径”三部曲）推动公司市场化、实体化转型。

（一）用市场的逻辑谋事，发挥市场配置作用

改革的核心是处理政府与市场的关系。安东集团充分认识市场规律，尊重市场规律，利用市场规律，凡是市场能干的一律交给市场，实行政企分开，东至县国资委的职责只是加强集团高管的管理和经营业绩的考核。同时，安东集团不断建立完善现代企业制度，按市场的规则行使企业的投资决策权、生产经营权，推动政府从指定任务到注重投资效益方面转变，投资行为由政府指令型向市场要素配置型转变，充分发挥市场的配置作用。

（二）用平台的思维做事，发挥平台主体作用

安东集团在东至县原 6 大融资平台公司和相关县属国有企业基础上组建成

立，搭建了“一母多子”的大平台运作架构，旨在形成“拳头”效应。组建之后，安东集团又在全县范围内开展优质资产资源整合工作，县政府又授予了集团多个特许经营权。这些资产资源要素进入到安东集团这一平台之后，迅速耦合并产生化学反应。通过安东集团这一平台主体作用的发挥，实现资产价值的倍增。

（三）用资本的力量成事，发挥资本杠杆作用

安东集团成立以来，积极利用资本的力量盘活资金、培育产业和更新城市。为了快速实现实体产业的做大做强，公司通过收购矿产、建筑公司、设计公司，并购钙镁行业目标企业，设立产业基金，成立合资公司等多重方式，将资本的价值发挥到极致。东至县从“山城时代”向“滨江时代”的转变，对城市建设提出了新要求，安东集团持续发挥资本的力量解决舜城新区的投资、建设、招商和运营问题。

四、转型发展主要做法

安东集团从组建到实体化运作的五年时间里，在县委县政府的大力支持下，前瞻思考、超前布局、系统谋划，充分发挥东至县的资源优势，在资产整合、业务布局、投资合作、管理提升等多方面进行了诸多大胆和有益的尝试，主要做法如下：

（一）组建集团公司，注入有效资产

2017 年初，东至县委县政府将原城市投资公司、交通投资公司、教育投资公司、水务投资公司、国土投资公司、林业投资公司等原县国资委管理的 6 大融资平台公司和相关县属国有企业进行重组整合，组建安徽安东投资控股集团有限公司。

集团组建之后，分步剥离原平台公司各类公益性资产，并将东至县的 5 万亩国有山场、2 万亩长河河道滩涂地、6 万亩国有林场、近 20 万亩国有湖泊等优质资产划转到公司，通过逐渐做实集团资产，改变过去融资平台“有形无实”的运作状态，提高有效资产占比，为集团增强造血能力。接着，又通过授予安东集团工业固废处理、天然气配输等特许经营权，整合划转长江岸线资源，授予河道砂石清淤特许经营权等多种方式，增加公司资产的流动性和企业收益的稳定性。此外，安东集团还代表政府方出资与社会资本合作，参与城乡垃圾、城乡污水等 PPP 项目运营，将政府投资的国有股权注入集团，持续增强公司的盈利水平。

（二）理顺政企关系，剥离融资职能

安东集团组建后，县里明确将其作为县域工业和基础设施的融资、建设、运营主体，将原属政府各有关部门实施的项目全部划归安东集团，主管部门在项目建设中只履行监督、指导职能。安东集团组建后所产生的新债务为企业债务，政府不担保、不背债、不兜底，彻底改变原来由政府担保兜底的状况，不仅减轻了财政压力，也进一步理顺了集团与政府及相关部门的关系。与此同时，安东集团还在省、市主流媒体上发布公告，声明不再承担政府融资职能，公司的新增举债与政府无关，公司可以真正按照市场化要求谋求发展。

为保障集团转型后的独立经营权，发挥企业的自主性，东至县还出台了国有企业“三重一大”决策制度，对安东集团的经营决策事项和范围通过清单列表的形式进行了明确。

（三）妥善处置债务，化解债务风险

安东集团成立后，由政府牵头对原平台公司存量债务进行甄别分类。纳入地方政府债务系统管理的债务，由政府承担；未纳入地方政府债务系统管理的债务，由公司承担。通过对债务的梳理，实现了公司与政府的债务切割，厘清了公司与政府的存量债务责任边界。在此基础上，安东集团制定存量债务化解方案，根据存量债务的类别和性质，采取债券置换、资产资源变现、PPP 项目转换、注入资本金等四种方式消化了原平台公司大量的存量债务，极大缓解了政府偿还存量债务的资金压力，也为自身的市场化转型奠定了基础。

（四）选配领导干部，充实人才队伍

平台公司与政府“脱钩”的另外一项重要任务，就是“人的身份脱钩”。安东集团组建伊始，东至县委县政府面向全县遴选适合的领导干部。集团董事长从财政局领导岗位辞去公职，成为安东集团员工。东至县又从县直部门有相关工作经历的干部中选拔出公司管理层。高管辞去公职后才能上岗，一方面符合党政机关领导干部不得兼职的要求，更重要的是让集团高管思想上“釜底抽薪、

自断退路”，有利于高管全身心投入企业生产经营发展。精干、稳定的管理层团队，为安东集团的转型发展注入了企业家的活力。

为了解决公职干部离岗创业的后顾之忧，东至县国资委制定了集团高管薪酬标准和考核办法。同时出台国有企业绩效考核办法，实行“双百分制”的考核方式，重点对企业党的建设、经营业绩、国有资产增值率等指标进行量化考核。

此外，安东集团创新了企业的人才引入机制。集团先后通过公开招录、遴选、社会招聘等多种形式招揽人才，充实到集团各个岗位，不断壮大集团的人才队伍。社会各界人才广聚安东集团，他们与集团现有的领导班子一样，兢兢业业、扎扎实实地投入到一线工作。正是因为集团全体员工这种“再创业”的心态，构成了公司转型发展的根本动力。从某种程度上说，这也是安东集团转型成功最大的精神动力。

（五）拓宽产业布局，推进实体运作

平台公司转型的重要任务就是培育现金流、增强自身造血功能。安东集团创新手法、步法、打法，依托整合注入到集团的有效资产和各类特许经营权，加快推进业务的多元化布局和实体化运作。

1. 开展砂石开采业务，延伸建材产业链

东至县幅员辽阔，水系发达，砂石资源丰富。安东集团利用河道治理产生的废弃卵石资源，投资1.35亿元建成了四个机制砂厂，年产成品骨料450万吨。探索出东至县特色的“变废为宝、以河养河”模式，这一模式得到省级媒体的认可和推广。

在砂石开采业务的基础上，安东集团进行了产业链的延伸，建成安东新材料产业园，占地104亩，总投资1.6亿元，产品涵盖商品混凝土、沥青混凝土、干混砂浆、透水砖等集研发、加工、销售、施工于一体的业务链条，投产以来实现产值超过6.84亿元。

2. 依托矿山开发利用，实施“矿廊港园”一体化项目

2018年，安东集团收购一家停产的民营矿山，成立池州市华坤矿业公司，并整合县内有关矿产品加工点，成功布局矿山资源业务领域。2021年底实现产值4.7亿元，净利润3590万元，税收5552万元。

为了配套东至县矿业经济的发展，安东集团依托矿山开发，投资建设运营“矿廊港园”一体化项目。其中，管廊项目采用了当前世界上最先进和最环保

的管式传输方式，设计长度为40公里的三条并行管带，总投资约27亿元，年运输量6000万吨。港口码头项目通过集团成立的安东顺达物流港务公司实施，港务公司收回东流镇港区的原国有煤建码头后，截至2021年底累计实现营收5077万元，为政府缴纳税收732万元。以港务公司为主体，整合周边码头，设计10个泊位，年吞吐量6000万吨，投资逾15亿元，并配套设计大型物料仓储，利用信息化平台将东流港区建设成为全国重要的建筑骨料交易中心。为了实现矿山资源高质化利用，安东集团建设新材料循环经济产业园，规划总用地468公顷，其中建设用地344公顷，总投资约20亿元。

此外，集团正加快推进钙深加工项目建设，做全钙产品全产业链，建设钙产品产业园。集团投资的安徽安博钙业科技公司，项目占地158亩，总投资9.5亿元，项目已开工建设。同时，集团在全国范围内寻找钙产业目标企业实施并购重组，对“小、散、弱”的钙行业进行资源整合，并与清华大学等高精尖团队开展合作，不断进行产品种类、生产工艺的技术研发，打造产业孵化基地，力争把东至县建成碳酸钙材料生产基地、钙产品交易中心、钙产品数据中心。

3. 收购建筑施工企业，布局地产开发业务

2019年，安东集团收购了盛光建设公司，是一家拥有二级房建资质、市政资质的建筑企业。截至2021年底，累计实现产值21.1亿元，利润1.82亿元，税收1.62亿元。此后，又相继收购了具有道路资质、水利资质的企业，并于2021年1月收购了一家总部位于杭州的规划设计院。随着盛光建设公司业绩的迅速做大，资质等级的不断提升，公司已具备承接EPC总承包的能力。

在建筑施工领域快速发展的同时，安东集团积极开拓地产领域业务。通过市场竞拍，安东集团取得了城区6个地块，储备土地近900亩，销售情况均达到了预期。集团开发的首个楼盘盛誉华庭（面积13.7万平方米）于2021年12月全部交房；嘉瑞年华项目获得全国“2021年建设工程项目施工工地安全生产标准化建设学习交流项目”；盛誉华庭、城南安置房项目获得“省级安全标准化示范工程”荣誉称号。

4. 采用一二级联动模式，进行新城开发建设

为了实现东至县由“山城时代”向“滨江时代”的跨域式发展，东至县明确了尧东一体化协调发展战略，并将舜城新区作为起步区。舜城新区规划面积32km^2，由安东集团承担其投资、建设、招商和运营任务。项目采用一二级联

动的开发模式，围绕文化、体育、医疗、旅游和颐养五大中心，规划打造教育、产业、高端住宅三大片区。

根据县委县政府的要求，安东集团围绕“给我一张图、划我一片地、还你一座城”的城市连片开发运营目标，加快推进舜城新区的开发建设工作。集团作为舜城新区开发建设和产业导入的服务商、供应商和运营商，用市场化方式解决县政府因受财力或政策限制不能实施的难题。目前，舜城新区建设全面展开，一座承接产业转移的融合之城、人文和谐共生的休闲之城已初步展现在世人面前。

5. 发挥地方特色优势，布局健康养老地产

一方面依托东至县独特的“山水土气”优势，另一方面依托东至县中医院的医疗资源，安东集团按照当前国内最先进的3.0版本设计，投资建设安东颐和嘉园康养中心，布局健康养老地产领域。安东颐和嘉园康养中心融合了职工健康管理、职工体检中心、医疗大数据中心、大药房、长者康养服务、失能失智护理、康复等于一体的综合性大健康产业体系。项目占地53亩，总投资4.2亿元，设有健康公寓418套，护理床位360张，已于2021年底主体全部封顶并交付使用。

（六）加大品牌合作，引领产业发展

除自主进行业务领域的布局延伸外，安东集团还积极抓住融入长三角一体化的发展机遇，实施“大品牌合作”战略，通过设立产业基金、股权投资等方式吸引外来投资，引领东至县产业发展，成为县域经济发展的深度参与者。

集团组建以来，先后引进了上海科大重工集团、浙江双箭集团、中昊袜业集团、中铁加仑、中国建材等央企、名企或上市公司，合作共建产业链。与此同时，集团与银江股份、清华长三角研究院合作，共同出资成立了集创智慧城市研究院，推进数据产业发展，共建“城市大脑”；与重庆大龙网集团合作，共同出资成立安徽龙安品创数字贸易有限公司，打造龙安品创东至数字贸易品牌文创中心项目；与中惠旅公司成立合资公司，共同开发东至县域旅游资源；与博广热能公司合作，共同出资成立安博钙业公司；与均和集团合作，共同出资成立安东联杰国际贸易公司；与合肥国瑞集团合作，共同出资成立安东国瑞轻钢装配式集成建筑产业示范园项目，投资1.5亿元，力争将园区打造成集产、学、研于一体的国家级装配式建筑产业示范基地。通过上述大品牌的合作，使

集团在新型建材、能源、智慧城市、商贸物流、文化旅游等业务领域得到拓宽，并带动了地方产业发展。

此外，在乡村振兴领域，安东集团设立5亿元乡村振兴基金，助力乡村振兴。设2亿元产业引导基金，对产业链龙头企业项目予以重点支持。在大渡口经开区的建设运营方面，安东集团探索“管委会+公司”模式，通过设立产业基金、直接投资、股权投资等方式，积极承担融资开发、园区建设、项目招商、入园企业服务等职能。

（七）发挥金融功效，保障资金稳定

作为地方的投融资主体，安东集团深刻认识到融资对于公司转型发展的重要性。为此，集团坚持实施金融支撑战略，保障企业发展和重大项目建设。集团整合包装的廊道等投资额度达55亿元的重点项目进入农发行PSL贷款项目库，被评定为农发行安徽省分行2021年42家重点客户之一，后又被列为全国重点客户（省内仅有8家）。

集团还通过产权交易所、融资租赁、流动贷款、PPP、资产证券化等多个渠道进行资金筹集工作，大大保证了集团资金的稳定性和多元化，有效解决了项目建设、新增投资和债务化解等问题。2022年，集团成功获评AA主体评级，对公司积累金融资源、降低融资成本、拓宽融资渠道具有重大意义。

（八）推进混改工作，打通资本市场

安东集团自成立之初，就将上市作为公司发展的一项重要目标任务。为此，集团于组建初期聘请了证券公司、律师事务所、会计师事务所联合组成IPO辅导团队，按照上市公司的标准进行规范运作，协助集团打通资本市场。2021年，集团通过增资扩股的形式控股了具有较高科技含量的汇辽新型材料公司，重新启动IPO工作。汇辽新型材料公司已进入IPO培育期，有望近年在主板上市，届时可实现集团打通资本市场的目标。

（九）优化组织体系，提升管理水平

1. 完善法人治理机制，健全组织架构

作为安东集团市场化转型的重要基石之一，健全完善的法人治理机制和科学合理的组织架构是公司转型发展的重要保障。安东集团成立党委和纪委，明

确了党对公司的领导地位。建立董事会，确立董事会作为公司重大经营管理事项的决策主体作用。完善公司监事会制度，发挥监事会监督、检查作用。同时，公司还健全完善了组织架构，设立专业化部门，并明确各个部门的职能职责。集团按照“分层运作、分业管理、分类经营”的理念进行集团化管理，母公司做大做强，子公司做精做专，实现了集团化协同发展。

2. 建立现代企业制度，规范企业管理

为了不断提升企业管理水平，防范经营风险，安东集团在多个领域强化制度建设。比如，集团编制了统一的战略发展规划，明确集团的发展方向、发展目标、工作重点、资源配置、企业文化等，作为集团遵循的指南；组建财务中心，所有子公司财务、资金均纳入财务中心管理，资金由集团实行内部有偿使用，最大限度地发挥资金效益；自 2019 年起，实行严格的预算管理，将各子公司的人、财、物、产、供、销等各方面和各环节都纳入预算管理之中，预算经县国资委批准后由集团各子公司执行，建立“事前计划、事中控制、事后评价”的预算管理体系；成立投资委员会，建立科学规范的投资决策流程，每项投资需进行项目尽职调查，经投资委员会论证后，报集团党委会前置讨论，再经董事会表决，形成投资决议后，按“三重一大”规定报县国资委审批或备案；强化法务、审计、采购等工作，所有子公司重大合同签订需经集团法务审核并会签，所有子公司的项目建设预决算需报集团审价，所有的大宗采购活动由集团统一实施；集团还进行严格的人员管理，实行定编定岗定员制度，所有人员招聘、选调、干部任免均由集团党委研究决定；制定科学合理的薪酬机制，实行绩效考核，使同一层级之间拉开了档次，真正让绩效考核起到激励先进、督促后进的作用。在此基础上，集团先后共出台 70 多个管理制度文件，涵盖投资管理、决策管理、风险防控等各个方面。

（十）勇担社会责任，彰显国企情怀

在谋划转型发展的同时，安东集团不忘初心，时刻牢记地方国企的责任和担当，积极履行社会责任。其中，承建了多个重要民生保障项目，包括安置房、小学、幼儿园、自来水厂等。也解决了部分企业发展过程中遇到的困难，化解了社会矛盾，维护了社会稳定。集团还通过光伏扶贫项目、成立润农公司等，助力脱贫攻坚。

（十一）加强党的建设，坚持党建引领

不管是谋划转型发展，还是履行社会责任，安东集团始终铭记“永远跟党走”的信念。坚信党旗红，企业才能兴，始终把全面从严治党作为一切工作的统领，不断加强党的建设。集团成立了14个基层党支部，1个联合党支部，1个项目支部，打造“党旗领航、活力安东”的党建品牌。集团制定《党委会及其成员职责清单》，组织签订《党风廉政建设责任状》，制定多个戒律、条例，落实党风廉政建设，强化集团员工的守规守纪意识。集团还不定期开展党风廉政的宣誓、教育、征稿、民主生活会等系列活动，加强思想政治教育。针对重点领域的廉政风险点，集团下发严苛禁令，坚决杜绝违法乱纪行为。在集团的党建展厅，旗帜鲜明地展现了党建引领下的安东转型之路。

五、转型发展成效

安东集团经过五年的艰苦奋斗，改革转型工作取得了重大突破，资源整合能力、品牌影响力得到显著提升。顺利完成了市场化、实体化的转型任务，并实现了经营多元化、产业多样化、资本市场化、资产实体化、管理现代化、企业集团化的多个目标。自2017年集团组建到2021年的五年间，集团在改革转型多方面取得了成效：

一是债务化解方面。五年来，集团消化存量债务23.13亿元，无一笔借款逾期，有效防范了债务风险。

二是资金筹措方面。五年来，集团累计完成投资76.68亿元、融资76.84亿元，减轻了财政投资的压力。

三是营收利润方面。五年来，集团累计实现营收82.43亿元、税收6.27亿元、净利润7.67亿元。其中，2021年完成投资25.75亿元，实现营收28.97亿元、税收1.92亿元、净利润2.1亿元。

四是管理水平方面。五年来，集团健全了法人治理机制，建立了产权清晰、权责明确、政企分开、管理科学的现代企业制度，管理水平不断提升，正朝着现代化企业迈进。

五是社会影响方面。五年来，安东集团先后迎来了来自安徽、山东、江西、陕西、内蒙古、湖北、黑龙江等多个省区120多家单位的考察学习，“安东模

式”“安东经验”“安东样本”成为区县城投转型领域争相模仿的范式。

六、转型发展经验启示

通过安东集团五年来的转型成功实践，有着“天时地利人和”多重因素的使然，为全国各地区县城投公司的转型探索起到了很好的借鉴意义。

（一）地方党委和政府的坚定支持是首要前提

平台公司运作的好与坏，关系着地方的债务化解、资产盘活、项目建设、民生保障和产业转型等多个领域。可见，平台公司作为链接地方政府和市场的重要载体，起到了举足轻重的作用。所以说，平台公司转型发展过程中，一定要得到地方党委和政府的坚定支持，这是首要前提。不仅需要地方党委和政府合理认识平台公司的价值，还得科学理解平台公司如何运作，更要全面系统对平台公司予以支持。结合安东集团的经验，地方政府可在债务处置、资产注入、特许经营权授予、业务拓展、授权经营、薪酬激励等多方面予以支持。

（二）有效处理政府与市场的关系是关键环节

除了得到地方党委和政府的坚定支持外，还得有效处理政府与市场的关系。为此，平台公司需要从债务、人事、管理等多个方面与政府厘清关系，并尽可能让市场发挥资源配置的主导作用。通过关系的厘清，一方面，平台公司不用再去代替政府承担融资职能，避免了新增隐性债务的风险；另一方面，政府实现了从管资产向管资本转变，并通过合理的授权放权和科学的风险防控机制对平台公司进行监管。

安东集团从两个方面与政府厘清关系。首先，与政府在债务领域进行了有效切割和责任划分，明确了平台公司和政府在存量债务、新增债务方面各自承担的责任，同时平台公司剥离了政府融资职能。其次，通过“人事、资金、管理”等领域的权限划分，明确了政府和平台公司在日常经营管理过程中各自的角色定位，平台公司从政府行政式管理向自主经营性管理转变，市场主体的独立性逐步显现。按照安东集团领导人的说法，“政府交代给我们的事情，我们可以不做；但我们论证后的事情，政府肯定会支持我们去做”。当然，政府还会通过党委决策监督、企业定期汇报、重大项目请示等制度，对平台公司的日常经营管理进行监管，以规避可能的风险。

（三）充分整合利用地方资产资源是必要条件

此前，平台公司大都是通过政府注入各类公益性资产组建而成，资产构成以公益性为主，不仅无法产生有效的现金流，融资工作中也不被认可。随着平台公司市场化转型成为大势所趋，一个必要动作就是清查盘点和注入地方的优质资产资源。对于平台公司而言，注入有效的资产资源，既是做大资产规模、优化资产结构、提升融资能力的基础，也是开展实体运作、拓展多元业务的基础。安东集团正是充分利用了东至县砂石、矿产、林场等资产资源丰富的有利条件，以及沿江、气候宜人等区位优势，将各类优质资产资源注入到公司，同时授予了多项特许经营权，为公司的转型发展奠定了基础。

（四）推进业务实体化多元化发展是核心支撑

平台公司得到政府划转注入的优质资产资源和特许经营权后，如何有效的利用和发挥作用才是关键。依托这些资产资源，包装优质项目，开展实体化业务，进行多元化业务布局，这才是平台公司持续、稳定和健康发展的核心。没有实体业务支撑的平台公司，依旧会面临偿债资金来源的问题，这与传统的政府融资平台不无两样。

安东集团在推进业务转型方面的基本思路是“双轮驱动”。一是立足基础设施建设、地产开发、公共事业等传统业务，二是结合县域产业规划和自身发展需要，尝试新型建材、医养健康、文化旅游等领域的多元化布局。安东集团通过自我培育、收购并购、股权合作等多种方式进行业务链的延伸，做强做专，产业竞争力得到显著增强。

（五）建立科学合理现代企业制度是重要保障

转型后的平台公司需要具备市场基因。市场基因的一个重要特征就是建立产权清晰、权责明确、政企分开、管理科学的现代企业制度。安东集团从组建成立一开始，就将“市场化意识”融入公司的各个层面。为此，公司健全完善了法人治理机制，搭建了符合公司发展需要的组织架构，制定了涵盖投资、决策、财务等多方面的制度汇编。同时，在公司经营管理过程中，强化党建的引领作用。可以说，科学合理的现代企业制度为安东集团的顺利转型保驾护航。

（六）敢为的团队和再创业的心态是持续动力

平台公司转型的路径和方法固然重要，但缺少了操盘者的身体力行，亦将事倍功半，甚至功亏一篑。纵观安东集团五年来的转型历程，无不凝结着全体员工的智慧结晶。安东集团从领导班子到全体员工，以“再创业”的心态谋划转型，解放思想、精诚团结、创新进取。安东集团领导人曾感慨道：“再创业的‘再’，不是第二次的意思，而是一而再，再而三的‘再’，城投公司转型永远是进行时。”可以说，这种破釜沉舟的勇气和再创业的心态，为安东集团持续转型注入了强大动力，也是各地区县平台公司尤为需要学习借鉴之处。

七、结语

回顾安东集团的转型之路，是“敢拼”“敢闯”的逆袭之路。在全面推进政府融资平台市场化转型大背景下，一个皖南山区经济欠发达的县城，在形势所逼的背景下，集团打开格局、创新思路，成功破题，实现转型，成为区县城投行业的标杆企业，难能可贵。

安东集团转型的一个重要关键词就是“市场化”，秉承市场化理念，尊重市场化规律，按照市场化逻辑，布局市场化业务，构建市场化机制。在推进市场化转型的征程中，安东集团时刻不忘初心，积极履行社会责任，为地方的基础设施建设和经济社会发展做出重要贡献，充分彰显了平台公司在地方的价值。

艰难困苦，玉汝于成；筚路蓝缕，斩棘前行。任何事物的创新发展，不可能一蹴而就，更不可能一帆风顺。地方经济社会发展如此，平台公司转型亦如此。安东集团的成功转型，无疑给了广大区县平台公司树立了非常好的信心。相信在安东集团的示范效应下，广大区县平台公司都能克服困难，找准定位，明确思路，实现转型目标。

国资国企改革大势风起云涌，平台公司转型浪潮如火如荼。当下，安东集团完成了五年的华丽转型，正朝着一流的县级投资运营集团目标昂首迈进。期盼着安东集团在新的发展征程上继续大放异彩，也祝愿全国各地的平台公司有着各自美好的未来！

附表1 ▶ Annexed Table Ⅰ

2009年以来中央发布的城投行业主要政策

序号	发文时间	文件名称	文号	核心要点
1-1	2009.3.18	《关于进一步加强信贷结构调整促进国民经济平稳较快发展的指导意见》	银发〔2009〕92号	支持有条件的地方政府组建投融资平台，发行企业债、中期票据等融资工具
1-2	2009.10.12	《关于加快落实中央扩大内需投资项目地方配套资金等有关问题的通知》	财建〔2009〕631号	支持有条件的地方政府组建投融资平台，发行企业债、中期票据等融资工具，拓宽中央政府投资项目的配套资金融资渠道，明确了地方政府配套资金可利用政府融资平台通过市场机制筹措
1-3	2010.6.10	《国务院关于加强地方政府融资平台公司管理有关问题的通知》	国发〔2010〕19号	要求抓紧清理核实并妥善处理融资平台公司债务，同时对融资平台公司进行清理规范，加强对融资平台公司的融资管理和银行业金融机构等的信贷管理，坚决制止地方政府违规担保承诺行为
1-4	2010.7.30	《关于贯彻国务院关于加强地方政府融资平台公司管理有关问题的通知相关事项的通知》	财预〔2010〕412号	构建了早期城投监管框架，提出对城投公司及其债务进行分类监管，以监管银行信贷为主要抓手，监管思路包括：（1）将城投公司的债务分为公益性项目举借债务、准公益性项目举借债务、经营性项目举借债务三类，要求第一类债务不得再继续通过城投平台融资。（2）将城投公司分为三类，只承担公益性项目融资任务的平台、承担公益性项目融资＋建设运营任务的平台、承担准公益性项目融资任务，或承担经营性项目融资任务的平台，对第一、二类平台要求不再承担融资任务，第三类要求充实公司资本金，完善治理结构，实现商业运作等
1-5	2010.8.2	《中国银监会办公厅关于地方政府融资平台贷款清查工作的通知》	银监发〔2010〕244号	此次贷款清查工作，是在上次银行业金融机构按照“逐包打开、逐笔核对、重新评估、整改保全”的平台贷款自查整改工作的基础上，进一步核清数据，逐户建立台账，进而对不同类别的贷款进行定性甄别、分类处置，以有效缓释和化解风险。文件还对贷款清查工作的步骤和职责分工进行了明确

续表

序号	发文时间	文件名称	文号	核心要点
1.6	2010.10.11	《中国银监会办公厅关于做好下一阶段地方政府融资平台贷款清查工作的通知》	银监办发〔2010〕309号	要求监测公司类贷款，监督保全分离为公司类贷款、清理回收贷款处理情况，监控平台类贷款，确保存量贷款得到妥善处理，严格监控新增贷款情况
1-7	2010.11.20	《国家发展改革委办公厅关于进一步规范地方政府投融资平台公司发行债券行为有关问题的通知》	发改办财金〔2010〕2881号	收紧企业债券发行条件，禁止地方政府违规担保，要求偿债资金来源70%以上必须来自公司自身收益，公益类项目收入占比超过30%的平台公司须提供本级政府债务余额和综合财力完整信息表，禁止地方政府违规担保，公益性资产不得注入资本金
1-8	2010.12.16	《中国银监会关于加强融资平台贷款风险管理的指导意见》	银监发〔2010〕110号	要求对融资平台贷款进行准确分类和动态调整（正常类、关注类、次级类、可疑类和损失类），平台贷款的拨备率不得低于一般贷款拨备水平，按现金流覆盖比例计算资本充足率贷款风险权重
1-9	2011.3.31	《中国银监会关于切实做好2011年地方政府融资平台贷款风险监管工作的通知》	银监发〔2011〕34号	健全“名单制”管理系统，银行在前期清理规范基础上进行名单制管理，报送监管机构并动态管理；建立总行集中审批制度，制定审慎的平台信贷准入标准，建立季度贷后管理机制，及时采取防范风险措施
1-10	2011.6.17	《中国银监会办公厅关于印发地方政府融资平台贷款监管有关问题说明的通知》	银监办发〔2011〕191号	建立了银监会融资平台名单，退出类平台按照商业化原则自主放贷，对仍按平台管理的符合公租房项目、保障房、国务院重大项目、全覆盖且已完成整改四类可以新发贷款，对名单制以外融资平台、有地方政府担保承诺、以公益性资产抵质、以土地使用权证的土地抵押四类不准新发贷款
1-11	2012.3.13	《中国银监会关于加强2012年地方政府融资平台贷款风险监管的指导意见》	银监发〔2012〕12号	深化融资平台贷款风险缓释工作，要求严格监控化解到期风险，分类缓释存量风险，有效控制新增贷款，把降旧控新要求从“禁新建”改为“控新建”；深化平台贷款管理，强化监管约束
1-12	2012.11.5	《国土资源部　财政部　中国人民银行　中国银行业监督管理委员会关于加强土地储备与融资管理的通知》	国土资发〔2012〕162号	土地储备工作只能由纳入名录管理的土地储备机构承担，各类城投公司等其他机构一律不得再从事新增土地储备工作；土地储备机构不得在土地储备职能之外，承担与土地储备职能无关的事务，包括城市基础设施建设、城镇保障性安居工程建设等事务

续表

序号	发文时间	文件名称	文号	核心要点
1-13	2012.12.24	《财政部　发展改革委　人民银行　银监会关于制止地方政府违法违规融资行为的通知》	财预〔2012〕463 号	严禁直接或间接吸收公众资金违规集资；切实规范地方政府以回购方式举借政府性债务行为；加强对融资平台公司注资行为管理，地方各级政府不得将储备土地作为资产注入融资平台公司，不得承诺将储备土地预期出让收入作为融资平台公司偿债资金来源；不得授权融资平台公司承担土地储备职能和进行土地储备融资；坚决制止地方政府违规担保承诺行为
1-14	2013.4.9	《中国银监会关于加强 2013 年地方政府融资平台贷款风险监管的指导意见》	银监发〔2013〕10 号	把握“总量控制、分类管理、区别对待、逐步化解”的总体原则，推进地方政府融资平台贷款风险管控。完善融资平台“名单制”管理信息系统；动态调整风险定性，将融资平台分为“全覆盖”“基本覆盖”“半覆盖”“无覆盖”；将融资平台划分为“仍按平台管理类”和“退出为一般公司类”
1-15	2013.4.28	《国家发展改革委办公厅关于进一步改进企业债券发行审核工作的通知》	发改办财金〔2013〕957 号	对企业债券发行申请，根据各主体、项目之间的资质差异，按照“加快和简化审核类”“从严审核类”以及“适当控制规模和节奏类”三种情况进行分类管理
1-16	2014.4.30	《国务院批转发展改革委关于 2014 年深化经济体制改革重点任务意见的通知》	国发〔2014〕18 号	研究调整中央与地方事权和支出责任，规范政府举债融资制度，开明渠、堵暗道，建立以政府债券为主体的地方政府举债融资机制，剥离融资平台公司政府融资职能，对地方政府债务实行限额控制，分类纳入预算管理
1-17	2014.8.31	中华人民共和国预算法 ((2014 年修正版))	—	拉开了中国建立现代财政制度的改革序幕，综合考虑地方发展需要、化解地方政府债务、风险防范化解等多方面因素，重新构建了新的债务管理框架，赋予地方政府举债的权利，为地方政府“开正门”，同时，也设置了若干安全阀来“堵偏门”
1-18	2014.9.26	《关于全面加强企业债券风险防范的若干意见》	—	要求严格发债企业准入标准，重点审核申请发债企业贯彻国家有关政策情况和规范运作情况、申请发债城投类企业营业收入来源、申请发债企业资产构成和利润等财务指标的真实性、申请发债企业土地资产有效性、提高企业资产负债率分类审核标准，提高企业资产负债率分类审核标准

续表

序号	发文时间	文件名称	文号	核心要点
1-19	2014.10.2	《国务院关于加强地方政府性债务管理的意见》	国发〔2014〕43号	赋予地方政府依法适度举债权限，政府债务只能通过政府及其部门举借，不得通过企事业单位等举借，积极推广使用政府与社会资本合作模式（PPP模式），剥离融资平台公司政府融资职能；对地方政府债务实行规模控制，严格限定地方政府举债程序和资金用途，把地方政府债务分门别类纳入全口径预算管理；建立地方政府性债务风险预警机制，建立债务风险应急处置机制；把政府性债务作为一个硬指标纳入政绩考核；以2013年政府性债务审计结果为基础将存量债务纳入预算管理，各地区可申请发行地方政府债券置换降低利息负担
1-20	2014.10.23	《财政部关于印发〈地方政府存量债务纳入预算管理清理甄别办法〉的通知》	财预〔2014〕351号	规定地方政府存量债务清理认定口径和甄别原则：通过PPP模式转化为企业债务的，不纳入政府债务；项目没有收益、计划偿债来源主要依靠一般公共预算收入的，甄别为一般债务，项目有一定收益、计划偿债来源依靠项目收益对应的政府性基金收入或专项收入、能够实现风险内部化的，甄别为专项债务；项目有一定收益但项目收益无法完全覆盖的，无法覆盖的部分列入一般债务，其他部分列入专项债务。同时还要求统计本级政府可偿债财力、可变现资产、在建项目、本级融资平台公司名录等情况一并报送
1-21	2014.11.26	《国务院关于创新重点领域投融资机制鼓励社会投资的指导意见》	国发〔2014〕60号	在公共服务、资源环境、生态建设、基础设施等重点领域进一步创新投融资机制，充分发挥社会资本特别是民间资本的积极作用，通过投资补助、基金注资、担保补贴、贷款贴息等方式，支持社会资本参与重点领域建设
1-22	2015.5.11	《国务院办公厅转发财政部人民银行银监会关于妥善解决地方政府融资平台公司在建项目后续融资问题意见的通知》	国办发〔2015〕40号	要求地方各级政府和银行业金融机构要妥善处理融资平台公司在建项目后续融资问题。重点任务包括支持在建项目的存量融资需求、规范实施在建项目的增量融资、切实做好在建项目后续融资管理工作、完善配套措施等

续表

序号	发文时间	文件名称	文号	核心要点
1–23	2015.5.25	《国家发展改革委办公厅关于充分发挥企业债券融资功能支持重点项目建设促进经济平稳较快发展的通知》	发改办财金〔2015〕1327 号	简化企业债券审核审批程序，扩大企业债券融资规模，支持企业以各种形式参与基础设施投资建设。（1）鼓励优质企业发债用于重点领域、重点项目融资；（2）支持县域企业发行企业债券融资；（3）科学设置企业债券发行条件；（4）合理确定和把握区域经济和债券风险迹象预警线；（5）简化企业募集资金投向变更程序；（6）鼓励企业发债用于特许经营等 PPP 项目建设
1–24	2015.7.29	《国家发展改革委办公厅关于印发〈项目收益债券管理暂行办法〉的通知》	发改办财金〔2015〕2010 号	明确项目收益债要重点支持基础设施和公用事业特许经营项目，以及其他有利于结构调整和改善民生的项目、提供公共产品和服务的项目；发行项目收益债券募集的资金只能用于该项目建设、运营或设备购置，不得置换项目资本金或偿还与项目有关的其他债务
1–25	2015.8.24	《中共中央、国务院关于深化国有企业改革的指导意见》	中发〔2015〕22 号	将国有企业分为商业类和公益类，分类推进国有企业改革；完善现代企业制度和国有资产管理体制，以管资本为主改革国有资本授权经营体制；发展混合所有制经济，探索实行混合所有制企业员工持股；强化监督防止国有资产流失；加强和改进党对国有企业的领导，充分发挥国有企业党组织政治核心作用；提出到 2020 年在重要领域和关键环节取得决定性成果，形成更符合我国基本经济制度和社会主义市场经济要求的国有资产管理体制、现代企业制度、市场化经营机制，国有经济活力、控制力、影响力、抗风险能力明显增强
1–26	2015.9.23	《国务院关于国有企业发展混合所有制经济的意见》	国发〔2015〕54 号	分类推进国有企业混合所有制改革，稳妥推进主业处于充分竞争行业和领域的商业类国有企业混合所有制改革，有效探索主业处于重要行业和关键领域的商业类国有企业混合所有制改革，引导公益类国有企业规范开展混合所有制改革；分层推进国有企业混合所有制改革，引导在子公司层面有序推进混合所有制改革，探索在集团公司层面推进混合所有制改革；鼓励各类资本参与国有企业混合所有制改革，有序吸收外资，推广 PPP 模式，探索实行混合所有制企业员工持股等；进一步确立和落实企业市场主体地位，健全混合所有制企业法人治理结构，推行混合所有制企业职业经理人制度

续表

序号	发文时间	文件名称	文号	核心要点
1-27	2015.12.21	《财政部关于对地方政府债务实行限额管理的实施意见》	财预〔2015〕225号	合理确定地方政府债务总限额，对地方政府债务余额实行限额管理；逐级下达分地区地方政府债务限额，地方政府债务分类纳入预算管理；建立债务风险化解和应急处置机制，并健全地方政府债务监督和考核问责机制
1-28	2016.2.2	《财政部　国土资源部　中国人民银行　银监会关于规范土地储备和资金管理等相关问题的通知》	财综〔2016〕4号	提出清理压缩现有土地储备机构，剥离市场化业务；进一步规范土地储备行为，各类城投公司等其他机构一律不得再从事新增土地储备工作；妥善处置存量土地储备债务；调整土地储备筹资方式，土地储备机构新增土地储备项目所需资金，应当严格按照规定纳入政府性基金预算；规范土地储备资金使用管理
1-29	2016.5.28	《财政部　发展改革委关于进一步共同做好政府和社会资本合作（PPP）有关工作的通知》	财金〔2016〕32号	积极稳妥地鼓励和引导社会资本参与公共产品和服务的供给，切实推动PPP模式持续健康发展；进一步加强协调配合，扎实做好PPP项目前期工作；建立完善合理的投资回报机制，着力提高PPP项目融资效率；强化监督管理，加强PPP项目信息公开
1-30	2016.7.5	《中共中央国务院关于深化投融资体制改革的意见》	中发〔2016〕18号	确立企业投资主体地位，原则上由企业依法依规自主决策投资行为，建立投资项目“三个清单”管理制度；规范政府投资，政府投资资金只投向市场不能有效配置资源的公共领域的项目，以非经营性项目为主，编制三年滚动政府投资计划；创新投融资方式，畅通投资项目融资渠道
1-31	2016.10.27	《国务院办公厅关于印发地方政府性债务风险应急处置预案的通知》	国办函〔2016〕88号	重申地方政府债务口径和各类政府性债务分类处置原则，进一步规范融资过程中出现的新的违规操作手段
1-32	2017.5.3	《关于进一步规范地方政府举债融资行为的通知》	财预〔2017〕50号	财政部联合发改委、司法部、人民银行、银监会和证监会六部委发文，要求地方政府清理违规担保并限期整改，推进融资平台的市场化转型，规范PPP的运作方式，明确地方政府只能以地方政府债券的方式举债，建立跨部门联合检测和防控机制，推进地方政府举债融资和购买服务的信息公开等
1-33	2017.5.16	《关于印发〈地方政府土地储备专项债券管理办法（试行）〉的通知》	财预〔2017〕62号文	土地储备专项债券实施额度管理；土地储备专项债券期限应当与土地储备项目期限相适应，原则上不超过5年；土地储备项目取得的土地出让收入专门用于偿还对应项目到期债券本金，不得以土地储备名义为非土地储备机构举借政府债务，不得通过地方政府债券以外的任何方式举借土地储备债务，不得以储备土地为任何单位和个人的债务以任何方式提供担保

续表

序号	发文时间	文件名称	文号	核心要点
1–34	2017.5.28	《财政部关于坚决制止地方以政府购买服务名义违法违规融资的通知》	财预〔2017〕87 号文	严格规范政府购买服务预算管理，明确列示政府购买服务负面清单，严禁利用或虚构政府购买服务合同违法违规融资
1–35	2017.11.16	《关于国有资本加大对公益性行业投入的指导意见》	财建〔2017〕743 号	通过资本市场和开发性、政策性金融等多元融资渠道，吸引国有企业等社会资本参与公共产品和公共服务项目的投资、运营和管理，充分发挥市场机制作用，提高公共产品和公共服务供给管理与效率
1–36	2017.12.23	《财政部关于坚决制止地方政府违法违规举债遏制隐性债务增量情况的报告》	—	坚决刹住无序举债之风，有效遏制隐性债务增量，坚持谁举债、谁负责，严格落实地方政府属地管理责任，债务人、债权人依法合理分担风险，积极稳妥处置隐性债务存量，坚决打好防范化解重大风险的攻坚战
1–37	2018.2.13	《国家发展改革委、财政部　关于进一步增强企业债券服务实体经济能力严格防范地方债务风险的通知》	发改办财金〔2018〕194 号	针对防范地方债务风险，坚决遏制地方政府隐性债务增量，对企业债券工作提出了具体要求，主要包括：严禁党政机关公务人员未经批准在企业兼职（任职），严禁将公益性资产及储备土地使用权计入申报企业资产，严禁涉及与地方政府信用挂钩的虚假陈述、误导性宣传，严禁申报企业以各种名义要求或接受地方政府及其所属部门为其市场化融资行为提供担保或承担偿债责任，不允许纯公益性项目作为企业债券募投项目申报，募投项目取得财政资金支持的程序和内容必须依法合规，严禁采用 PPP 模式违法违规或变相举债融资、建立健全责任主体信用记录等
1–38	2018.3.28	《关于规范金融企业对地方政府和国有企业投融资行为有关问题的通知》	财金〔2018〕23 号	督促金融企业加强风险管控和财务管理，要求国有金融企业除购买地方政府债券外，不得直接或通过地方国有企事业单位等间接渠道为地方政府及其部门提供任何形式的融资，不得违规新增地方政府融资平台公司贷款，不得要求地方政府违法违规提供担保或承担赔偿责任，不得要求债务性资金作为地方建设项目、政府投资基金或 PPP 项目资本金，并在资本金审查、还款能力评估、投资基金、资产管理业务等方面做了明确规定
1–39	2018.4.24	《财政部关于进一步加强政府和社会资本合作（PPP）示范项目规范管理的通知》	财金〔2018〕54 号	严格审查签约主体。坚持政企分开原则，加强 PPP 项目合同签约主体合规性审查，国有企业或地方政府融资平台公司不得代表政府方签署 PPP 项目合同，地方政府融资平台公司不得作为社会资本方

续表

序号	发文时间	文件名称	文号	核心要点
1-40	2018.7.30	《国务院关于推进国有资本投资、运营公司改革试点的实施意见》	国发〔2018〕23 号	首次系统地对组建国有资本投资、运营公司改革试点中涉及的功能定位、组建方式、授权机制、治理结构、平台运行模式以及相关配套政策做了顶层设计说明
1-41	2018.8	《中共中央国务院关于防范化解地方政府隐性债务风险的意见》	中发〔2018〕27 号	将隐性债务定义为地方政府在法定债务预算之外，直接或间接以财政资金偿还，以及违法提供担保等方式举借的债务，划定的隐性债务包括以往分类中隐性债务和 2015—2018 年增加的隐性债务，要求地方政府在 5-10 年内化解隐性债务
1-42	2018.8	《中共中央办公厅国务院办公厅关于印发〈地方政府隐性债务问责办法〉的通知》	中办发〔2018〕46 号	强调对地方政府“终身问责、倒查责任”，要求各地方政府依规对隐性债务规模进行填报，开展第二轮隐性债务化解进程
1-43	2018.9.13	《中共中央办公厅国务院办公厅关于加强国有企业资产负债约束的指导意见》	厅字〔2018〕75 号	规定硬性约束指标，建立内外约束机制，厘清政府债务与企业债务边界，盘活存量资产，优化企业债务结构，完善国有企业多渠道资本补充机制，多种方式化解企业债务，积极推动国有企业兼并重组，实施国有企业破产
1-44	2018.10.31	《国务院办公厅关于保持基础设施领域补短板力度的指导意见》	国办发〔2018〕101 号	就保持基础设施领域补短板力度提出意见，加强地方政府专项债券资金和项目管理、加大对在建项目和补短板重大项目的金融支持力度、合理保障融资平台公司正常融资需求、调动民间投资积极性、推进政府和社会资本合作（PPP）项目等配套措施
1-45	2019.3.7	《财政部关于推进政府和社会资本合作发展规范的实施意见》	财金〔2019〕10 号	不得出现以下行为：（二）本级政府所属的各类融资平台公司、融资平台公司参股并能对其经营活动构成实质性影响的国有企业作为社会资本参与本级 PPP 项目的。社会资本方实际只承担项目建设、不承担项目运营责任，或政府支出事项与项目产出绩效脱钩的
1-46	2019.4.14	《政府投资条例》	国务院令第 712 号	政府投资资金投向应以非经营性项目为主，以建立项目库等方式，加强对使用政府投资资金项目的储备；国家应加强对政府投资资金的预算约束，政府及有关部门不得违法违规举借债务筹措政府投资资金，不得由施工单位垫资建设
1-47	2019.4.19	《国务院关于印发改革国有资本授权经营体制方案的通知》	国发〔2019〕9 号	优化出资人代表机构履职方式；分类开展授权放权；加强企业行权能力建设；完善监督监管体系

续表

序号	发文时间	文件名称	文号	核心要点
1–48	2019.6.10	《关于做好地方政府专项债券发行及项目配套融资工作的通知》	厅字〔2019〕33 号	支持做好专项债券项目融资工作；进一步完善专项债券管理和配套措施；依法合规推进重大公益性项目融资
1–49	2019.6.20	《关于防范化解融资平台公司到期存量地方政府隐性债务风险的意见》	国函办〔2019〕40 号	在不新增隐性债务的情况下，允许金融机构进行隐性债务借旧还新或展期。指导地方、金融机构开展隐性债务置换
1–50	2019.11.20	《国务院关于加强固定资产投资项目资本金管理的通知》	国发〔2019〕26 号	进一步完善投资项目资本金制度；适当调整基础设施项目最低资本金比例；鼓励依法依规筹措重大投资项目资本金；严格规范管理，加强风险防范
1–51	2020.6.30	《国企改革三年行动方案（2020—2022 年）》	—	完善中国特色现代企业制度，形成科学有效的公司治理机制；推进国有资本布局优化和结构调整；推进混合所有制改革；健全市场化经营机制；形成以管资本为主的国有资产监管体制；推动国有企业公平参与市场竞争；推动一系列国企改革专项行动落实落地
1–52	2021.12.31	《国有企业公司章程制定管理办法》	国资发改革规〔2020〕86 号	对国有企业公司章程内容和各主要治理主体的职责明晰了定位和要求。国有企业公司章程的基本框架里涉及“公司党组织”“董事会”“经理层”等主要治理主体，各自的职责定位和划分进一步明确
1–53	2021.2.28	《国资委关于印发〈关于加强地方国有企业债务风险管控工作的指导意见〉的通知》	国资发财评规〔2021〕18 号	督促指导地方国有企业开展债务融资和风险处置，不得恶意逃废债，努力维护国有企业良好市场信誉和金融市场稳定
1–54	2021.4.13	《国务院关于进一步深化预算管理制度改革的意见》	国发〔2021〕5 号	把防范化解地方政府隐性债务风险作为重要的政治纪律和政治规矩，坚决遏制隐性债务增量，妥善处置和化解隐性债务存量；完善常态化监控机制，进一步加强日常监督管理，决不允许新增隐性债务上新项目、铺新摊子
1–55	2021.7.9	《银行保险机构进一步做好地方政府隐性债务风险防范化解工作的指导意见》	银保监发〔2021〕15 号	不得以任何形式新增地方政府隐性债务；加强融资平台公司新增融资管理，银行不得以任何形式新增地方政府隐性债务；加强融资平台公司新增融资管理，实施分类管理；妥善化解存量地方政府隐性债务

续表

序号	发文时间	文件名称	文号	核心要点
1-56	2022.5.25	《国务院办公厅关于进一步盘活存量资产扩大有效投资的意见》	国办发〔2022〕19号	要求规范有序盘活存量资产，坚持市场化法治化原则，公开透明确定交易价格，落实防范化解地方政府隐性债务风险、国有资产监督管理、职工安置等规定，提升专业机构合规履职能力，确保基础设施稳健运营，保障公共利益。《意见》强调，盘活存量资产要尽快形成有效投资，引导做好回收资金使用，精准有效支持“十四五”规划102项重大工程等新项目建设，加快项目前期工作，加强地方政府专项债券等配套资金支持，促进项目落地实施、形成实物工作量
1-57	2022.6.13	《国务院办公厅关于进一步推进省以下财政体制改革工作的指导意见》	国办发〔2022〕20号	部署进一步推进省以下财政体制改革的任务举措。要求各地区要加强开发区政府性债务管理，保持与财政管理体制相适应，强化开发区管委会等政府派出机构举债融资约束，坚决遏制地方政府隐性债务增量，合理控制政府债务规模，切实防范债务风险
1-58	2022.9.24	《财政部关于加强“三公”经费管理严控一般性支出的通知》	财预〔2022〕126号	明确严禁通过举债储备土地，不得通过国企购地等方式虚增土地出让收入，不得巧立名目虚增财政收入，弥补财政收入缺口
1-59	2022.11.18	《关于进一步推动政府和社会资本合作（PPP）规范发展、阳光运行的通知》	财金〔2022〕119号	将“规范发展”和“阳光运行”作为核心思想，从做好项目前期论证、推动项目规范运作、严防隐性债务风险等方面细化了PPP监管要求，提出了十四条具体措施
1-60	2022.11.24	《自然资源部　国务院国资委关于推进国有企业盘活利用存量土地有关问题的通知》	自然资发〔2022〕205号	鼓励国有企业以多种方式盘活利用存量土地，是党中央、国务院构建更加完善的要素市场化配置体制机制的重要部署。积极稳妥推进国有企业存量土地资产更名和处置，鼓励国有企业以多种方式盘活利用存量土地，妥善处理各类涉地历史遗留问题，建立健全工作协同机制

附表 2 ▶ Annexed Table Ⅱ

2017 年以来地方发布的城投转型代表性政策

序号	发文时间	区域	标题	文号	内容简介
2–1	2017.2.24	四川省	《四川省人民政府关于进一步加强政府债务和融资管理的通知》	川府发〔2017〕10 号	抓紧剥离融资平台公司政府融资职能，推动平台公司转型发展。对于已经建立现代企业制度、实现市场化运营的融资平台公司，在其承担地方政府债务妥善处置，并不再承担政府融资职能的前提下，可作为 PPP 项目社会资本参与方和购买服务的实施主体
2–2	2017.4.22	天津市	《天津市人民政府办公厅关于印发天津市加强政府性债务风险防控工作方案的通知》	津政办发〔2017〕64 号	建立平台债务计划制度；调整优化平台债务结构；加强平台债务中长期管理；推进融资平台内控建设；加强融资平台监管考核；稳步推进融资平台转型。统筹区域资源资产，优化重组、做实做强 1 至 2 家融资平台，出清低效资源、空壳企业
2–3	2017.6.15	重庆市	《重庆市人民政府办公厅关于加强融资平台公司管理有关工作的通知》	渝府办发〔2017〕74 号	锁定融资平台公司目录名单，实行分类处理。每个区县（自治县）确定的公益性项目建设单位最多不超过 3 家，并报市财政局、市国资委、人行重庆营管部、重庆银监局备案
2–4	2017.8.13	湖北省	《湖北省人民政府关于规范政府举债融资行为防范和化解债务风险的实施意见》	鄂政发〔2017〕38 号	加强各类融资平台公司融资管理，加快推进融资平台公司转型，分类处理融资平台公司存量债务，规范融资平台公司举债融资行为
2–5	2017.10.26	山东省	《山东省人民政府办公厅关于规范政府举债融资行为防控政府性债务风险的意见》	鲁政办字〔2017〕154 号	加快推进政府融资平台公司市场化转型，严格依法剥离其政府融资职能和违规注入的公益性资产，彻底厘清企业债务与政府债务的边界，阻断企业债务偿还责任向政府转移的通道
2–6	2017.11.10	黑龙江省	《黑龙江省人民政府办公厅关于进一步加强政府性债务风险防控和化解工作的意见》	黑政办规〔2017〕63 号	进一步规范融资平台公司融资行为，推动融资平台公司尽快转型为市场化运营的国有企业，依法合规开展市场化融资，政府及其所属部门不得干预融资平台公司日常运营和市场化融资

续表

序号	发文时间	区域	标题	文号	内容简介
2-7	2017.12.28	江苏省	《江苏省政府关于规范政府融资行为防范化解政府性债务风险的意见》	苏政发〔2017〕124号	推进融资平台公司与政府脱钩，按照现代企业制度要求和国家有关规定，进行市场化转型改制
2-.8	2018.1.22	广西壮族自治区	《广西壮族自治区人民政府办公厅关于进一步加强政府性债务管理防范化解政府性债务风险的意见》	桂政办发〔2018〕6号	对兼有公益性项目建设和商业化运营职能的融资平台公司，应通过兼并重组等方式整合归并业务，积极推进融资平台公司市场化转型，依法开展市场化融资
2-9	2018.2.8	湖南省	《中共湖南省委湖南省人民政府关于严控政府性债务增长切实防范债务风险的若干意见》	湘发〔2018〕5号	全面清理核实债务情况；切实加强债务风险管控；坚决制止各种违规举债融费行为；清理整顿融资平台公司；规范适合市场运作的公益性项目融资；强化组织领导
2-10	2018.5.11	湖南省	《关于清理规范政府融资平台公司管理的通知（代拟稿）》	—	市级平台公司限制在3个以内，县级平台公司2个以内
2-11	2018.5.18	青海省	《青海省政府性债务管理办法》	青政〔2018〕36号	进一步规范融资平台公司融资行为管理，推动融资平台公司尽快转型为市场化运营的国有企业。探索拓宽融资渠道，将融资平台公司承担的经营性项目推向市场，与政府脱钩，政府不承担偿债责任
2-12	2018.6.11	四川省	《四川省政府办公厅出台关于加强规范管理坚决制止违规以地融资的通知》	川办函〔2018〕54号	政府以出资额为限对融资平台公司承担有限责任，防范融资平台公司债务向政府转移
2-13	2018.7.6	陕西省	《陕西省财政厅关于印发〈关于推进我省融资平台公司转型发展的意见〉的通知》	陕财办预〔2018〕66号	全面清理规范各级政府融资平台公司、推进政府融资平台公司市场化转型、支持转型后的政府融资平台公司做大做强、构建适应公益类国有企业发展的政策环境

续表

序号	发文时间	区域	标题	文号	内容简介
2-14	2020.2.27	山东省	《山东省财政厅等四部门关于推进政府融资平台公司市场化转型发展的意见》	鲁财债〔2020〕17 号	力争用 3-5 年时间逐步建立起融资平台公司“自主经营、自负盈亏、自担风险、自我发展”的市场化运营模式，全面完成融资平台公司市场化转型任务，切实防范化解政府债务风险
2-15	2020.10.19	陕西省	《关于加快市县融资平台公司整合升级推动市场化投融资的意见》	陕发改投资〔2020〕1441 号	除西安市、西咸新区外，原则上市级平台不超过 4 家，国家级开发区平台不超过 3 家，省级开发区和县（区）级平台不超过 2 家。2019 年一般公共预算收入少于 2 亿元的区县原则上只保留 1 家平台
2-16	2021.5.4	江苏省	《江苏省政府办公厅关于规范融资平台公司投融资行为的指导意见》	苏政传发（2021）94 号	各地政府应当通过增加资本金、注入优质经营性资产、整合重组融资平台公司等方式，提升融资平台公司市场主体评级和资本营运能力；对债务风险较大的县级和市场主体评级 AA 级以下的融资平台公司，推动资产重组，做大资产规模
2-17	2021.9.23	甘肃省	关于推进市县政府融资平台公司整合升级加快市场化转型发展的指导意见	甘发改财金〔2021〕609 号	鼓励采取“以市带县”模式进行平台整合。市县融资平台公司直接融资规模较目前翻一番，市级融资平台公司信用评级有效提升
2-18	2022.12.28	安徽省	《安徽省人民政府办公厅关于印发进一步盘活存量资产扩大有效投资实施方案的通知》	皖政办秘〔2022〕68 号	加快推进市县平台公司整合，原则上每个市打造一个总资产 500 亿元级以上综合性国有资本运营集团，每个县（市、区）打造一个总资产 50 亿元级以上综合性国有资本运营公司

术语表 ▶ Glossary

城投行业常用术语解析

类别	术语	解释
债务	地方债	地方债即"地方政府债券"，指有财政收入的地方政府及地方公共机构发行的债券，是地方政府根据信用原则、以承担还本付息责任为前提而筹集资金的债务凭证。它是作为地方政府筹措财政收入的一种形式而发行的，其收入列入地方政府预算，由地方政府安排调度。地方债按资金用途和偿还资金来源分类，通常可以分为一般债券（普通债券）和专项债券（收益债券）
	一般债券	一般债券是地方债的一种，指地方政府为了缓解资金紧张或解决临时经费不足而发行的债券，以本地区的财政收入作为偿债担保
	专项债券	专项债券是地方债的一种，指为了筹集资金建设某专项具体工程而发行的债券，以项目建成后取得的收益作为偿债担保
	隐性债务	隐性债务指地方政府在法定债务预算之外，直接或间接以财政资金偿还，以及违法提供担保等方式举借的债务，主要包括地方政府担保债务、担保外债、地方金融机构坏账、社保基金缺口等。隐性债务的核心特征是地方政府为决策主体，资金用途为公益性项目建设、偿债来源为政府财政资金。隐性债务属于或有债务，不计入政府的资产负债表。这类债务缺乏有效、统一的监管，隐蔽性强，已成为中国地方债务风险的主要出险区
	债务置换	债务置换指在财政部甄别存量债务的基础上，将原来政府融资平台的理财产品、银行贷款等期限短、利率高的债务，置换成期限长、利率低的债券。存量债务中属于政府直接债务的部分，将从短期、高息中解脱出来，变成长期、低成本的政府直接债。债务置换可以减少银行风险资产规模，提高资本充足率，降低信贷风险和不良贷款的生成速度。财政部于 2015 年开始推行地方政府债券置换计划，即通过发行地方政府债券来置换部分高成本的隐性债务，降低地方政府的债务负担和融资成本
	再融资债券	再融资债券是一种地方政府为了偿还到期的债券本金而发行的债券，也可以用于化解部分隐性债务。根据财政部《关于做好 2020 年度地方政府再融资债券发行工作的通知》，再融资债券分为两种类型：一是专项再融资债券，用于偿还到期的专项债券本金；二是一般再融资债券，用于偿还到期的一般债券本金或者置换部分隐性债务。再融资债券的发行期限应与偿还或置换的原有债务期限相匹配，不得超过原有债务期限

续表

类别	术语	解释
债务	债务率、负债率、偿债率	评价地方政府的债务指标通常有三率：债务率、偿债率、负债率。债务率指的是当地年末债务余额与综合财力的比值，反映地方政府的偿债能力，国际警戒线是 90%~150%。负债率指的是当地的债务余额与 GDP 的比值，用来衡量经济规模对于债务的承担能力，国际警戒线是 60%。偿债率指的是当年需要还本付息的债务总额与综合财力的比值，国际警戒线是 20%。这里的债务一般指显性债务，综合财力指公共预算收入、政府性基金收入、国有资本经营预算三大收入科目之和。综合财力相比于 GDP 更加可控，因此通常使用债务率而不是负债率来判断政府对债务的实际承担能力
财税	财政收入	财政收入是指政府为履行其职能、实施公共政策和提供公共物品与服务需要而筹集的一切资金的总和。财政收入表现为政府部门在一定时期内（一般为一个财政年度）所取得的货币收入。财政收入是衡量一国政府财力的重要指标，政府在社会经济活动中提供公共物品和服务的范围和数量，在很大程度上取决于财政收入的充裕状况。财政收入主要包括税收收入、国有资产收益、国债收入、收费收入、其他收入
	政府性基金收入	政府性基金收入是指各级人民政府及其所属部门根据法律、国家行政法规和中共中央、国务院有关文件的规定，为支持某项事业发展，按照国家规定程序批准，向公民、法人和其他组织收取或者以出让土地、发行彩票等其他方式筹集具有专项用途的资金所产生的收入。包括各种基金、资金、附加和专项收费收入
	分税制	分税制即分税制财政管理体制，是指在国家各级政府之间明确划分事权及支出范围的基础上，按照事权和财权相统一的原则，结合税种的特性，划分中央与地方的税收管理权限和税收收入。分税制实质是根据中央政府和地方政府的事权确定其相应的财权，通过税种的划分形成中央与地方的收入体系。我国从 1994 年开始实行分税制
	土地财政	土地财政通常指一些地方政府依靠"经营土地"的收入来维持地方财政支出，属于基金预算收入，属于地方财政收入的一种。土地财政收入主要包括两个部分：一是与土地有关的政府的非税收入，如土地租金、土地出让金、新增建设用地有偿使用费等；二是与土地有关的税收，如耕地占用税、房地产和建筑业等的营业税、土地增值税等
	股权财政	股权财政是指发挥国有资本的引领作用和放大功能，通过引入各类社会资本、民间资本以及产业资本，重塑税基和产业结构，提高优质国有资产的投资回报率，形成"资金投入—蛋糕做大—资金回报—资金再投入"的良性循环，增强税收与经济的同步性，以解"土地财政"之困，形成新的财政收入增长点、弥补财政资金缺口的一种方式
	财政自给率	财政自给率是指一般公共预算收入和一般公共预算支出之比，反映了该地区对中央转移支付的依赖程度。该指标可以较好地评价地方财政对于中央转移支付的依赖程度，指标数值越大，说明该地区经济活动较为繁荣，地方财政"造血能力"较强，对于中央财政转移性支付的依赖程度也就越低；反之，说明地方财政"造血能力"较差，对于中央财政转移性支付的依赖程度也就越高

续表

类别	术语	解释
土地	国有土地	指依法使用国家所有土地的权利。国家作为国有土地所有者并不直接使用土地，而是由具体单位和个人来使用。国有土地的收益权能一部分由土地使用者实现，一部分由国家通过收取土地使用税（费）和土地使用权有偿出让的形式来实现。由于中国法律禁止土地买卖，国家土地所有权一般不能流转，因而国家对国有土地的处分权主要是对土地使用权而言，划拨、出让或者确认、收回土地使用权的权利，都可以理解为对土地的一种处分
	集体土地	一般指集体土地使用权，主体为特殊民事主体，主要为集体经济组织及其成员，集体经济组织设立的企业和公益性组织，只有法律、行政法规规定允许的个别情况下，才可包括集体经济组织以外的单位和个人。集体土地使用权不得出让、转让或者出租用于非农业建设，但是符合土地利用总体规划并依法取得建设用地的企业因破产、兼并等情形致使土地使用权依法发生转移的除外
	土地储备	土地储备是指各级人民政府依照法定程序在批准权限范围内，对通过收回、收购、征用或其他方式取得土地使用权的土地，进行储存或前期开发整理，并向社会提供各类建设用地的行为
	土地整理	土地整理亦称“土地调整”或“土地重划”，是将零碎高低不平和不规整的土地或被破坏的土地加以整理，使人类在土地利用中不断建设土地和重新配置土地的过程。土地整理是土地管理的重要内容，也是实施土地利用规划的重要手段，主要内容包括：农村建设用地的整理、城镇建设用地的整理、大型建设项目用地整理、农田的整理。包括地块合并、农田平整、明渠改暗渠、坡地改梯田以及水冲砂压农田的复垦等
	土地出让	出让土地指的是国家以土地所有者的身份把国有土地使用权在一定的时间年限内出让给土地使用者，并且土地使用者需要向国家支付该土地使用权的出让金的一种行为
国企改革	“三重一大”	“三重一大”即重大事项决策、重要干部任免、重大项目投资决策、大额资金使用。最早源于1996年第十四届中央纪委第六次全会公报“重大事项决策、重要干部任免、重要项目安排、大额资金的使用，必须经集体讨论做出决定”制度，简称“三重一大”制度
	“两类公司”	“两类公司”指国有资本运营公司和国有资本投资公司，均为在国家授权范围内履行国有资本出资人职责的国有独资公司，是国有资本市场化运作的专业平台。公司以资本为纽带、以产权为基础依法自主开展国有资本运作，不从事具体生产经营活动
	混合所有制	混合所有制是由几种所有制成分结合在一起而形成的所有制形式，具体形式有：股份制经济、合作经济、合资经济等。国有企业混合所有制改革，是指国有企业与非国有企业合作，在资本、管理等方面实现深度融合，通过引入民间资本，提高国有企业的效益和竞争力，推动企业转型升级

续表

类别	术语	解释
国企改革	任期制与契约化管理	任期制和契约化管理主要是针对过往国有企业对经理层人员无任期与契约、有契约但不具体、契约执行不严格等一系列问题，通过明确任职期限、到期重聘、签订并严格履行聘任协议和业绩合同约定，刚性考核兑现，强化经理层成员的责任、权利和义务对等，解决“员工能进能出、薪酬能增能减、干部能上能下”问题，加快国有企业市场化方向，建立现代化企业管理制度，推动转换经营机制，焕发企业活力
	三定	一般指国有企业为了进一步调整优化组织、队伍和人员结构而实行的定职能、定机构、定编制改革。定职能，就是这个部门具体是干什么的，以及部门内设的处（科或股）、室的具体职责；定机构，就是确定行使职责的部门，包括名称、性质（行政或事业）、经费（全供、差供、自收自支）等；定编制，实质就是定人员数额，其中包含部门领导职数和内设机构的领导职数
	三项制度改革	三项制度改革指国务院针对国有企业劳动、人事、分配三个方面的制度改革。三项制度改革核心主要是建立人员能进能出（劳动）、干部能上能下（人事）、工资能高能低（分配）的现代企业制度，提升国有企业用人体制机制的市场化水平，建立分层分类、业绩导向、差异化安排的长效激励机制，优化企业组织架构，提升国有企业经营水平
	工资总额管理	工资总额管理指在国有企业实施全面预算管理机制下，政府职能部门和履行出资人职责机构通过对工资总额总量和人均工资水平进行双管控，基于企业经济效益变化和重大任务完成情况对工资总额进行关联变化、规范管理的一种制度安排
产业招商	产业链	产业链是产业经济学中的一个概念，即产供销，从原料到消费者手中的整个产业链条，是各个部门之间基于一定的技术经济关联，并依据特定的逻辑关系和时空布局关系客观形成的链条式关联关系形态
	产业园	产业园指由政府或企业为实现产业发展目标而创立的特殊区位环境。它的类型十分丰富，包括高新技术开发区、经济技术开发区、科技园、工业区、金融后台、文化创意产业园区、物流产业园区，以及产业新城、科技新城等。产业园区作为产业聚集的载体，既是区域经济发展、产业调整升级的空间承载形式，又是地区社会经济发展水平的衡量标志，肩负着聚集创新资源、培育新兴产业、推动城市化建设等重要使命
	“管委会＋公司”	“管委会＋公司”模式是开发区实行市场化体制机制改革的模式。为实现“政企分开、政资分开”，管委会建立专业运营公司，把原来由管委会独自承担的行政管理职能和开发建设运营职能，转变为由管委会和公司共同承担，打造“小管委、大公司”模式，逐步实现“政府＋市场”共治，由政府主导向市场主导转变
	基金招商	基金招商指地方政府以引导基金或产业基金对产业方进行股权投资，最终将相关产业落地在地方政府辖区内。基金招商相比较以往土地、税收、贷款政策招商，最大的特色在于地方政府以基金的方式，直接或间接地对招商企业进行股权投资，为招商企业提供资金支持。对招商企业而言，利用股权融资，而不是债权融资，降低了企业的债务负担

续表

类别	术语	解释
产业招商	工业总产值	工业总产值是以货币形式表现的工业企业在一定时期内生产的已出售或可供出售工业产品总量，反映一定时间内工业生产的总规模和总水平。包括：在本企业内不再进行加工，经检验、包装入库（规定不需包装的产品除外）的成品价值；对外加工费收入；自制半成品在制品期末和期初差额价值
	亩均论英雄	"亩均论英雄"最早在2006年由浙江绍兴提出，指的是建立以亩均单位建设用地上的投入和产出作为衡量标准的政策配置体系，激励亩均效益领跑者，倒逼亩均效益低下者，形成节约集约用地的高质量发展模式。这是推动高质量发展的一项正向激励机制，也是一项反向倒逼机制
投融资	投融资体制	投融资体制是指投融资活动的组织形式、投融资方法和管理方式的总称。主要内容包括投融资主体的确定、投融资决策制度、投融资资金筹措实施方式及运作、投融资收益分配结构、以及投融资监督体系和调控方式等
	政府投资项目	政府投资项目是指为了适应和推动国民经济或区域经济的发展，满足社会的文化、生活需要，以及出于政治、国防等因素的考虑，由政府通过财政投资，发行国债或地方财政债券，利用外国政府赠款以及国家财政担保的国内外金融组织贷款等方式独资或合资兴建的固定资产投资项目
	公益性项目	公益性项目泛指非营利性和具有社会效益性的项目。公益性项目是以谋求社会效应为目的，具有一般规模大，投资多，受益面宽，服务年限长，影响深远等特点的投资项目。此处主要指的广义上的概念，即为社会大众或社会中某些人口群体的利益而实施的项目，包括政府部门发起实施的农业、环保、水利、教育、交通等项目
	经营性项目	经营性项目是指以盈利为目的，以商品或服务形式进入流通领域进行经营的活动。发改规划〔2019〕0617号《国家发展改革委关于印发〈2019年新型城镇化建设重点任务的〉通知》中指出，"鼓励经营性与公益性项目综合体立项，促进资金平衡、金融支持和市场化运作"
	片区开发	片区开发也叫区域综合开发，它一般是指在符合国家及地方规划的前提下，对具有一定规模、相对成片的区域进行系统性规划、改造，通过投资、建设、运营和维护，实现其预期效果。片区开发关键内容通常包括战略定位、策划、规划、设计、投融资模式选择、土地一级开发、配套基础设施和公共服务设施的投融资建设，以及拟定的产业导入及相关的服务及可持续运营管理等
	PPP模式	政府与社会资本合作模式（Public-Private Partnership，简称PPP模式）是指政府通过特许经营权、合理定价、财政补贴等事先公开的收益约定规则，引入社会资本参与城市基础设施等公益性事业投资和运营，以利益共享和风险共担为特征，发挥双方优势，提高公共产品或服务的质量和供给效率
	EOD模式	生态环境导向的开发模式（Eco-environment-oriented Development，简称EOD模式）是以生态保护和环境治理为基础，以特色产业运营为支撑，以区域综合开发为载体，采取产业链延伸、联合经营、组合开发等方式，推动公益性较强、收益性差的生态环境治理项目与收益较好的关联产业有效融合，统筹推进，一体化实施，将生态环境治理带来的经济价值内部化，是一种创新性的项目组织实施方式

续表

类别	术语	解释
投融资	ABO 模式	ABO 模式，一般指授权（Authorize）—建设（Build）—运营（Operate）模式，即政府将区域土地整理、基础建设、投资促进和经济发展等社会公共服务项目以授权的方式交由相关企业建设、运营，相关企业依授权履行业主职责，政府依据协议给予补贴，合作期满项目无偿移交给政府。这里的相关企业可以是政府融资平台，也可以引入社会资本。如果相关企业具有相应的建设、运营能力，则可直接承揽项目建设、运营，否则应按规定履行招标程序选定承包方
	政府特许经营权	政府特许经营权指国家和地方政府根据公共事业、公共安全、社会福利的需要或法律的规定，授权企业生产某种特定的产品或使用公共财产或在某地区享有经营某种业务的独占权
	政府购买服务	政府购买服务是指各级国家机关将属于自身职责范围且适合通过市场化方式提供的服务事项，按照政府采购方式和程序，交由符合条件的服务供应商承担，并根据服务数量和质量等因素向其支付费用的行为
金融	城投债	城投债指为地方经济和社会发展筹集资金，由地方政府投融资平台公司发行的债券，包括企业债、公司债、中期票据、短期融资券、非公开定向融资工具（PPN）等。由于城投债的发行主体一般为当地地方投融资平台，发行方式一般为公开发行的企业债或者中期票据，城投债又可以被称为“准市政债”
	非标业务	非标业务是指未在银行间市场及证券交易所市场交易的一系列债权性资产。这些资产通常不具备标准化、流动性、透明度等特征，因此难以进行定价和评估，也不受严格的监管和披露要求。非标业务包括但不限于信贷资产、信托贷款、委托债权、承兑汇票、信用证、应收账款等。城投非标融资是城投公司通过银行间市场、交易所市场之外的方式获得的融资，目前主要以信托以及地方金融资产交易所通道发行为主
	ABS	资产证券化（Asset-backed Securitization，简称 ABS）指将资产通过结构性重组转化为证券的金融活动，将缺乏流动性、但具有可预期收入的资产通过在资本市场上发行证券的方式予以出售，以获取融资，以最大化提高资产的流动性
	REITs	不动产投资信托基金（Real Estate Investment Trusts，简称 REITs）是一种金融工具，通过发行收益凭证、汇集投资者资金，交给专业的投资机构进行不动产的投资经营管理，并及时将投资收益分配给投资者。不动产主要指两种类型的资产：一种是商业写字楼、零售物业、酒店、公寓等持有型房地产。另一种是传统及新型的基础设施。传统基础设施，如机场、港口、收费公路、水电气热、污染治理等；新型基础设施则包括 5G 基站、数据中心等和信息产业相关的基础设施
	基金	广义上的基金指为了某种目的而设立的具有一定数量的资金。主要包括公积金、信托投资基金、保险基金、退休基金，各种基金会的基金。狭义的基金范畴指的是证券投资基金，指汇集众多投资者的资金交由专门的基金托管人（一般是银行做托管方），在专业的基金管理公司里由专业基金投资人管理和运作，通过投资股票和债券的方式，为投资人谋利的一种投资工具

续表

类别	术语	解释
金融	企业信用评级	企业信用评级一般指国内主体评级，是第三方信用机构按照一定的方法和程序，独立对企业进行全面了解、考察调研和分析的基础上，对企业的财务状况和发展能力做出有关其信用行为的可靠性、安全性程度的评价，并以专用符号向社会公示，客观公正地反映企业按合同约定如期履行义务的能力和意愿。城投行业主体信用评级的等级分为：AAA、AA+、AA、AA−、A+。其中，AAA 为最高信用等级。每一个等级可用“+”“−”进行微调，表示略高或略低于本等级
	技术性违约	一般认为，广义的债券“技术性违约”，是指在某些突发情况下，发行人突破了债券募集说明书中约定的财务约束或经营约束而造成的违约。狭义上的债券“技术性违约”，是指发行人虽然具备还款能力，但由于资金调度出现问题，或者在划转程序、操作时间上安排不当，导致发行人没能及时将偿债资金划拨到托管机构
	融资性贸易	融资性贸易业务是以贸易业务为名，实为出借资金、无商业实质的违规业务。其表现形式多样，具有一定的隐蔽性，主要特征有：一是虚构贸易背景，或人为增加交易环节；二是上游供应商和下游客户均为同一实际控制人控制，或上下游之间存在特定利益关系；三是贸易标的由对方实质控制；四是直接提供资金或通过结算票据、办理保理、增信支持等方式变相提供资金
城投行业	政府融资平台	政府融资平台指地方政府及其部门和机构通过财政拨款或注入土地、股权等资产设立，承担政府投资项目融资功能，并拥有独立法人资格的经济实体。根据国发〔2010〕19 号文件定义，地方政府融资平台包括各类综合性投资公司，如建设投资公司、建设开发公司、投资开发公司、投资控股公司、投资发展公司、投资集团公司、国有资产运营公司、国有资本经营管理中心等，以及行业性投资公司，如交通投资公司等
	“三代”公司	早期的城投公司，纯粹是地方政府的融资平台，不负责具体业务经营，故俗称“三代”公司，即“代融资、代投资、代出纳”
	城市综合运营商	城市综合运营商是近年来城投公司热衷的市场化转型方向之一，是一种新的商业模式和功能定位。在城市综合运营模式下，城投公司把土地、资金、房产等资源进行整合运作，将城市中的金融、商业、旅业、办公、住宅、展览、餐饮、文化、娱乐和交通等城市生活空间的三项以上进行组合，并在各部分间建立一种相互依存、相互助益的能动关系，从而形成一个多功能、高效率的综合体，通过运营获利
财务	公益性资产	财预〔2010〕412 号文提出，公益性资产是指为社会公共利益服务，且根据有关法律法规规定不能或不宜变现的资产，如学校、医院、公园、广场、党政机关及经费补助事业单位办公楼等，以及市政道路、水利设施、非收费管网设施等不能带来经营性收入的基础设施等
	经营性资产	经营性资产是在生产和流通中能够为社会提供商品或劳务的资产。从会计的角度看，所谓经营性资产，主要指企业因盈利目的而持有且实际也具有盈利能力的资产。经营性资产可以分为有形资产和无形资产两大类，其中有形资产包括固定资产、在建工程、土地、机器设备、交通工具、建筑物等，无形资产类型则有研发成果、商标权、专利权等

续表

类别	术语	解释
财务	政府性收入	政府性收入指城投公司源自地方政府的现金流入包括经营活动、投资活动、筹资活动现金流入中来自地方政府（含地方融资平台）的部分，如代建业务收入、一级土地开发出让收入返还、政府补贴（不含符合法律法规规定的税收返还）、政府拆借资金返还等
	政府补助	政府补助指城投公司从政府无偿取得货币性资产或非货币性资产，主要形式有：财政拨款、财政贴息、税收返还、无偿划拨非货币性资产，但不包括政府作为企业所有者投入的资本
	有息负债	有息负债一般指从金融机构借款或发行债券而产生的负债，需要支付利息和中间费用。有息负债低，说明企业自身造血能力强，现金流好；有息负债过高的企业，如果遇到宏观或行业的突变，企业陷入困境的可能性就比较大。一般情况包括“短期借款”“长期借款”“应付债券”“一年内到期的非流动性负债”“一年内到期的融资租赁负债”“长期融资租赁负债”等。此外，应付票据、应付账款、其他应付款，都可能是有息的
城建	项目资本金	根据《国务院关于固定资产投资项目试行资本金制度的通知（国发〔1996〕35号）》，所谓项目资本金，是指在投资项目总投资中，由投资者认缴的出资额，对投资项目来说是非债务性资金，项目法人不承担这部分资金的任何利息和债务；投资者可按其出资的比例依法享有所有者权益，也可转让其出资，但不得以任何方式抽回
	代建制	代建制指政府通过招标的方式，选择专业化的项目管理单位，负责项目的投资管理和建设组织实施工作，项目建成后交付使用单位的制度。代建期间，代建单位按照合同约定代行项目建设的投资主体职责，有关行政部门对实行代建制的建设项目的审批程序不变
	新基建	新基建一般指新型基础设施建设，是以新发展为理念，以技术创新为驱动，以信息网络为基础，面向高质量发展需要，提供数字转型、智能升级、融合创新等服务的基础设施体系，主要包括5G基站建设、特高压、城际高速铁路和城市轨道交通、新能源汽车充电桩、大数据中心、人工智能、工业互联网七大领域，涉及诸多产业链
	城市更新	城市更新主要指符合规定的主体根据城市规划和有关规定程序对符合条件的特定城市建成区（包括旧工业区、旧商业区、旧住宅区、城中村及旧屋村等）进行综合整治、功能改变或者拆除重建的活动，是对城市建成区城市空间形态和功能进行整治提升
	智慧城市	智慧城市（Smart City）起源于传媒领域，是指在城市规划、设计、建设、管理与运营等领域中，通过物联网、云计算、大数据、空间地理信息集成等智能计算技术的应用，使得城市管理、教育、医疗、房地产、交通运输、公用事业和公众安全等城市组成的关键基础设施组件和服务更互联、高效和智能，从而为市民提供更美好的生活和工作服务、为企业创造更有利的商业发展环境、为政府赋能更高效的运营与管理机制

参考文献 ▶ References

［1］徐军伟，毛捷，管星华 . 地方政府隐性债务再认识——基于融资平台公司的精准界定和金融势能的视角 [J]. 管理世界，2020，36（09）：37-59.

［2］久事 30 年：记录时代变迁　转型公共服务 [N]. 解放日报 .

［3］沈志方 . 上海城建投融资体制改革之路 [J]. 上海综合经济，1998（5）.

［4］张懿 .“九四专项”为城市面貌巨变注入动力 [N]. 文汇报，2018-10-17.

［5］黄鹏利 . 县域融资平台公司风险防控及转型升级 [J]. 商业观察，2023，9（30）：54-57.

［6］周颖冰 . 关于我国地方债务问题的探讨 [J]. 山西财税，2010-12-15.

［7］崔军 . 我国地方政府债务治理：近期目标与长效机制 [J]. 财经问题研究，2011（07）.

［8］刘西友 . 地方政府融资平台的风险表现及相关政策变迁 [J]. 债券，2014,（11）：9-14.

［9］林艳宏 . 从地方融资平台的飞速发展揭示我国地方政府债务成因。[J]. 中国外资，2011-04-25.

［10］张惠强 .“地方债”形成和扩张的双重动力机制 [J]. 社会发展研究，2016-08-16.

［11］刘畅，曹光宇，马光荣 . 地方政府融资平台挤出了中小企业贷款吗？[J]. 社会科学文摘，2020,（06）：12-14.

［12］祁石 . 化解地方债务危机亟待“开明渠”[J]. 人民公仆，2014,（07）：45.

［13］黄伟平，吴鹏 . 从政策周期、债务风险化解和资质分化看城投“信仰”[J]. 金融理论探索，2022,（02）：19-32.

［14］冉斌，冉江河，方坤等 . 地方融资平台公司转型发展研究［C］// 中国企业改革与发展研究会 . 中国企业改革发展优秀成果 2019（第三届）上卷 . 重庆发展投资

公司；重庆渝富集团；重庆市国资委；重庆城投集团；，2019：14.

［15］王朝才，赵斌．我国地方政府债务管理的历史观、现况解析及政策应对［J］．地方财政研究，2018（08）：7-14.

［16］陈道富，张嘉明．完善防范化解隐性债务风险的长效机制［J］．北方金融，2022，（09）：3-6.

［17］燕群．中国公司信用类债券违约风险测度研究［D］．华东师范大学，2021.

［18］魏宁．我国政府投资项目管理体制及模式研究［D］．武汉大学，2005.

［19］彭杨．关于地方城投公司盘活存量资产的几点思考建议［J］．今日财富，2020，（18）：55-56.

［20］应梨民．构建公共服务型政府研究［D］．南昌大学，2008.

［21］黄剑辉．推进国有企业混合所有制改革的总体战略及对策［J］．现代国企研究，2021，（11）：20-24.

［22］罗顺华，李谷隅．地方融资平台转型发展的问题研究［J］．中国商论，2018，（21）：30-31.

［23］罗安．对平台公司多措创收促转型的思考［J］．商讯，2019，（34）：164-165.

［24］石健．4 万亿城投债待回售，城投盘活资产化债疏压［N］．中国经营报，2021-12-20.

［25］开发区平台公司转型发展机遇与对策研究．道客巴巴．

［26］丁斌．开发区融资平台公司的运作模式研究［J］．中国商论，2018，（34）：19-20.

［27］姜浩．TS 城投集团运营模式转型研究［D］．河北工业大学，2016.

［28］穆建会．地方政府投融资平台公司转型发展研究［D］．北京建筑大学，2019.

［29］刘宾．地方投融资平台公司转型发展问题研究［D］．河北大学，2016.

［30］杨文武．我国县级平台公司转型问题研究［D］．华中师范大学，2019.

［31］刘凤．我国信用评级行业监管问题研究［J］．华北金融，2017，（07）：53-58.

［32］薛文平．开放背景下的中国信用评级机构发展研究［J］．现代商业，2021，（15）：142-144.

［33］杨冬冬．城市更新项目投融资模式设计［J］．价值工程，2023，42（16）：55-57.

［34］杨萌．城市服务：把城市建设成人民想要的样子［J］．中国物业管理，2022，（10）：82-86.

[35] 王操 . 迈向卓越的城市智慧化追求：从基础功能到整体效能——基于上海城市智慧化历程的思考 [J]. 城市观察，2021，(04)：157-164.

[36] 杜志雄，肖卫东 . 中国农业发展 70 年：成就、经验、未来思路与对策 [J]. China Economist，2019，14（01）：2-33.

[37] 刘宏海，范亚舟 . 新一轮金融开放下完善金融监管的建议 [J]. 农村金融研究，2018，(10).

[38] 张国华 . 城投公司大宗商品贸易业务：背景、特征与问题 [J]. 金融市场研究，2022，(12)：114-123.

[39] 吴大兵 . 如何把握国有企业党的领导和公司治理的基本要求 [J]. 党课参考，2020，(06)：86-95.

[40] 钟友 . 落实三年行动　推动国企改革发展 [J]. 民航管理，2021，(03)：40-43.

[41] 闫永 . 锚定世界一流打造现代新国企 [J]. 国资报告，2023，(05)：1-2.

[42] 闫永，刘青山，孟圆 . 新在哪里，何以现，各方纵论现代新国企建设 [J]. 国资报告，2023，(07)：11-15.

[43] 龚继先 . 规范国有企业党委前置研究讨论　推进党的领导和公司治理相统一 [J]. 人民周刊，2021-04-15.

[44] 金琳 . 抓住三项制度改革的“牛鼻子”[J]. 上海国资，2022，(02)：16-21.

[45] 韩书臣，张学斌 . 国有企业推行职业经理人制度的实操经验总结与思考 [J]. 中国人事科学，2021，(05)：40-49.

[46] 谭劲松，朱人杰，秦帅 . 国有企业党组织嵌入公司治理结构：一个基于国企多元化目标的分析框架 [J]. 财务研究，2020，(05)：3-14.

[47] 任兆银 . 如何提升新时代国有企业党建工作成效的思考 [J]. 现代企业，2021，(04)：62-63.

[48] 张坤锋 . 组织管控体系十步法 [J]. 经理人，2019，(06)：74-75.

[49] 付婧花，王广宁 . 国企混改下高级管理人员激励机制的研究 [J]. 企业管理，2020，(S2)：28-29.

[50] 卢祖展 . 国有企业薪酬绩效改革及激励体系构建策略 [J]. 人才资源开发，2023，(08)：87-89.

[51] 王永海，王家伟 . 央企价值创造与风险防范的纲领文件——针对国资委《关于中央企业加快建设世界一流财务管理体系的指导意见》的几点思考 [J]. 中国管理会

计，2022，(04)：62-70.

[52] 杨丽梅 . 集团化公司财务管理模式及其应用 [N]. 中国建材报，2018-11-17.

[53] 孙雨，杜建国 . 企业集团财务管理体制的设计与选择 [J]. 科技咨询导报，2006，(09)：128.

[54] 周艳 . 企业集团财务管理模式的选择和发展 [J]. 中国证券期货，2011，(09)：88-89.

[55] 张碧云 . 国有企业投资管理中的问题与对策 [J]. 现代商业，2023，(02)：81-84.

[56] 吴海洋 . 国有企业投资合规的法律实务与操作要点 [J]. 山东国资，2022，(12)：99-101.

[57] 要婷 . 企业集团财务公司内部控制制度建设存在问题与改进 [J]. 财会学习，2019，(29)：234-235.

[58] 关于印发《关于深化中央企业内部审计监督工作的实施意见》的通知 [J]. 交通财会，2020，(11)：87-91.

[59] 李凤雏 . 强化制度保障　聚焦主责主业　为实现中国式现代化贡献内部审计力量 [J]. 审计观察，2023，(03)：36-42.

[60] 陈文龙 . 强化国有企业内部监督体系建设的若干思考 [J]. 福建冶金，2020，49（02)：56-59.

[61] 郑方方 . 我国地方政府债务融资沿革与治理方向 [J]. 河北金融，2023，(01)：36-42.

[62] 梁晓波 . 关于政府融资平台公司融资模式的探讨 [J]. 新理财（政府理财），2023，(Z1)：98-101.

[63] 柏玲 . 严监管政策下城投公司融资方式探讨 [J]. 冶金财会，2020，39（04)：36-41.

[64] 王素芳 . 浅谈我国地方政府融资平台公司转型的机遇与挑战 [J]. 现代营销（经营版），2019，(10)：134-135.

[65] 高巧，白艳娟 . 地方政府融资平台内在形成机制分析 [J]. 中国物价，2012，(09)：51-53.

[66] 周丹丹，张露 . 县域城投平台公司业务发展策略研究 [J]. 农银学刊，2022，(02)：61-64.

[67] 张芯瑜 . 基于城市投资建设企业融资行为识别地方政府隐性债务 [D]. 上海财

经大学，2022.

［68］伏丹 . 城投公司市场化转型路径与债务融资关系研究 [D]. 南京大学，2019.

［69］张丽平，张嘉明 . 稳步推进 REITs 市场健康发展 [J]. 中国金融，2022,（14）: 50-52.

［70］张骥 . 地方政府债务合并监管下审计工作的若干思考 [J]. 商业会计，2023,（14）：44-47.

［71］黄亮 . 汲取风险教训　加强风控管理 [J]. 铁路采购与物流，2023，18（02）: 70-72.

［72］方晴，徐雯雯 .“基金丛林”让企业拔节生长 [J]. 中共合肥市委党校学报，2023，22（04）：60-6.

［73］金琳 . 合肥建投：探索产业投资“合肥模式”[J]. 上海国资，2020，（06）: 78-79.

［74］周琦 . 合肥建投：产业投资的“合肥模式”[J]. 中国经济周刊，2022，（08）: 88-89.

［75］漫漫奋进路　发力再起航共同谱写城控集团高质量发展新篇章 [N]. 扬州日报，2023-04-30.

［76］金琳 . 盐城东方：城投公司转型样本 [J]. 上海国资，2020，（07）：31-33.

［77］夏自钊，马明 . 县域城投转型的安东样本 [J]. 决策，2020，（12）：51-57.

［78］城投债历史估值变动及政策事件回顾 – 债券频道 – 金融界 .

［79］安钰丰，席慧璠，吴晓伟等 . 地方政府融资平台债务风险评估方法研究 [J]. 工程经济，2020，30（06）：66-71.

［80］杜思吟 . 地方政府投资项目管理问题及对策研究 [J]. 中国储运，2023,（05）: 186-187.

［81］周飞舟 . 以利为利：财政关系与地方政府行为 [M]. 上海：上海三联书店，2012.

［82］欧阳觅剑 . 财政政策如何才能真正积极？ [N]. 21 世纪经济报道，2016-06-06（003）.

［83］罗志恒，贺晨，牛琴 . 行走财税中国：省市县财政全景 [M]. 北京：中国财政经济出版社，2023.

［84］强化地方政府置换债券资金管理 [J]. 中国工会财会，2018，（05）：51.

［85］周世愚，周明生 . 数字化发展与地方债务风险治理：理论机制与经验事实 [J].

求是学刊，2022，49（04）：78-87.

［86］黄鑫 . 地方政府债务风险现状、问题及对策研究 [J]. 北方经贸，2018，（08）：112-113.

［87］白彦锋，王凯 . 中国分税制改革 20 周年：回顾与展望 [J]. 新疆财经，2014，（01）：5-13.

［88］杨秋海 . 土地使用权出让方式比较分析 [J]. 市场研究，2012，（04）：34-35.

［89］王涵霏，焦长权 . 中国土地财政 20 年：构成与规模（1998-2017）[J]. 北京工业大学学报，2021（3）.

［90］兰小欢 . 置身事内：中国政府与经济发展 [M]. 上海：上海人民出版社，2021.

［91］程晓旭 .“三重一大”审计方法的创新 [J]. 中国内部审计，2018，（05）：41-43.

［92］郑世伟 .EOD 模式在城市片区开发中的实践探析——以重庆某试点项目为例 [J]. 中国工程咨询，2023，（04）：63-67.

［93］韩喜焕 . 融资性贸易风险分析与应对 [J]. 财会学习，2020，（03）：181+183.

［94］警惕“融资性贸易”! 监管在行动 [N]. 期货日报，2023-05-15.

［95］丁良红 . 地方融资平台公司金融投融资的风险防范研究——以地方政府债务整顿研究背景 [J]. 现代商贸工业，2023，44（01）：158-160.

［96］温铁军 . 八次危机——中国的真实经验 1949-2009[M]. 北京：东方出版社，2013.

［97］徐嘉 . 解构城投 [M]. 北京：中国金融出版社，2022.

［98］周黎安 . 转型中的地方政府：关于激励与治理（第二版）[M]. 上海：格致出版社、上海人民出版社，2017.

后 记 ▶ Afterword

城投公司，作为中国特色的地方国有企业，诞生时间并不算长，却是中国经济快速发展过程中不可或缺的主角儿之一。一方面，正是因城投公司大量的投资建设，一座座现代化城市才得以拔地而起；另一方面，由于城投公司大肆举债融资，我国地方政府债务规模也在急剧增加。自国发19号文发布起，国家对城投公司进行持续性地规范和调控。于是，防范化解地方政府债务风险、推动政府融资平台市场化转型成为近年来从中央到地方的重要任务之一。与此同时，城投公司逐渐从幕后被推向前台，成为社会各界舆论关注的焦点。

我们团队服务城投行业已有十余年，走访调研的全国各地城投公司也有千余家。随着对城投行业逐渐深入的了解，我们萌生了一个想法，即把我们平时看到的、听到的、想到的系统整理出来，形成一本书，并以书为媒介与大家系统探讨我们眼中的城投公司。至于书名叫什么？写什么内容？从哪里切入？最终要达到什么目的？我们团队的小伙伴经过多次头脑风暴，最终确定要写一本针对城投公司这一特殊主体的普适性读物，全景式展现城投公司的面貌。因此便有了这本《城投转型一本通》。

开始落笔时，才发现写书仅凭一时的念头还不够。将抽象的想法落实到具体的纸面上，需要广泛的知识和持之以恒的毅力，同时也少不了语言组织能力。在团队小伙伴的共同参与下，经过大纲拟定、资料搜集、文稿编写、统稿修改、校稿完善等一系列环节后，历时半年，最终成稿。

改革开放以来，中国经济璀璨夺目，这得益于多方面的因素。作为拉动经济增长的重要组成部分，军功章上少不了城投公司的名字。为此，“城投转型”成为我们撰写本书的主线，探究城投转型的方法和策略成为我们合作本书的重要目标。与此同时，我们也期望城投公司的转型发展能为中国经济的持续发展提供新的思路。

党的二十大擘画了以中国式现代化全面推进中华民族伟大复兴的光明前景，并指出高质量发展是实现中国式现代化的本质要求和首要任务。新征程上，城投公司将肩负新的使命，承担新的责任，亦将迎来新的发展机遇。

在本书即将出版之际，我们要感谢中国城市发展研究会崔国清副理事长、粤开证券首席经济学家罗志恒等领导和专家的宝贵意见，感谢中国经济出版社崔姜薇老师的大力支持，感谢和君咨询合伙人袁啸云老师的积极推荐，同时还要感谢企业预警通提供的数据支持。同时，还要感谢广大城投同仁和合作伙伴提供的素材。本书的成功出版离不开各位的悉心指导和帮助。本书仅仅是我们团队的开篇之作，并非收官之作，我们希望以此书为契机，持续为中国城投行业发展尽绵薄之力。

李启春

2023 年 11 月